BERNHARD SETZWEIN

DAS BLAUE TAGWERK

1. Auflage 2010

94234 Viechtach   Postackerweg 10
www.lichtung-verlag.de

Fotos: Archiv U + B Setzwein
Herstellung: DRUCK Team KG Regensburg
ISBN 978-3-929517-47-7
Die Herausgabe dieses Buches wurde gefördert
vom Bayerwaldforum e.V. in Viechtach.

Bernhard Setzwein

Das blaue **Tagwerk**

Fast nichts 1997 bis 2009

edition lichtung

»Das Poetische: das Fastnichts, das
die Welt umspannt.«
Peter Handke

1997

Selbst heute am Sonntag der Nachbar mit Hund und Schubkarre unterwegs. Wenn er sein Grundstück verläßt, dann eigentlich nur so: neben ihm hertrottelnd der altersschwache Schäferhund, vor sich herschiebend die meist leere Schubkarre. Als ob er im Laufe der Jahre mit ihr verwachsen wäre. Praktisch ist es ja: Zwei Beine, ein Rad, so kann er wenigstens nicht mehr umfallen. (4. Mai, Bild vom Leben auf dem Land)

Bedenkenswert dieser Beinahe-Gleichklang von kosmisch und komisch. Stellt sich die Frage: Lacht das Universum, und falls ja, *mit* wem und vor allem *über* wen?

Am Stamm unseres Uralt-Zwetschgenbaumes sechs süße, kleine Spechtjunge, die den ganzen Nachmittag lang unter aufgeregtestem Gezwitscher erstmals das Hämmern in einer Baumrinde erproben. Wenn einer etwas gefunden hat, frißt er es nicht selber, sondern steckt es seinem Geschwisterchen in den Schnabel. Von den Vogeleltern ist weit und breit nichts zu sehen. (Das war am 6. Mai ...)

Achte Todsünde: nicht mehr erinnert werden wollen.

Igel soll es bereits seit 20 Millionen Jahren auf der Erde geben, lese ich in der Zeitung. Jetzt droht ihnen ernstlich der Garaus, und zwar weil sich der Mensch einmischt. In den letzten Jahren verstärkt dadurch, daß er Igel massenhaft einsammelt und im Spätherbst in völlig überforderten Tierheimen abgibt, wo sich niemand um sie kümmern kann. Ausgerottet durch Fürsorge!

10. Juni, herrlicher Sommerabend: Bohumil Hrabal zeigt uns stolz seine von ihm gefangene Maus. Er gibt sie frei aus seinem Gebiß, läßt sie ein bißchen vor uns auf und ab quietschen (sie schleppt sich auf nur mehr drei Beinchen dahin), als wolle er sagen: »Nett, die Kleine, wie sie sich noch abrackert.« Er packt sie mit den Krallen der Vorderpfote, wirft sie in die Luft, sie klatscht auf den Teer unseres Hofes, unser idyllischer Sommersitzplatz plötzlich ein bluttriefendes Hetztheater. Schließlich, mitleidig mit dem grauslich um Erlösung flehenden Ding, gibt er ihr den Todesbiß. Frißt allerdings nur den Kopf, den Rest läßt er liegen. Ob Mäuseköpfe für Katzen dasselbe sind, was für uns Spargelspitzen? – Auch das ein Bild vom Landleben.

Lena amüsiert sich mit ihren Freunden immer wieder über den Vater und dessen Spleen, unseren Kater ausgerechnet Bohumil zu nennen. Ich betone: Doctor Bohumil Hrabal bitte! Der Tierarzt wenigstens nimmt mich ernst und trägt es genau so in den Impfpaß ein. Einer von Lenas Freunden fragt: »Wie heißt der? – Wohnmobil?« Hege den frommen Wunsch, sie mögen dereinst dahinterkommen, wem die Ehrerbietung galt.

Die Spinnweben im Wanderstiefel: Zeichen, daß es wieder Zeit wird für einen Aufbruch.

Katzengedicht

In jedem Haus,
in das du schleichst,
haben sie einen anderen
Namen für dich.

Dich amüsiert
soviel Bemühen um Originalität.

Woanders wiederum
geben sie dir gar keinen Namen,
sondern nur eine Schale Milch.

Die verstehen dich schon besser.

Kallmünz, das traumhafte Städtchen am Zusammenfluß von Naab und Vils. Der Ort hat etwas von einer Heimstatt für Höhlenhocker an sich. Manche der Häuser lehnen sich mit dem Rücken an den Jurafelsen an, manche sind sogar ins Gestein hineingebaut. Nach vorne drücken sie ihren Bierbauch heraus, jedenfalls hat so manche Außenmauer eine leichte Wölbung, und fast ist man versucht, den kugeligen Ranzen liebevoll zu streicheln. Aus gucklochgroßen Fenstern schauen die Bewohner auf die Vils- und Naabwasser heraus. Bewacht wird der ganze Hühnerhaufen aus Dacherln und über verwegen zusammengenagelten Leitern erreichbaren Terrassen von der hoch oben am Schloßberg thronenden Burgruine.
Und dann die mächtigen Linden im kleinen Biergarten vor dem Gasthaus »Zur roten Amsel«. Wenn man da unter dem Blätterbaldachin sitzt, direkt am Vilsufer mit Blick auf Wehr und alte Mühle, spürt man etwas vom höhlenhockerischen Dasein unserer Urahnen, wie sie sich unter einen kleinen Überhang in diese Kalkfelswände hineingeduckt haben und gleichzeitig den Überblick hatten über den Zwickel zwischen den beiden Flußarmen, die hier im Winkel einer Wünschelrutengabelung aufeinander treffen.
Auf der Außenfassade des Gasthauses ist noch immer das Fresko erkennbar, das die ersten Maler, die Kallmünz für sich entdeckten, hier zurückgelassen haben. Kandinsky und die

Gabriele Münter gehörten dazu. Und dann der Fluß, oder genauer die beiden Flüsse, die breite, bräunliche Naab, überspannt von einer Anfang des 16. Jahrhunderts erbauten Steinbrücke, und die kleinere Vils, weinflaschengrün …

Heimfahrt von München mit dem Zug mitten in den Weltuntergang hinein, so sintflutartig schüttet es aus schwarzen Bleiregenwänden. Im Abteil liest eine Frau neben mir ein Buch. Ich kiebitze nach dem Titel: »Sorge dich nicht – lebe!«

Wieder erzählt einer eine Grenzgeschichte: Die Spezialisten der Bundeswehr in der Abhörstation auf dem Hohen Bogen sollen alle Jahre an Sylvester einen Funkspruch »von drüben« aus dem Osten erhalten haben, in dem in hervorragendem Deutsch der wachhabenden Mannschaft auf dem Hohen Bogen ein gutes, neues Jahr gewünscht wurde, und zwar jedem einzelnen namentlich und überdies nur denen, die auch wirklich an diesem Tag Dienst hatten und anwesend waren.
Und Herbert Pöhnl erzählte dazu, daß man gleich nach der Wende verwaiste Abhör- und Beobachtungsstationen im Böhmischen finden konnte, in denen noch alles lag und stand, wie es die Mannschaften verlassen hatten: angebissene Butterbrote, aufgeschraubte Wodkaflaschen, blecherne Henkeltassen mit einem Rest von schimmelüberzogenem Kaffee darin …

Wundern kann ich mich nur beim Wandern.

Annaberg-Fest in Sulzbach-Rosenberg: Das ist echter süddeutscher Barock. Eigentlich eine Wallfahrt, hat sich das Bergfest längst zu einem bierseligen Elysium mitten im Sommer verwandelt. Holzbänke und -tische auf allen Seiten und Hängen des Berges. Auf der Südseite sieht man hinunter auf die Maxhütte und den Schlackenhügel, der schon zum respektablen Berg angewachsen ist. Auf der Nordseite Ausblick auf das Hahnbacher Becken und die dahinterliegende sanft geschwungene Hügellandschaft. Das Doppelgesicht der Oberpfalz: Naturidylle und Industrieregion.

Mein Begleiter, der Fotograf und Verleger Günter Moser, führt mich zu einem Kreis von Freunden, die allesamt Mitglieder eines heimatkundlichen Arbeitskreises aus Amberg sind. Jeder für sich ein liebenswerter Kauz und ein Unikum: so der Ornithologe, der Geologe, der Biologe. Sie können sich über die »Reliefumkehrung« dieser Bruchschollenlandschaft ereifern wie andere über die neue Baureihe von BMW-Limousinen oder die Oberweite der Pamela aus »Baywatch«. Lustiges Völkchen! (Werd über sie schreiben, im »Jura«-Buch.) Und so sitzen wir denn auf den in die Wiese gerammten Bierbänken, Bratwurstschwaden mischen sich mit den für Ende Juli allzu frühen Abendnebeln, erst kurz zuvor ging wieder eines der in den letzten Tagen häufigen sintflutartigen Sommergewitter nieder. Ab und zu mischt sich das Glockenläuten der Wallfahrtskirche unters Maßkrugklirren, es ist genauso, wie uns christ-katholischen Bayern der barocke Theaterhimmel immer beschrieben und vorausgesagt wurde.

Wissenschaftler haben festgestellt, daß noch zirka 10.000 verschiedene Sprachen auf der Welt gesprochen werden. Das Sprachensterben ist mindestens so rapid wie das Artensterben im Tier- und Pflanzenreich. Die Sprache, die aktuell die von den wenigsten Menschen gesprochene der Welt ist, heißt »Bika«. Man hat eine 87jährige Frau gefunden, auf der Grenze zwischen

Kamerun und Nigeria lebt sie, die ist die einzige, die dieses »Bika« noch spricht. Man stelle sich vor: Der einzige Mensch im gesamten Universum zu sein, der noch eine bestimmte Sprache in seinem Mund hütet!

Die Frage allerdings ist: Kann eine Sprache überhaupt noch sterben in dem Moment, in dem es schriftliche Aufzeichnungen von ihr gibt? Es gibt genügend Fälle, wo Altertumsforscher eine nicht mehr gesprochene Sprache wieder rekonstruiert haben, teilweise anhand nur mehr rudimentärer Aufzeichnungen weniger überlieferter Schriftzeichen. Diese betreffenden Sprachen waren also nicht ausgestorben, sie hatten sich nur für eine Zeitlang schlafen gelegt. Tröstliche Vorstellung: Wir Schriftniederleger betten die Sprache für ihren Schlaf, damit sie über einen vorübergehenden Tod hinwegschlummert.

In der Nacht um drei aufgewacht und eine Sternschnuppe gesehen, wie ich sie noch nie sah: hell und deutlich wie eine Sylvesterrakete (nur die Richtung der Flugbahn war umgekehrt: nämlich erdwärts), erlosch auch mit einem ähnlich sprühenden Funkenregen. Ein Zeichen an mich? Und wenn ja, wofür? Und von wem?

Schwalben: Sie sind die auf einem Einrad irrwitzige Kurven drehenden Akrobaten im Himmelszirkuszelt.

Zusatz zum oben angeschlagenen Sprachenthema: Schon vor einiger Zeit soll ein Expertenrat, bestehend aus Sprachwissenschaftlern und Semiotikern, einberufen worden sein, dem man

folgende Aufgabe stellte: Sie sollten ein Sprachen- und/oder Zeichensystem entwickeln, das auch in 20.000 Jahren noch von jenen Wesen, die dann die Erde bevölkern werden, entziffert werden können sollte. Eine solche halbwertszeitlose Sprache ist nämlich, dämmerte den Experten, unbedingt vonnöten, um unseren Urururenkeln Nachricht davon zu geben, was wir ihnen als nettes kleines Geschenk aus der Vergangenheit zum Beispiel in unterirdische Salzstöcke zu legen vorhaben: jahrzehntausendlang strahlenden Atommüll nämlich.
Nach eingehenden Beratungen soll der Expertenrat zu dem Schluß gekommen sein, daß von keinerlei sprachlichen Zeichen mit Sicherheit zu sagen sei, ob sie nach einer so langen Zeitspanne tatsächlich noch dekodiert werden können – und zwar dem Sinne nach, wie wir es auch gemeint haben (ungefähr nämlich »Finger weg von dem Zeug«). Wir wissen ja heute schon nicht mehr, was Stonehenge eigentlich besagen will. Und Stonehenge ist »lediglich« 5000 Jahre alt. Jedenfalls: Der Expertenrat war der Meinung, die mit Vorbehalt sicherste Methode sei nicht die Entwicklung beispielsweise irgendwelcher Piktogramme, sondern – und jetzt kommt's – die Etablierung einer Art höchstgeheimen Priesterkaste, deren alleiniger Sinn und Zweck es sein müßte, ein paar fundamentale »Gesetzestexte« von Mitgliedergeneration zu Mitgliedergeneration möglichst unverfälscht weiterzugeben. Eine dieser Vorschriften müßte lauten: Ja nicht den Salzstock öffnen! Natürlich würden sich die abstrusesten Begleitlegenden herausbilden, was der »wahre Sinn« solcher Verbote sei. Und wahrscheinlich wäre es eben doch nicht zu verhindern, daß irgendwann einmal Nachfahren von uns kämen, die das von uns ihnen aufgegebene Rätsel trotz aller Verbote lüften wollen. – Faszinierendes Gedankenexperiment, das dieser Expertenrat, gut abgeschirmt von jeglicher Öffentlichkeit, da durchgespielt hat. Müßte eigentlich Science-fiction-Autoren auf den Plan rufen.

Mit dem Fotografen Alfred Schiener auf den Spuren von Karel Klostermann rund um Rehberg. Nahe der Ortschaft Modrova wollen wir uns etwas erfrischen, ziehen die Schuhe aus, krempeln die Hosen hoch und steigen in das eiskalte Flüßchen Otrava. Die Steine sind ganz mit Algen überwachsen, also extrem glitschig, ich stakse nur ein, zwei Schritte, da zieht es mir auch schon die Füße weg und ich liege arschlings im Wasser. Das hätt' er festhalten sollen, der Alfred, mit seiner Kamera, den Augenblick des Abhebens … und den der Landung! Das wäre *mein* zukünftiges Autorenfoto geworden. Aber wie sagt Alfred so treffend: Die wirklich guten Bilder, die *sieht* man nur. Zum Beispiel das dreier Kinder auf den Rücken ihrer Ponys, wie sie in einem gottverlassenen böhmischen Dorf, im Hintergrund ein plakatüberklebtes Bushäuserl, den Fahrplan des Linienbuses studieren. Wir sahen's … und waren auch schon vorbeigerauscht mit unserem Auto.

Eine Theater-Groteske über Lady Di. Sie müßte damit beginnen, daß die Königin der Herzen am Fenster steht, die Gardine leicht zur Seite zupft und das Sätzlein schmachtet: »Wo sie nur bleiben / heute / die Fotografen!« (Ein halbes Jahr nach ihrem Unfalltod in einem Pariser Verkehrstunnel …)

1998

Als Alexander der Große den Geschichtsschreiber Ephoros aufforderte, ihn auf seinen Eroberungszügen zu begleiten, um die Geschichten seiner Heldenstückeln für die Nachwelt aufzuzeichnen, da erwiderte der: »Ich kann die Geschichte Deiner Taten nur schreiben, wenn ich nicht dabei bin.« Genau das ist das Erfolgsrezept allen schriftstellerischen Tuns.

Gestern Lesung von Rafael Seligmann in Cham. In der anschließenden Diskussion sagt er, er wolle als Jude völlig gleich behandelt werden wie alle anderen deutschen Gegenwartsautoren, ja, am besten überhaupt nicht nach seinem Jüdischsein gefragt und beurteilt werden. Im selben Atemzug aber dann: »Ich schreibe deutsche Romane aus jüdischer Sicht.« Stellt dann also das Judesein doch wieder heraus. Wenn das eine solche Natürlichkeit sein soll, wie er gerne hätte, dann ist eine solche Aussage so sinnvoll wie: Ich schreibe deutsche Romane aus katholischer Sicht. Oder atheistischer Sicht. Oder aus der Sicht eines Nichtrauchers. Eines Naßrasierers.

Das Grün der jungen Blatttriebe hell fluoreszierend unter einer schwarzen Hagelwolke.

21. April, in Prag: Warte vor dem Café Slavia auf Jáchym Topol. Hier, vor der Nationaloper, kreuzen sich die Trambahngleise der Linien, die von der Kleinseite her über die Brücke kommen und derjenigen, die an der Moldau entlang auf dem Smetanakai verlaufen. An den Punkt, an dem sie sich überschneiden und ein Gewirr von Weichen die eh schon recht schadhafte Fahrbahn noch holpriger macht, fahren die Trambahnen immer ganz langsam heran, wippend gehen sie regelrecht in die Knie und drohen

jedesmal, gleich aus den Schienen zu springen. Wahrscheinlich warten sie ihr ganzes Trambahnleben lang darauf, einmal nur den ewig gängelnden Gleisen zu entkommen und beispielsweise in die Bartolomějská abzubiegen, direkt auf den Betlémské náměsti zuhaltend. (Wäre ein schönes Kinderbuchthema: die Abenteuergeschichte einer aus dem Gleis hupfenden Trambahn. Endlich kommt sie auf jene Plätze und in jene Winkel, die sie von ihrem Gleis aus nur immer in der Ferne liegen sah. Und welche Träume und Phantasien sie damit verbunden hat. Trambahnphantasien. Und die Trambahnlenkerin als die Komplizin der Trambahn ...)

Mit Jáchym gehe ich in eines der Studentencafés in der Altstadt, das Café Slavia betritt er aus Prinzip nicht. Schon zu Undergroundzeiten wollten sie mit der dort residierenden Altväter-Dissidentenliteratur nichts zu tun haben. Dabei war sein Vater, bekannter Theaterautor, immerhin einer der Mitinitiatoren der »Charta 77«, die er selbst als 16-, 17jähriger unterschrieb, womit sein Schicksal als »Systemgegner« besiegelt war. Als er dann auch noch den Wehrdienst verweigerte, landete er vorübergehend in der Psychiatrie.

Er kommt mir jetzt viel gesetzter vor als damals, vor ziemlich genau vier Jahren, als wir zusammen mit weiteren Autoren aus München, Prag und Dresden eine für mich folgenreiche Lesereise mitmachten, die Peter Becher vom Adalbert-Stifter-Verein organisiert hatte. Mittlerweile ist Jáchym Vater geworden. Im April '94 hatte er gerade den Wahnsinn hinter sich, in nur dreieinhalb Monaten den 500-Seiten-Roman »Die Schwester« geschrieben zu haben. Heute muß er seinen Ruhm, als *der* Star der Prager Literatur schlechthin zu gelten, verwalten.

Wir trinken jeder einen Kaffee und ein Wasser und sind sehr, sehr vier Jahre älter. Jáchym erzählt, wie oft seine jugendlichen Fans enttäuscht seien, wenn sie ihn erstmals auf einer Lesung sähen, und da komme dann gar nicht der langhaarige, drogenabhängige Barbar aus den Kellern Prags. Eine Leserin seines Romans, ein noch junges Mädchen, so erfuhr er, lebte sich so sehr in die Gestalt der »Černa« hinein (die Frau neben dem Helden im Buch), daß man sie schließlich psychiatrisch behandeln mußte.

Sitze auf meiner Schupfenbank, im Rücken das von der Sonne aufgewärmte Holz und lese in einem Buch über Schalom Ben-Chorin. Leicht aufkommender Wind weht die weißen Blütenblätter der Apfelbäume über Tischdecke, Buch, Hemd: zärtlichste Anstreichungen in einem Text, der mich, mit Blick auf die Ölbergkapelle, wo die Holztür erstmals seit dem Winter wieder offensteht, ganz maiandächtig macht. (B. v. Ll.)

Ossip Mandelstam, einmal von seiner Frau Nadeshda gefragt, ob er glücklich sei, antwortete mit der Gegenfrage: »Und warum sollten wir glücklich sein?«

»Als Schriftsteller übrigens, angewiesen auf die Schriftsprache, bin ich dankbar für die Mundart; sie hält das Bewußtsein in uns wach, daß Sprache, wenn wir schreiben, immer ein Kunst-Material ist.« (Max Frisch) In der Tat hat es in der Hinsicht ein Mundartsprecher leichter, auch weil er sich seinem täglichen Werkstoff immer wieder neu mit einer Haltung der Scheu und mit dem Gefühl des Unterlegen-Seins, ja der anmaßenden Inkompetenz nähert. Um so größer seine Achtsamkeit und vor allen Dingen um so größer dann die Gefühle des Triumphes angesichts des dennoch gemeisterten Satzes.

12. Mai, Berlin: Männer mit regungslosen Verbrechervisagen, die auf einem kleinen Deckchen ausgebreitete Maiglöckchen-Sträuße verkaufen, an der Endstation der U 2, Vinetastraße. Im Stadtteil Pankow hat das Tschechische Zentrum seine Gästewohnungen in einem der typischen Plattenbauten. Gestern saßen Karl und ich bis halb drei Uhr nachts im Gehsteiglokal eines Döner-Ladens und tranken Dosenbier. Redeten zuviel von Geld, was mir heute leid tut. Aber es ist verdammt nochmal ein mich ständig sekkierendes Thema. Karl zeigt sich eh von der generösesten Seite, zahlte zuvor die Karten für die Brecht-Inszenierung des Deutschen Theaters ... »Kaukasischer Kreidekreis«. Aus diesem Stück wurde zu unserem running gag des Abends Löwitschs Geste als Richter, bevor er die Gerichtsverhandlungen eröffnete: aufgehaltene Hand und ... »Ich nehme noch!«
Am heutigen Abend verschenken Petr Borkovec und Josef Hrubý ihre Maiglöckchensträußen täuschend ähnlich sehenden Gedichte ... fast niemand will sie haben. Zehn Zuhörer in dem für 250 Personen ausreichenden Vortragssaal des Tschechischen Zentrums. Ein Abend des Passauer Pegasus, der sein Sonderheft »Tschechische Gegenwartsliteratur« vorstellt. Und vor allem demonstriert, dank Josef und Borkovec, was sich bei uns keiner mehr vorstellen kann: daß nämlich Naturgedichte noch möglich sind.

Ein explodierender Frühling ist das, dieses Jahr, Blütenstaub umherschleudernd. Man sah vor Tagen regelrecht gelbe Wolken über die gewellte Landschaft treiben, segeln, luftschiffahren. Alles ist bestäubt davon: die Dächer, die Gartenbank, die noch hellgrünen Blätter der Weinrebe, das Holz der Schupfenwand. Auf dem Asphalt vor der Garage zeichnen sich gelbe Muren ab, die das verschüttete Wasser der Regentonne die abschüssige Einfahrt hinunterschwemmt. Der vorderste Tropfen rollt als ein quecksilberndes Blütenstaubkügelchen im Schußlauf voraus. Der Blütenstaub dringt wirklich überall hin. Fand soeben auf dem »Felsfenster«-Tagebuch von Handke, das ich quer ins Regal auf die dort lückenlos stehenden und keinen Millimeter mehr zur Seite rückenden Bücher legte, hauchfein verteilte Pollen, die in ihrer winzigen Gelbheit auf dem fast gänzlich schwarzen Buchumschlag wie sehr ferne Milchstraßen aussahen: Lichtjahre entfernter Sternennebel. Vorsichtig, nur ja ein Aufwirbeln vermeidend und auf ein Hineinlesen verzichtend, legte ich das Buch in seine Waagrechte zurück. Und bloß kein Staubtuchgewedel jetzt!

Diese gleich in mehreren Sprachen schreibenden Autoren oder zwischen den Sprachen hin- und herwechselnden, sie haben natürlich meine allergrößte Bewunderung ... aber auch einen Rest an Skepsis. Denn für so einen bi-, wenn nicht gar multilingualen Autor, der ja immer auch ein Letztes an Geheimnis bei sich behalten sollte, bleibt die Frage offen: Reichen die Kenntnisse dieser Zweit- oder Dritt- oder Viertsprache dafür aus, sich nicht nur verständlich, sondern auch, was weit wichtiger ist ... sich unverständlich zu machen?!

Vor ein paar Tagen den Interviewband mit Handke gelesen, den Herbert Gamper zusammengestellt hat. Handke nimmt dort ein paar Mal Bezug auf Doderer, was auf den ersten Blick überraschen könnte, da die beiden doch recht gegensätzlich sind. Dann aber denke ich mir: Nein, auch Handke wird bei Doderer in die Schule gegangen sein. In die Wahrnehmungsschule. Oder genauer noch: in die Lehre ... Handwerkerlehre. Nein: Augenwerkerlehre! Denn was man bei Doderer lernen kann, ist das Beobachtungs-Augenwerk.

Sehr gefallen müßte Handke auch, was man in den »Erleuchteten Fenstern« übers Zeitunglesen erfahren kann, das Handke ja im »Felsfenster« aufs entschiedendste schmäht. Bei Doderer heißt es: »Das Zeitunglesen ist der beste Wandschirm gegen das wirkliche Leben, und wenn man sie liest, wird man seinem am Haken hängenden Überzieher immer ähnlicher, ja, man hat sich schon selbst danebengehängt, ein Kleid ohne Körper; durch die entseelte Hülle tanzen die dünnen Geisterchen der Neuigkeiten ihren Mückenreigen.«

Im Rundfunkstudio: So ungefähr, wie sich »Regie« und »Tonmeister« zu den hinter einer dicken, schalldichten Scheibe sitzenden und agierenden Schauspielern verhalten, so verhält sich der große Hörspielinszenator, den wir gerne Gott nennen, zu uns Menschen. Wir hören ihn nicht, er uns aber immer (über die Lautsprecher im Regieraum), nur manchmal drückt er die »Sprechtaste« an seinem Regiepult und macht uns auf einen Fehler aufmerksam. Ängstlich drehen wir uns nach allen Seiten, woher seine Stimme komme, denn sie ist so körperlos, und daß es der Regisseur hinter der Scheibe ist, der da spricht, kommt uns unwahrscheinlich vor. Er hat uns immer im Auge, wir warten unruhig auf Sein Zeichen (eine herabsinkende Hand), es ist an uns, Ihm etwas anzubieten: Mach uns ein Angebot, sagt der Regiegott und meint das Leben.

»Er sagte zu sich selber: schreibe weder so, wie es in die Literatur- noch wie es in die Zeitgeschichte, sondern wie es in deine Geschichte paßt … Und zum Schluß wirst du recht bekommen, und die Kritiker werden sich deiner beschämt erinnern … Nein, beschämt nie.« Hermann Lenz, »Der Wanderer«. Seitenlange Nachrufe, jetzt wo er gestorben ist, vor zwei, drei Wochen. Beschämt allerdings kein einziger. Er hat alles gewußt.

Elias Canetti in einem von Walter Höllerer organisierten Gespräch über das Tagebuchschreiben aus dem Jahr 1972, jetzt erstmals in »Sinn und Form« nachzulesen: »Wenn man nicht einiges von den Scheußlichkeiten, die man sich vorzuwerfen hat, niederschreibt, vergißt man sie wahrscheinlich. Dann kann man nach einigen Jahren das Tagebuch aufschlagen, und dann liest man erstaunt, was man alles getan und gedacht hat. Das halte ich für außerordentlich gesund.«
Canetti gehört zur Gruppe der Geheimtagebuchschreiber. Für am zweckmäßigsten hielt er eine unentschlüsselbare Geheimschrift, die er auch gefunden zu haben glaubte: »Dieses böse Tagebuch [im Gegensatz zu einem literarisch auszuschlachtenden, das er parallel dazu führte], das muß absolut geheim bleiben.« Max Frisch, Gustafsson und Johnson, die auch am Gespräch teilnahmen, mit der konträren Auffassung. Auffällig dabei, daß auch Frisch die Trennung macht zwischen dem »echten Tagebuch« (im canettischen Sinne) und dem mit Veröffentlichungsabsicht geschriebenen »Autorentagebuch«. Als ob das unecht sei, falsch und unehrlich. Das falsche Tagebuch Paul Wührs scheint mir eins der richtigsten zu sein. Jetzt will er es ja, dem Vernehmen nach, sogar in die Zukunft vorauswerfen und über Ereignisse schreiben, die noch gar nicht eingetreten sind. Das ist Poesie in Tagebuchform.

St.-Laurentius-Kirche in Stein, was im Stiftland liegt. Hier hat 1948 ein gewisser Ossy Tytlik aus Hindenburg in Oberschlesien das Fresko des Jüngsten Gerichts gemalt und dabei die Porträts von Hitler, Eva Braun, Stalin, Himmler und Göring untergebracht.

Bin unterwegs mit Günter Moser und dem Tourismusreferenten des Landkreises, einem lustigen Herrn Knott. Moser und ich sehen ihn an diesem Tag das erste Mal. Keiner weiß den anderen so recht einzuschätzen, bis sich nach und nach herausstellt, daß wir alle drei aus der Kirche ausgetreten sind. Umso fröhlicher geht's weiter, von der Wallfahrtskirche Marchaney über die Kappel bis hin zur Basilika von Waldsassen. Dazwischen immer wieder eingestreut: Knotts Reisewürze, seine Possen, Kalauer, Witzchen. Beispiel: Beim letzten Abendmahl steht Jesus auf: Und wahrlich ich sage Euch, einer von Euch wird mich verraten. Darauf einer der Jünger: Geh, sei staad und setzt di wieder hi. Jedsmoi fangta s Stänkern o. Und ein anderer: Ja, wenn er was trunken hat, wird er immer so wehleidig.
In der Totentanzkapelle von Wondreb werden wir aber dann doch ganz still, wir heillosen Lästerer. Hier muß man einfach still werden. Jedes Schandmaul verstummt hier.

Habe irgendwo einmal gelesen, wie einer von sich sagte (und das trifft's auch in meinem Falle sehr genau): Er sei ein atheistischer Milieu-Katholik.

Bild vom Landleben: Wie sich die Sonnenblumenköpfe gen Boden neigen. Wie alte Bauersleut, die nur mehr rechtwinkelig (in der Hüfte eingeknickt) in Erdäpfelklauber-Haltung über den Hof schlurfen können.

Zur Sprache kommen: Gerade eben überkommt mich das wärmste Gefühl für diese Redewendung. Zur Sprache kommen, wie ein Kind, das sich im zum ersten Mal erlebten Übermut zu weit von der Mutter weggetraut hat, sie nicht mehr sieht, ängstlich zu ihr zurückrennt. Zur Sprache kommen ... in die Geborgenheit heimkehren.

Bin der einzige, der kommt, zu der vom Literaturarchiv in Sulzbach-Rosenberg angesetzten Führung von Inge und Paul Wühr durch die Ausstellung »25 Jahre Münchner Autorenbuchhandlung«. War mein heimlicher Wunsch und Hintergedanke, möglichst alleine mit Paul reden zu können, doch daß es so alleine sein würde, wagte ich nicht zu hoffen. Sonst sind ja immer seine Jünger um ihn (so auch letztes Jahr in München zum Siebzigsten), diesmal schlendern wir zu zweit durch Sulzbach, Inge mit Patricia Preuß vom Archiv viel schneller und also vorne voraus.
Wird anschließend noch recht lustig im Gasthof Sperber beim Zoiglbier, das Paul überschwenglich preist, die Bedienung mag's gar nicht hören, was Paul sichtlich irritiert. Ich sag' zu ihm, der Oberpfälzer ist erstens »schenant« und hört sich nicht gerne gelobt; und zweitens weiß er selber, was er kann und was nicht. Brauen zum Beispiel kann er!
Was mir immer wieder an Paul auffällt: Es gibt momentan wahrscheinlich kaum einen zweiten Autor, der – bei insgesamt geringer Leserschaft – so eine eingeschworene Gemeinde, eine solche Jüngerschaft im Gefolge hat. Und dennoch ist er außer sich über jeden, der ihm mit Nichtbeachtung kommt. Tags zuvor traf er beispielsweise Manfred Pfister (bei dem Ursula studiert hat) und der sagte zu ihm, er habe es aufgegeben, Wühr zu lesen, man verstehe ja doch nichts. Da kann er sich ereifern, der Paul, mein Gott! Beeindruckend, wie er sich noch immer seine Wut bewahrt hat. Normalerweise würde man bei seinem Alter Weisheit verlangen. Bei ihm bekommt man aber zorngeschwellte Schläfenadern. Wie er immer wieder zwischen zusammengebissenen Zähnen seinen Grant hervorknurrt, ja,

das bairische Wort Grant scheint mir das treffendste zu sein... und sofort schlägt es wieder um in Gelächter über sich selbst und seine Rachegelüste. Ein lachender Rachegott. So laß ich es mir eingehen!

Nach mehreren Stunden erst, in denen wir herumgeflachst und viel gelacht haben, traue ich mich, nach seiner Arbeit zu fragen. Er erzählt vom mittlerweile 1500seitigen Manuskript des »Wirren Zopfes« und daß er daneben schon wieder in eine andere lyrische Großfiguration geraten sei, »Venus im Pelz«, nach dem *Staats*gedicht »Salve« solle dies nun das *Gesellschafts*gedicht werden, und da gehe es, um was es eben geht in der Gesellschaft: um Erotik und Sex. Ich sage ihm, daß mir das kaum vorstellbar sei, wie er das alles bewältige, und er meint, er tue ja nichts mehr anderes, alles nehme ihm die Inge ab, jedes Telefonat, jeden Brief, einfach alles, Tag für Tag arbeite er acht Stunden an seinen Plänen, die immer größer, umfänglicher, ausufernder werden.

Die Bedienung bringt die Speisekarten, Paul gibt seine wieder zurück, kümmert sich gar nicht um die Auswahl des Gerichtes, erzählt mir eine Anekdote nach der andern. Als die Bedienung wieder kommt und die Bestellungen aufnehmen will, wendet sie sich an Paul, was der Herr wünsche, und er sagt, mit Fingerzeig auf die immer noch in die Speisekarte vertiefte Inge: »Ich krieg gleich gesagt, was ich ess'!«

Auf der Nachhausefahrt nach dem vielen Gelächter versinke ich ganz in Gedrücktheit: Ob ich ihn so werd' noch einmal erleben können, den Paul? Zum Abschied sagt er (wohl mit etwas Bedenken, ich könnte den Abend nun zu oberflächlich-ausgelassen gefunden haben ... dabei war er das gerade Gegenteil): »Jetzt haben wir so viel gelacht. Aber eigentlich hätten wir auch weinen können. Das kommt mir jetzt grad: eigentlich ist es ganz egal, ob wir weinen oder lachen.« (Und wieder fällt mir ein, wie wichtig das Lachen ist in seinen Büchern. »Salve«

hört ja so auf, nach 800 Seiten: »wie haben wir da / wie wurde // gelacht«)

3. September, Hauzenberg: Beginn des viertägigen »Festivals der freien Künste« im Gasthof Spor in Hauzenberg. Als Josef Hrubý und ich den Nebenraum betreten, wo gerade der Rest einer Trauer-Gesellschaft die schon sehr hopfenhaltige Dodnsuppn schlurft, starren uns die feindseligen Gesichter Hauzenberger Wenn's-sein-muß-nicht-nur-Granithauer entgegen. Natürlich sind wir hier falsch am Platz. Das ändert sich auch nicht, nachdem sich der Saal von den Trauergästen leert und mit Zuhörern sowie der ortsansässigen Blaskapelle füllt. Bürgermeisteransprachen, Defiliermärsche … wir sind im Wahlkampf. Dazwischen dürfen wir einen Poesiekopperer aufstoßen. Max Blaeulich liest eine seiner herrlich skurrilen Geschichten, die über die »kleine, schwarze Wolke«, die oben auf einer Kommode wie ein Luftballonsackerl verschrumpelt.
Das Publikum beutelt sich ab. Was suche ich hier? Hab ich nicht schon genügend solchen Unsinn mitgemacht? Lesungen in Wirtshäusern, ja sogar Bierzelten. Man wird nicht klüger. Mir schwant Schlimmstes.

Es ist tatsächlich wie im Wahlkampf. Unsere Privatautos bleiben in Hauzenberg stehen, wir werden von Richard Wall, der uns das alles eingebrockt hat, mit einem Bus »über die Dörfer« gekarrt. Statt als Wahl- treten wir unversehens als Poesiekämpfer auf, die alle paar Kilometer auf eine Bühne müssen, die man flugs auf dem Dorfplatz errichtet hat. Referenten, die einem einflüstern, in welchem Kaff man sich gerade aufhält. Bürgermeister, die ankündigen: »Und jetzt liest uns noch der

Herr … (Umdrehen zu einem Untergebenen, Nachfragen nach dem Namen) … ein Gedicht!« Sie können sich immer nur vorstellen, es seien Gedichte, die einer schreibt. Noch schlimmer: Gedichterl. Am Feierabend geschrieben! Lesen Sie uns doch noch eines Ihrer am Feierabend aus der Feder geronnenen Gedichterl.
Das Besäufnis aus Verzweiflung bis morgens um drei mit Wall, Blaeulich, Hrubý und Peter Becher hat zwar Stil, endet aber trotzdem im Schädelweh.

Es wird immer grotesker. Einige der Teilnehmer reisen wütend vorzeitig ab. Es stellt sich nämlich heraus, daß das bißchen Geld, das wir bekommen, nicht einmal dazu ausreicht, Unterkunft und Verpflegung zu bezahlen, was ja eh schon eine Frechheit ist, daß uns das alles in Rechnung gestellt wird. Vier Tage unterwegs und letzten Endes sogar noch draufgezahlt.
Rotzignorant verfährt der Organisator dieser Höllenfahrt weiterhin mit uns Autoren, als seien wir Bettelmusikanten. Man scheucht uns in Krummaus Altstadtlokale (»Ihr könnt lesen, wo und wann Ihr wollt«), wo wir weder angekündigt sind noch vorgestellt werden, sondern uns gegen Jazzbands und quer über den Tisch schreiende Biertrinker durchsetzen sollen. Beim ersten Lokal, wo wir es versuchen, fliegen wir prompt wieder hinaus.
Max Blaeulich, habe ich das Gefühl, steht kurz vorm Amoklauf. Josef und ich verstecken uns mit ihm in einem Weinkeller. Jetzt müssen wir den Kopf hinhalten. Max schon blaeulich vor Wut. Läßt durchblicken, daß er unser Geschreibsel für höchst überflüssig hält. Verbockt wie ein kleines Kind, will er Josef keine Antwort geben auf die Frage, an was er gerade arbeite. Wie er überhaupt hundertmal gebeten werden will, um sich dann doch zu verweigern. Schließlich rückt er mit einem

halbstündigen Monolog heraus, daß er sich derzeit intensiv mit dem falschen Propheten Sabbatai Zwi beschäftige. Wie gut, daß ich weiß, daß Gershom Scholem das maßgebende Buch über Zwi geschrieben hat: das hebt Max' gebieterische Augenbraue merklich.

Später dann noch im Foyer-Café des Stadttheaters. Bis drei Uhr früh und bis alle sternhagelvoll sind. Die von uns rasch ins Leben gerufene »Krummauer Kontroverse« (k. u. k.) endet im Gelalle. Eine nüchterne, junge Schreinermeisterin aus Niederbayern erzählt an unserem Tisch, daß sie noch immer kein Bett für die Nacht habe. Wir alle miteinander haben zu sehr Schlagseite, um ihr bei diesem Problem noch behilflich sein zu können …

Zum Frühstück sollen wir schon wieder irgendwo lesen, in irgendwelchen Cafés, gleichzeitig wird uns aber in unserer Pension gesagt, unsere Übernachtung sei ohne Frühstück vereinbart. Josef und ich, die wir ein Doppelzimmer hatten, beschließen, nun endgültig die Zeche zu prellen und unbezahlter Dinge abzureisen. Die sollen sich gefälligst an den Veranstalter halten.

Als wir mittags zu dem Bus kommen, der uns zurück nach Hauzenberg bringen soll, heißt es, wir hätten 25 Mark für die Fahrt zu zahlen. Ein Blaffer von mir genügt, ich würde hier in Krummau so lange im Rinnstein sitzen bleiben, bis man mich wieder dorthin zurückbringe, wo diese Wahnsinnstour begonnen habe, um die junge Tschechin zum Einlenken zu bringen: Sie ist ja selbst nur Angestellte des österreichischen Veranstalters und sichtlich peinlich berührt von dem, was hier vor sich geht.

Mittags saßen wir noch mit Hubert Huber, Künstler aus Passau und anscheinend Mitorganisator, im Egon-Schiele-Museum beieinander. Er war baß erstaunt, wie mit uns um-

gesprungen werde und vor allem über die Tatsache, daß wir alles selbst bezahlen müßten. Das sei ganz anders abgemacht gewesen. Und dann unterrichtet er uns noch aus seinen gut informierten Kreisen: 150.000 DM habe der Gesamtetat für diese Veranstaltung ausgemacht.
Das Ganze eine lehrreiche Erfahrung zum Thema »Kulturmanagement und Banditentum«.

Lange Nacht über Edith Piaf im Deutschlandfunk. Und da sagt eine Chansonette, eines Tages habe sie den Texter und Komponisten der Piaf kennengelernt. »Der war Jude, und der hat mir dann seine eigenen Lieder gegeben … wunderschöne … über den Holocaust und so.«

24. Oktober, szenische Lesung aus »Watten Wagner Wichs« im Cordonhaus Cham, anschließend beim Italiener liest einer der Mitgekommenen auf der Speisekarte statt »Vollkornnudeln« *Volkszornnudeln*!
Ich mag diese Poesie aus dem Geiste des Wortspiels: und da lese ich heute in einem Interview der diesjährigen Büchnerpreisträgerin Jelinek, solche »Blitzdichtung« sei typisch jüdischer Witz und den habe sie schon als kleines Kind gelernt (ihre väterliche Seite ist jüdisch!): »Ich wurde da sehr ermuntert und auch gelobt und habe sogar Applaus bekommen. Es ist ganz sicher eine jüdische Tradition, die gibt es eben nicht mehr, und deswegen kann auch ein deutscher Kritiker fragen: ›Ist das vielleicht komisch gemeint?‹«

Auch so eine Platitüde des Feuilletons: Scheitern auf beachtlichem, wenn nicht gar höchstem Niveau. Wie oft kann man das lesen. Auf höchstem Niveau scheitern ist ungefähr so möglich wie, ohne etwas getrunken zu haben, zweikommadrei Promille zusammenzubringen.

Immer wieder zu sehen, wenn irgendwo eine Baugrube klafft: einer steht drin, werkelt, man sieht den Kopf des sich Bückenden auf- und abtauchen, oben aber stehen vier, fünf um die Grube herum, wissen Bescheid, geben überflüssige Ratschläge, debattieren das Werkeln des einen einzigen da unten. Ansonsten leisten sie nichts, halten sich aber für die Chefs.
Genau so ist der Literaturbetrieb!

Wenn die Romane und Erzählungen, die buchlangen Gedichte und die Lesedramen fürs Kopftheater, wenn all das die Territorialmächte meines Schreibens sind, mit ihren je eigenen Verfassungen, ihren je eigenen Gesetzen, dann ist dies Tagebuch der Niemandsband dazwischen. Hier halte ich mich gerne auf.

In der Nacht hat's angefangen zu schneien, in der Früh liegen schon fast 10 Zentimeter. Der erste Schnee des Jahres liegt ganz anders als der später dann. Noch nicht eingepaßt, angeschmiegt an die Landschaft. So als ob sie sich dagegen wehren würde. Der Unterschied ist der zwischen einer Bettdecke, die über einem bereits seit Stunden Schlafenden liegt, und der, unter die man gerade gekrochen ist. Dieser Eindruck kommt zum Beispiel auch von den Blättern an den Zweigen, die teilweise sogar noch grün sind. Aber auch das Laub auf dem Boden, das noch nicht zusammengesunken daliegt, sondern knusprig wie Krokant. Das alles *will* noch nicht unter das Leichentuch des Schnees.

Lesung in Käthe Kollwitz' Sterbehaus in Moritzburg. Es ist die letzte, die hier stattfinden wird, die Reihe wird aus Geldmangel eingestellt. Ob das mit ein Grund dafür ist, daß der allerdings nicht sehr große Vortragsraum bis auf den letzten Platz gefüllt ist? Ich werde von Dieter Krause, der die Reihe vier Jahre lang betreut hat, vorgestellt und eingeführt. Nach mir liest Jens Wonneberger und ein weiterer Dresdener Autor. – Jens und Dieter kenne ich seit der gemeinsamen Lesereise, die Peter Becher vom Adalbert-Stifter-Verein 1994 organisiert hatte. Als jeweils vier Autoren aus München, Prag und Dresden waren wir damals unterwegs gewesen, von der Isar über die Moldau an die Elbe, die Einheimischen stellten den Auswärtigen jeweils »ihre« Stadt vor, Jens und Dieter waren zweifelsohne die rührigsten gewesen. Die Prager, das nebenbei, waren noch ganz berauscht vom frischen Ruhm derjenigen, die eben ihre gar nicht so samtweiche Revolution gemacht hatten, junge Underground-Barbaren wie Jáchym Topol, aber auch schon Hipness und Coolness ausstrahlende zukünftige Auflagenmillionäre wie Michal Viewegh oder in feinen Gipfelgesprächszwirn geworfene Jungdiplomaten wie Tomáš Kafka, der alle daumenlang von einem Fahrer der Tschechischen Botschaft in Berlin aus unserer Runde gerissen wurde, um zu weitaus bedeutenderen Konferenzen gebracht zu werden, mit seinen eigentlich noch ganz spitzbübischen 29 Jahren … kurzum: sie hatten keine Zeit und keinen Sinn für uns. Und wir Münchner waren sicher auch nicht ganz bei der völkerverbindenden Sache (Andreas Neumeister zum Beispiel schien mir vor allem darüber pikiert, daß es eines Suhrkampautors, also seiner Person, unwürdig sei, vor ei-

nem knappen Dutzend Leuten im Prager Rudolfinum lesen zu müssen), aber Jens und Dieter, die waren die engagiertesten »Stadtbilderklärer«, so nämlich hieß das früher in der DDR! Sie zeigten uns nicht nur Dresden, die Kellerlokale in der Neustadt, sondern auch das Elbsandsteingebirge rund um die Bastei und das Karl-May-Museum in Radebeul … Jáchym Topol fiel ernsthaft gerührt auf die Knie, als er vor der Bärentöter-Flinte Old Shatterhands stand. Das könnten wir nicht verstehen, erklärte er mir später, als wir wieder draußen waren aus dem Museum, aber Karl May, auf den lasse er keine Ironie kommen, der sei der wahre Held seiner Kindheit gewesen, derjenige, der klar ausgesprochen habe, auf was es ankomme, auf den Kampf der Guten gegen die Bösen nämlich. (Dies auch als Erklärung für die hoffentlich zahlreichen Leser seiner Romane, die sich schon immer gefragt haben, warum bei ihm so viele gute Rothäute durch die Gassen eines sehr wildost-haften Prags schleichen.)
In Erinnerung an all das war ich also ganz offen und herzlich gestimmt, die beiden nach so langer Zeit wiederzusehen. Das Verständnis ist eh sofort wieder da. Den Nachmittag verbrachten wir bei Dieter zu Hause, in einem ehemaligen Bauernhof in Reichenberg. Er übernahm ihn vom Schwager, als der Mitte der 80er Jahre erfolgreich ›rübermachte‹. Sie haben sich's schön her- und eingerichtet.
Und Jens erst mit seiner Frau Doris! In der Dresdener Neustadt. Ein ganzes gründerzeitliches Mietshaus haben sie, mit Nachbarn und Freunden, in über dreijähriger Eigenarbeit renoviert. Ein Altbesitzer war nicht mehr zu ermitteln, da stand es zum Verkauf. Einige der Mieter griffen zu, mit Hilfe eines Kredits. Und alles wunderbar restauriert und renoviert, in Nachbarschaftshilfe. Und jetzt haben sie das schönste Hinterhofidyll. Also bitte: Wer was anpackte, konnte sich auch was richten, während dieser neun Jahre seit der Wende.

Die Gebrochenen gibt es natürlich auch. Heiko, »'n Kumpel« von Dieter. Dem glückte die Flucht Ende der Siebziger nicht. Es folgten Psychiatrie und Knast. Heute arbeitet er als Friedhofsgärtner. Und schreibt erfolglos. Er kommt mir sehr aus der Bahn geworfen vor.
Jens erzählt noch eine schöne Anekdote von Max Blaeulichs Lesung in Dresden (der Bekanntenkreis schließt sich). Sie hatten ihm den Flug von Salzburg aus bezahlt. Max fliegt aber nicht. Und zum Zugfahren hatte er plötzlich keine Lust mehr. Schickte er einfach jemand anderen, der seine Texte las und sich für ihn ausgab. Angesprochen darauf, daß die Verlagsfotos jemand ganz anderen zeigten, sagte der Pseudomax, nein nein, er sei schon der richtige, er gebe nur manchmal falsche Fotos von sich in Umlauf!

Ein junges Nachbar-Ehepaar zum Kaffee. Erst im Frühjahr schräg gegenüber eingezogen, nun schon wieder am Ausziehen. Dauert nicht lange, da gestehen beide, Schreibversuche unternommen zu haben. Mächtiger Respekt vor mir, dem frisch gekürten Preisträger, was mir ganz und gar unangenehm ist und auch unangemessen erscheint. Und dann sagt sie, sie habe einen Krimi à la Donna Leon begonnen, der spiele in unserer Straße, und wir, Ursula und ich, kämen darin vor. Das berührt mich denn doch äußerst seltsam. Der Beobachter wird beobachtet! So bin ich mir ja noch nie vorgekommen.
Mindestens dreimal im Verlauf des Nachmittags sagen beide, ich sei ihr großes Vorbild. Natürlich haben sie nichts von mir gelesen. Grotesk!!

Einer meiner Fehler: Ich dulde andere Götter neben mir. Ich lade sie regelrecht ein: Setzt euch her da, ihr Götter!

Gestern Carl Amery mit einer Lesung aus »Hitler als Vorläufer« in Waldmünchen. Doch immerhin 40 Zuhörer, drei Viertel aber nicht aus Waldmünchen. Was mich nicht im geringsten erstaunt: Da kommt der universalste Autor Bayerns seit Lorenz Westenrieder (und das sind immerhin 200 Jahre), und man bemerkt es in Waldmünchen nicht. Für mich ist er einer von den fünf Zacken jenes Sternes, der am Firmament aller Zeiten für die bairische Literatur leuchtet (die anderen vier sind: Oskar Maria Graf, Karl Valentin, Jean Paul und eben Westenrieder; oder der Stern hat doch jüdisch sechs Zacken, um wenigstens eine Frau noch unterzubringen: Marieluise Fleißer).
Hole ihn vom Hotel ab und lade ihn zum Frühstück in unsere Küche ein, ehe wir dann nach Cham zum Bahnhof fahren. Er ist gesundheitlich sichtlich angeschlagen, was sich aber kaum auf seine geistige Präsenz auswirkt. Die Lesung gestern abend war zu drei Viertel freie Rede, aber mit einer Brillanz und im Grunde für den Druck Fertigkeit, daß man nur staunen kann. (Klar hat er auch seine zurechtgelegten Sentenzen, wie z. B. sein immer wieder angeführtes: Wir benehmen uns ungefähr so intelligent wie Bierhefe, fressen sämtliche Resourcen auf, vermehren uns prächtig und verrecken demnächst in unseren Exkrementen.)
Jetzt beim Frühstück allerdings sagt er, daß seine Gesundheitsprobleme ein belletristisches Arbeiten mittlerweile unmöglich machten. Vor allem der zu hohe Blutdruck setze ihm zu. »Ich kann nur noch diskursiv schreiben.« Die Imagination habe ihn verlassen, wie er sagt, ein »Qualitätsgefühl« für Einfälle und sprachliche Stimmigkeit. Eigenartig, wie das zusammenhängen soll: Blutdruck und Sprachgefühl. Mir fällt ein, daß ich in den letzten Essay-Bänden einige sprachliche Ausrutscher bemerkte, die ich mir bei seiner Klasse gar nicht erklären konnte.
Das berührt mich denn doch sehr, jemandem gegenüberzusitzen, den ich vor allem für seine Romane so überaus schät-

ze, und ich muß einsehen: es wird von Carl Amery nie mehr einen Roman geben. Und das, obwohl er voller Geschichten und Stoffe wäre, wie er grandios, kurz anschauspielernd, vorführt. Zum Beispiel einen Roman über Franz von Baader. (Nachdenkenswert in diesem Zusammenhang in Bezug auf meine sich wieder zu Wort meldende Arbeit am »Voynich«-Manuskript, und natürlich auch am Nietzsche-Buch: Amery sagt, als ich ihn nach Literatur zu Baader frage, er wisse nicht so genau, was es gebe und er wolle es auch gar nicht wissen: »Vielleicht ist es nicht gut, zuviel zu lesen.«)

Am Sonntag hatte er noch davon gesprochen, der Amery, daß uns nur die Heiligen dieser Welt Rettung bringen können, durch ihr Beispiel nämlich. Er meinte damit gar nicht die Heiligen des Kirchenrechts, natürlich nicht, sondern, wie er sagte, Menschen, die es überall auf der Welt gebe, ob das die indianischen Heiligen in ihren »Schwitzhütten« seien oder tibetanische und hinduistische Mönche, Menschen allesamt, die uns eines lehren: den Verzicht aus Einsicht! Sprach's also, und da bringen sie gestern prompt eine Reportage über eine Umweltaktivistin in Kalifornien, die seit einem Jahr (!) im Gipfel eines fast 1000jährigen Baumes in einer Art Baumhaus lebt, um das Abholzen des Riesen zu verhindern. »Red Wood« heißt das Gebiet und wird von einer Sägemühle radikal abgeholzt, natürlich mit dem Ergebnis enormer Erosionen. Eine junge, sehr hübsche Frau, die von Freunden mit Nahrung versorgt wird und die nicht mehr runtergeht von diesem Baum! Die Holzfirma spielt auf Zeit: irgendwann wird sie schon wieder runterklettern. Wie gesagt, bisher hält sie über ein Jahr aus. Und sagt, ihr fehle dort oben nichts! Auch Freunde und Bekannte nicht, sie fühle, daß dies genau ihre Aufgabe sei: im Gipfel dieses 1000jährigen Baumes zu leben.

Irre Geschichte. Denke natürlich sofort an Yggdrasil, die Weltesche. In der nordischen Mythologie ist sie von Gottvater Odin bewohnt und von vier Hirschen und einem Adler. Und neuerdings von dieser jungen, schönen Heiligen. Da müßte man doch was draus machen! Eine Erzählung? Ein Theaterstück. Auf der Bühne sieht man nur den mächtigen Stamm, der Gipfel verbirgt sich im Schnürboden. Die anrükkenden Fernsehteams, die Arbeiter der Holzfirma etc., sie müßten alle nach oben sprechen (würden sich schön bedanken, für die Genickstarre nach einer solchen Aufführung!). Titel: »Die Frau im Baum«.

Das ist es, was Literatur eigentlich sein sollte: Niemandsland. Paul Wührs res publica poetica.

Heute sehr frühlings-mild. Und gleich der erste Muckenschwarm, der übermütig rauf- und runterrennt die schräge, regelrecht gold-glänzende Sonnenstiege. Wo sie sich nur bereithalten, während der saukalten Tage, die Mucken, um dann sofort da zu sein, wenn sich der Frühling nur kurz einmal in den Dezember verirrt? (B. v. Ll. = Bild vom Landleben, 28. Dezember)

1999

Sogenanntes Tagebuchschreiben: eigentlich eine der widerlichsten Eitelkeiten, die man sich unbedingt untersagen sollte.

Mike erzählt lachend, daß sie in der Blindenschule sogar Fußball gespielt hätten. Der einzige, der wenigstens ein bisserl was sah, war der Torwart. Die anderen orientierten sich am Glöckchen, das man in den Fußball hinein getan hat. Als hauptsächliche Abwehrmaßnahme daher: lautes Brüllen. Meist wurden eh die Schienbeine getroffen.

Heute Nacht sind laufend Panzer durch meinen Traum gerollt. Und ich schlug immer neue Waffenstillstände und Friedensabkommen vor, die aber alle niedergewalzt wurden. (7. April)

Aus der Zeitung: Seit Tagen bereitet ein von der Grenzpolizei in Waidhaus aufgegriffener Mann den Beamten Kopfzerbrechen. Trotz intensiver Ermittlungen konnte bislang noch nicht einmal seine Herkunft geklärt werden, teilt die Polizei mit. Selbst die Vorlage einer Weltkarte konnte das Geheimnis seiner Heimat nicht lösen – der Mann schüttelte bei allen Erdteilen, auf die die Beamten zeigten, nur den Kopf. Der Mann hatte mit einem Bus nach Prag fahren wollen. Den Beamten reichte er einen österreichischen Ausweis, der aber gar nicht ihm gehörte. Der etwa 30jährige verstand keine Sprache, auch Dolmetscher konnten nicht helfen. Das einzige Wort, das er von sich gab, war sein Reiseziel: »Prag«.

In Franz Kafkas Tagebüchern lassen sich keine 10 Zeilen zu Ausbruch und Verlauf des Ersten Weltkrieges finden.

In Vorbereitung einer Kafka-Lesung, die ich im November in Cham machen werde, in der Bahnhofsgaststätte, weil Kafka nämlich in seinen Reisetagebüchern über das Gebäude einen kleinen Passus drin hat, lese ich in der Biographie von Ernst Pawel über das Ende seiner Schwester Ottla. Sie ließ sich von ihrem arischen Ehemann scheiden, weil sie diese Ehe vor dem Schicksal bewahrt hätte, das ihre beiden Schwestern, Valli und Elli, schon ereilt hatte: Deportation nämlich. Und das fand sie unredlich und feige, sich dem Schicksal nicht zu stellen. Sie kam daraufhin auch gleich nach Theresienstadt. Meldete sich dort freiwillig als Begleitung für einen Kindertransport nach Auschwitz. Ihr Mann und die beiden gemeinsamen Kinder überlebten den Krieg.

In einem kleinen Fischerdorf an der italienischen Adria hat eine Wettgemeinschaft den Jackpot geknackt. Jetzt ist das halbe Dorf reich. Die meisten kaufen sich als erstes den Ferrari, von dem sie schon ein Leben lang träumten. Einer dann doch nur einen Ford, weil er noch Geld für drei Goldhalsketten übrig haben will. Und einer, der sagt sich: Die kaufen sich alle Autos, kaufst du dir eine Autowaschstraße!

Gestern schlug im Kölner Dom während einer Messe der Blitz ein. Er ist, im Kirchenschiff sichtbar, die Wand heruntergesaust, entlang metallener Aufhängevorrichtungen für irgendwelche Sakralkunst. »Durch die Menge der Gottesdienstbesucher ging ein Aufschrei.«

Bei meiner Lesung am Kötztinger Gymnasium Ende Juni las ich am Schwarzen Brett den Spruch von Mark Twain: Der

Unterschied zwischen dem fast richtigen Wort und dem an einer bestimmten Stelle einzig möglichen sei der zwischen einem Glühwürmchen und einem Blitz. Dazu fällt mir ein, daß Nietzsche irgendwo sagt, er, der Gewitterliebhaber, würde am liebsten nur noch in Blitzen schreiben. Hab ich natürlich verwendet in meiner Erzählung. Klar, würde jeder Autor gerne: blitzen statt schreiben. Meist aber bleibt es nur bei viel Donnergrollen und Donnerrollen ganz aus der Ferne, und vor Blitzen fürchtet sich der Leser völlig grundlos.

Bei Canetti gefunden: »Orakelroman aus Blitzen«.

Als Paul Celan den Büchner-Preis bekommen hat, schrieb er dem Präsidenten der Akademie für Sprache und Dichtung einen Brief, in dem er darum bat, dem Land Hessen seinen Dank zu übermitteln, »worunter ich auch alle Bäume zu verstehen bitte«.

Ganz zum Schluß öffnete sich für Franz Kafka die Tür zum Gesetz doch noch. Er durfte eintreten. In dem Saal mit den hohen schwarzverglasten Fenstern und mit dem noch höheren Plafond saß hinter seinem Schreibtisch Reinhard Heydrich. Außer einer kleinen Schreibtischlampe, die einen Lichtkegel auf Heydrichs Akten warf, war es rabenschwarz in dem Büro für Gesetzesangelegenheiten. Kafka hatte sich draußen vor der Tür eine Ewigkeit lang überlegt, welche Frage er als erstes stellen würde. Zwar etwas kleinlaut vorgebracht, in ihrer Kürze aber radikal direkt, lautete sie:
»Wo ist Ottla?«
Heydrich zählte gerade eine lange Zahlenkolonne aus seinen Akten zusammen und kam auf die Zahl 5 387 634. Es dauerte

eine ganze Weile, ehe er antwortete, allerdings ohne dabei aufzusehen.
»Ottla? … Ottla? … Ich kenn keine Ottla.«
»Eigentlich Ottilie. Meine kleine Schwester.«
»Noch weniger. Eine Ottilie ist mir noch weniger bekannt.«
»Im August '42 hat man sie nach Theresienstadt gebracht.«
Heydrick blickte noch immer nicht auf. Er zählte laut weiter.
»5 387 635, 5 387 636, 5 387 637 … Theresienstadt, sagen Sie, interessant. Warum hat man sie denn nach Theresienstadt gebracht? 5 387 638 … Wissen Sie, ich muß hier die Zahlen in Ordnung halten. Irgendwann wird eine Prüfungskommission kommen, und dann müssen die Zahlen in Ordnung sein. Es soll doch tatsächlich einige geben, die leugnen diese Zahlen. Die trauen uns das nicht zu«, Heydrich beugte sich noch näher über seine Akten, »dass wir das wirklich geschafft haben: 5 387 639!«
»Sie hat sich von ihrem Mann scheiden lassen«, beantwortete Kafka die Frage, die Heydrich schon längst wieder vergessen hatte. Er blickte tatsächlich zum ersten Mal von seinen Akten auf und Kafka an. Im Tonfall eines Mathematiklehrers, der einen Rechenfehler entdeckt hat, sagte er:
»Das war normalerweise kein Grund, um jemanden nach Theresienstadt zu schicken.«
»Ihr Ehemann war … wie hieß das bei Ihnen … Arier!«
»Ach so, jetzt verstehe ich, und Ihre Schwester folglich … Jüdin?!«
Kafka blickte verlegen zu Boden. Auch der schwarz. Schwarzes Stragula.
»Aber das verstehe ich nicht«, sagte Heydrich, »sie wäre doch geschützt gewesen … durch diese Ehe, wir haben doch im Protektorat Böhmen den jüdischen Ehepartnern von Ariern einen gewissen … wie soll ich sagen … einen Aufschub gewährt.«
»Meine anderen beiden Schwestern, Elli und Valli, die sind zusammen mit ihren Ehemännern schon im Oktober in das

Lager nach Lodz gekommen. Das fand Ottla nicht gerecht, das ... das darf doch nicht sein, hat sie gesagt, da ist das Gesetz ungerecht, in diesem Punkt, daß sie verschont wird und ihre Schwestern kommen ins Lager, verstehen Sie.«
»Natürlich«, sagte Heydrich. Er war so einfühlsam in diesen Fragen, alles was mit Blut und Bande und Zugehörigkeit und Rasse und ... ach, man war einfach nicht umsonst Leiter der Wannseekonferenz gewesen.
»Und da hat sie sich scheiden lassen«, rekapitulierte Heydrich noch einmal für sich, »hat ihren Mann und ihre Kinder ... sie hatte doch Kinder? ...«
»Zwei.«
»... hat also Mann und Kinder zurückgelassen und ist nach Theresienstadt gekommen.«
Heydrich schüttelte den Kopf und lachte, so wie man über kleine Kinder lacht, die aus Ungeschicklichkeit über ihre eigenen Füße stolpern.
»In Theresienstadt«, fuhr Kafka fort, »hat sie sich dann am 5. Oktober 1943 gemeldet, um einen Kindertransport nach Auschwitz zu begleiten. Soviel weiß man.«
Kafka fing an, am ganzen Körper zu zittern. Aufgeregt deutete er mit dem Finger hinter sich zurück auf die Tür, durch die er in dieses Büro gekommen war.
»Ich hab' da draußen gewartet, eine Ewigkeit lang, und jetzt möchte ich eine Antwort auf die Frage: Wo ist Ottla?«
Heydrich wandte sich wieder seinen Akten zu.
»Wie heißen Sie überhaupt?«
»Kafka.«
Heydrich blickte über den Rand seiner Brille.
»Dohle, ah ha.« Er fing zu grinsen an. »Auch das Schwesterlein, nehme ich an, nach der Scheidung, wieder eine Kafka, also zu deutsch: Dohle.«
»Ja«, sagte Kafka.

Heydrichs Oberkörper schüttelte sich jetzt schon, allerdings immer noch lautlos.
»Ein Dohlchen ...« Er fing brüllend an zu lachen. »Ihr Schwesterlein fliegt als Dohlchen durch die Lüfte, über dem Birkenwald da oben in Polen.«
Es schüttelte ihn vor Lachen, und Tränen traten ihm in die Augen. Aber nur kurz. Dann riß sich Heydrich am Koppelriemen seiner schwarzen Uniform. Er hüstelte, schniefte, brachte sich wieder in Fasson. Er schaute Kafka kalt ins Auge.
»Und jetzt schauen Sie, daß Sie hier rauskommen! Sehen Sie nicht, daß ich zu tun habe?«

Texte mit der Gattungsbezeichnung: eine Abkürzung. Also: Aufreißen eines Problems, Konflikts, einer Situation, dann plötzliche Abkürzung hin zu einem so gar nie erwarteten Schluß.

Jean Paul am Ende einer seiner Vorreden an die Leser gerichtet: »Ertragt Bücher, Menschen und euch!« Viele können das nicht. Die ertragen sich selbst nicht, und die Art, wie sie über Bücher reden, verrät nur, daß sie sie genauso hassen wie sich selbst.

Canetti mokiert sich über Menschen, die gleichzeitig Kutteln essen können und über Baudelaire sprechen. Der hat ja keine Ahnung. Aber ja! Nur so!!

Péter Esterházy in der »Langen Nacht der ungarischen Literatur« im Deutschlandfunk, gefragt, ob er ein ungarischer

Schriftsteller sei: »Alles, was man ist, ist eine Beschränkung. Zum Beispiel Mann zu sein, ist schon eine Beschränkung. Ungarischer Schriftsteller zu sein, ist eine Beschränkung.« Seufzer, dann: »Aber irgendetwas muß man ja sein.« Das scheint mir eine ziemlich gültige Antwort zu sein auf die ewige Frage, warum schreiben Sie, warum sind Sie Schriftsteller: Irgend etwas muß man sein!

22. Oktober, Pilsen: Dieses Licht der gelb-golden strahlenden Straßenbeleuchtungen, ob in Prag oder Pilsen oder einem der kleinen Dörfer, ich weiß nicht, warum mir immer gleich so süß ums Gemüt wird, nächtens in Böhmen, vielleicht, weil alles wie in Honig getaucht aussieht?
Aber unter diesem immer noch vor-wende-mäßigen Licht spielt sich neuerdings anderes ab: Wir, das heißt die Mitglieder des bayerischen VS, ziehen um 2 Uhr morgens durch die Pilsener Innenstadt. Vorbei an einem Strip-Lokal mitten am Hauptplatz, die Türen stehen sperrangelweit offen, man kann vom Bürgersteig aus dem um eine Chromstange sich wikkelnden nackten Fleisch zuschauen. So ist das neuerdings, im Madonnenland Böhmen.
Wir Bayern bleiben leider unter uns, die österreichischen Teilnehmer der Tagung reisten bereits einen Tag früher wieder heim, und um die Pilsner ist es eh bedenklich bestellt. František Fabian ganz elend beieinand, er läßt sich ein, zwei Stunden sehen, mittags, muß dann wieder heim. Unter anderem zur täglichen Dialyse. Fast nach jedem Jahr, wenn wir uns wieder bei solcher Tagungsgelegenheit treffen, sind ein, zwei Pilsner Mitglieder verstorben. Und junge kommen nicht nach. Die wollen mit dem Alte-Leute-Club nichts zu tun haben. Natürlich nimmt das Ganze immer mehr den Charakter von Verwandtenbesuchen an, mit Literatur hat das so gut wie gar

nichts mehr zu tun. – Josef zu sehen und zu sprechen, ist allerdings immer eine Freud'. Obwohl auch er, hab' ich den Eindruck, das Ganze nur mehr als Pflichtübung ansieht. Was soll man tun? Man kann doch nicht sagen: Das war's jetzt, keine Treffen mehr, Ihr todlt's uns zu sehr!

Spät noch im Materialienband zu Hans Magnus Enzensberger geblättert. In einem Aufsatz von Gaston Salvatore statt *Sektiererei* erst mal *Sektkellerei* gelesen. Und der Satz ging weiter: »… die alte Krankheit der Linken«. Seit den Tagen des Oskar Lafontaine stimmt ja nun beides.

David Lewis, ein leider noch nicht ins Deutsche übersetzter amerikanischer Philosoph, behauptet ganz anders als Wittgenstein, die Welt sei eben nicht nur das, was der Fall sei, sondern auch, was noch nicht eingetreten sei oder überhaupt niemals der Fall werde. Jede Möglichkeit existiert, wenn auch nicht im »logischen Raum« der uns bekannten Welt. Er sagt damit etwas für Autoren ungemein Wichtiges: Auch wenn Sprachwelten keine realen sind, so existieren sie doch. Und zwar in einem anderen, viel beunruhigenderen Sinne als lediglich in Form eines ›sprachlichen Konstrukts‹ oder wie sonst die Beschwichtigungsformeln heißen mögen. Sie ist da, die Welt des Romans, als eine Möglichkeit neben vielen anderen, und es ist – ja, was? Zufall? –, daß nicht die Möglickeit des Romans das geworden ist, was wir Wirklichkeit nennen, sondern eben eine andere!

Manche Einfälle, obgleich ganz hübsch, sind dennoch unbrauchbar, weil aus der eigenen Stil- und Tonlage fallend. Man müßte sie einfach anderen schenken können, die damit etwas anzufangen wissen. Zum Beispiel der mögliche Gedichttitel »Die Quatschrasur des Greises«. Für wen wäre das was? Für Gernhardt? Rühmkorf? Oder doch eher Otto? Die meisten sind sich bestimmt zu fein, ein solches Geschenk anzunehmen. Dabei würde ich sagen: »Nehmen Sie es nur, ich kann's nicht gebrauchen!«

In der Zeitung steht: Ein Blinder hat einen Banküberfall versucht. Er ließ sich von einem anderen nichtsahnenden Bankkunden an den Schalter führen. Sagte dann wahrscheinlich: Geld oder Leben. Das hat er sich abgehört, im Fernsehen. Woher soll er wissen, daß das allein noch nicht genügt?

Genau so komme ich mir manchmal am Schalter des Literaturbetriebs vor. Meine Aufforderung lautet: Geld und Ruhm. Komischerweise reagiert man nicht. Lacht nur. Irgend etwas habe ich vergessen. Irgend etwas fehlt mir. Irgend etwas halte ich *nicht* in Händen. Bin aber auch blind dafür, was es sein könnte.

Fritz Mauthner: »Es ist schwer ernst zu bleiben, wenn man den Begriff *Gottes Wort* untersuchen will. Wirklich: Im Anfang war das Wort und Gott war ein Wort.«

2000

Jean Paul! Sooft ich ihn lese – und ich lese ihn momentan oft und viel, bin ich doch auf der ständigen Suche, um meinen Text zu einem Fichtelgebirgs-Bildband mit schön fetten Zitaten aus seinen Romanen spicken zu können –, sooft ich ihn also lese, das immer neuerliche reine Entzücken. Es gibt nur ganz wenige Autoren, mit denen es mir so geht. Wunder über Wunder, Entdeckungen über Entdeckungen. Das Erstaunlichste an ihm: Er kommt einem passagenweise so ganz und gar zeitgenössisch vor. Als ob er neben einem stünde. Zugegeben, da sind auch immer wieder mal elend lange Stellen von einer tränenseligen Empfindsamkeit, die mit heutigem Geschmack nur mehr schwer zu goutieren sind, dann aber, urplötzlich, blitzt wieder etwas auf, was Vorrecht unseres Zeitalters zu sein beansprucht und gar nicht da hingehört, an die Wende vom 18. aufs 19. Jahrhundert.
Kleines Beispiel: In der »Selberlebensbeschreibung« erzählt Jean Paul von seinen ersten Schuljahren in Joditz. Das ist in der Tat Dorfidyllik des 19. Jahrhunderts (und doch so wunderbar geschrieben, mit unglaublichem Gespür für Kleinigkeiten). Dann aber stutzt der Autor und kommt ins Sinnieren: Im Grunde, geht es Jean Paul durch den Kopf, habe er sich das meiste selber beigebracht, eines Lehrers vor seiner Nase hätte es eigentlich gar nie bedurft, und man spürt förmlich, wie ihn diese Erkenntnis immer weiter treibt zu Gedankenexperimenten, die ihn schließlich bei der Idee des heute gängigen Fernstudiums landen lassen: »Ja dieses geistige Selberstillen der Kinder läßt eine solche Ausdehnung zu, daß ich mir getraue, durch die bloße Briefpost ganzen Schulen in Nordamerika vorzustehen oder in der alten Welt fünfzig Tagreisen entfernten, indem ich meiner Schuljugend bloß schriebe, was sie täglich auswendig zu lernen hätte.« Voilà, und da steht sie plötzlich, die Prophetie einer neuen Internet-Welt mit zukünftigen globusumspannenden virtuellen Universitäten!

Im übrigen entwickelt Jean Paul eine interessante These, warum es für einen angehenden Dichter besser sei, wenn er in möglichst provinzieller Gegend aufwachse. »Joditzer haben sich alle ineinander hineingewohnt und hineingewöhnt; – und dieses herrliche Teilnehmen an Jedem, der ein Mensch, welches daher sogar auf den Fremden und Bettler überzieht, brütet eine verdichtete Menschenliebe aus und die rechte Schlagkraft der Herzens. – Und dann, wenn der Dichter aus dem Dorfe wandert, bringt er jedem, der ihm begegnet, ein Stückchen Herz mit und er muß weit reisen, eh er endlich damit auf den Straßen und Gassen das ganze Herz ausgegeben hat.«
Spontan fällt mir jetzt Bohumil Hrabal ein, der ja in Nymburk, also einem provinziellen Kleinstädtchen, aufgewachsen ist. Seine Menschenliebe überzog sogar noch den Fäkaliengruben-Entleerer, dem er ein Prosa-Denkmal sondersgleichen gesetzt hat. Vielleicht ist da wirklich was dran. Muß es an weiteren Beispielen überprüfen!

In *meinen* FAZ-Fragebogen gehörte zum Beispiel noch die Frage: Welche historisch überlieferte Person würden Sie gerne im Totenreich abholen, um mit ihr, sagen wir einen ganzen Nachmittag lang ein ungestörtes Gespräch zu führen? Meine sofortige, keine Sekunde des Nachdenkens notwendig machende Antwort wäre selbstverständlich: Jean Paul.

Gehe am nord-westlichen Nebeneingang zum Hauptbahnhof die Treppen hoch und komme genau auf den Brotzeitstand zu. Dort stehen ungefähr zehn Bierfaßattrappen mit einer runden Holzscheibe als Abstellfläche, Tische, wo man im Stehen seine Currywurst essen kann. Es ist fünf Uhr nachmittags. Es stehen ungefähr zwölf Männer da. Ausnahmslos *Männer*. Wie abgezirkelt stehen sie da, alle im selben Winkel, alle haben sie denselben Blick auf die Gleise, auf die dort wartenden Vorortzüge. Und alle haben sie eine Halbe Bier vor sich stehen. Eine Sturzhalbe, ehe der Zug abfährt. Feierabend. Jeder steht allein an einem dieser Tische. Keiner ißt etwas, alle trinken sie. Keiner redet ein Wort. Alle schauen sie in dieselbe Richtung. Bewegungslos, bis auf die mechanische Schüttbewegung des Bieres in den Mund. Ein ebenso faszinierendes wie trostloses Bild.

Immer wieder diese Angstattacken, diese Panikanfälle: Ich komme nicht durch mit dieser Hochstapelei. Schriftsteller will er sein! Einmal wird alles auffliegen. Und ich werde ein alter Mann sein, ein Fall fürs Sozialamt. Werde durch Waldmünchen schlurfen wie der alte Krauterer, der mir heute wieder über den Weg lief: immer in Gummistiefeln, zerfetzte Kleidung, zweierlei Handschuhe, den Hacklstecken über die Schulter gelegt und hinten das Einkaufsnetz drangehängt.

Plötzlich das Gefühl, richtiges, wahres, ehrliches Tagebuchschreiben sei das schönste Schreiben überhaupt.

»Gesetzt, wir wollen Wahrheit: warum nicht lieber Unwahrheit?« Nietzsche. Und noch erstaunlicher für einen Philosophen vulgo Wahrheitssucher: »Das Verzichtleisten auf falsche Urteile [ist] ein Verzichtleisten auf Leben, eine Verneinung des Lebens. Die Unwahrheit als Lebensbedingung zugestehn.«

Verkaufe gebrauchte Vorurteile. Gut erhalten und über die Jahre eins a gepflegt.

Statt übermütig-vergnügt besser: vermütig-übergnügt!

Vorgestern ist Ernst Jandl gestorben. Auf seinem Grabstein könnte stehen: Mund-Höhlenforscher. Entdeckte dort, in der Mundhöhle, bisher verborgene Worte wie Gottelbock und Stirnscheitelunterschwang.

»Also doch!« rutschte es Nietzsche heraus, als er eines Tages dem lieben Gott über den Weg lief in jenen Gefilden, die für ein solches Über-den-Weg-Laufen derer, die sich normalerweise nie über den Weg laufen, wie gemacht schien: das Elysium nämlich.

»Was heißt hier *Also doch*!« wurde Gott gleich pampig. Daran übrigens erkannte Nietzsche ihn, ein übelgelaunter, alter Kerl, das muß er sein, dachte er sich.

»Ich war der festen Überzeugung, es gibt Sie überhaupt nicht, Mylord«, sagte Nietzsche, »aber so eine Erkenntnis mußte man auf eine kurze, griffige Formel bringen, die Leute lesen ja nichts, was länger als ein Werbespruch ist, und da fielen mir halt diese drei Worte ein ... Schlimm?« fragte Nietzsche voller Mitgefühl.

»Sie ... Sie ...«, Gott fuchtelte Nietzsche mit einem drohenden Zeigefinger vor der Nase herum. »Ehe Sie aufgetaucht sind, wußte ich gar nicht, daß ich sterblich bin.« (Fairerweise muß man sagen, es klang echt erschüttert, wie Gott das sagte.)

»Tut mir leid«, sagte Nietzsche, der so ein unglaublich weichherziger Mensch gewesen war und auch im Elysium blieb. »So war's auch gar nicht gemeint. Ich mein', so direkt persönlich. Wie gesagt, ich ging davon aus, es gibt Sie gar nicht. Wie soll man jemand persönlich treffen wollen, den es gar nicht gibt?«

»Hmm«, knurrte Gott. Ob das Zustimmung signalisieren sollte?

Ob er ihm schon vergeben hatte? Früher war Gott ja mal groß gewesen im Vergeben, mittlerweile war ihm alles wurscht, das Strafen wie das Vergeben. Die machten ja eh, was sie wollten, die da drunten.
Und Nietzsche dachte bei sich: Wenn ich nochmal könnte, würde ich's anders formulieren ... ja ... anders. Ich würde schreiben: Gott ist alt geworden. Sehr, sehr alt.
Und sie sahen sich eine Zeitlang stumm an, ehe sie grußlos auseinandergingen, jeder in seine Richtung. Hoffentlich lauf ich dem nicht noch mal über den Weg, dachte sich der eine wie der andere.

So eine Gewitterstimmung wie heute habe ich noch selten ... nein, gar nie erlebt. Es begann mit einem leisen Gerumpel. Ich öffnete das Fenster, an das ich vom Schreibtisch aus im Sitzen heranreiche, um genauer zu hören, was da vor sich geht. Der Müllwagen? Baufahrzeuge? Nein, es war Gewittergrollen. Das sich langsam immer mehr akustisch auftürmte. Und das ganz und gar Seltsame daran: Es rumorte pausenlos. Zehn Minuten und länger. Also keine einzelnen Donner, sondern ein ständiges Grollen. Dabei aber kein einziger Blitz. Auch kein Donnerschlag. Es blieb ostinat bei diesem Grollen, Grummeln. Auch kam kein Wind auf, wie sonst bei herannahenden Gewittern, kein einziger Regentropfen fiel. Das alles klang sehr bedrohlich. Ein Eindruck des fortwährenden Brodelns direkt über dem Haus. Und das Gefühl, daß jetzt gleich schlagartig ein ungeheures Unwetter losbrechen werde.
Fünf Minuten später hagelte es Eiskirschen. Der Rasen, den ich Tage zuvor sehr kurz geschnitten hatte, war binnen Sekunden eine weiße Fläche. (= B. v. Ll.)

In einem Interview sagt António Lobo Antunes, das Schreiben eines Romans sei folgendes: Man findet auf der Straße einen Knopf und fängt an, sich den dazugehörigen Anzug vorzustellen.

Bald zwanzig Jahre lang hab ich jetzt mehr oder minder sehnsüchtig da hinaufgeschaut, auf den Gipfel des Čerchov, von wo, anfänglich kaum sichtbar, die letzten Jahre durch Baumfällungen immer mehr freigelegt, der Beobachtungsturm des tschechoslowakischen Militärs herunterlugte. Jetzt war ich oben. Das erste Mal überhaupt.
Auf Sichtweite angenähert hatten wir uns schon einmal vor drei, vier Jahren. Da war aber der Gipfel selbst noch militärisches Sperrgebiet. Seit diesem Jahr nun ist es dem Tourismus-Club Domažlice gelungen, auch diese letzte Bastion des Kalten Krieges noch zu schleifen. Man kann jetzt bis direkt an den Beobachtungsturm heran. Somit ist jenes Gebiet zurückerobert, das vor dem Zweiten Weltkrieg ein beliebtes Ausflugsziel sowohl für die Tschechen als auch die Bayern war. Auch Ursulas Mutter wußte noch davon zu erzählen. Von einem erst hölzernen, dann gemauerten Aussichtsturm war da die Rede und von einem typisch Böhmerwäldler Holzblockhaus. Ich habe alte Fotos gesehen. Muß wirklich ein schöner Fleck gewesen sein. Und in einer alten Quelle las ich: »Kaum kommt man zum Aussichtsturm, geht einem schon der Wirt höflich entgegen, drückt einem freundschaftlich die Hand, begleitet Dich hinein. Und Du traust Deinen Augen kaum: Du weißt, daß Du 600 Meter über dem Chodenland bist, und doch kommt es Dir vor, als wärest Du in einem Chodenzimmer. Dunkle Balken, im Winkel die Jungfrau Maria und über ihr der gekreuzigte Heiland, eine Eisenstange über dem Kamin, Möbel, bemaltes Geschirr in einem Regal.«

Das Bild heute dagegen: ein seit Jahren verlassenes Militärareal. Mannschaftsunterkünfte, mit zum Teil zerbrochenen Eternitplatten verkleidet, eingeworfene Fensterscheiben. Der verlassene Horch- und Spionierturm: die Seite zu Bayern hin mit scheußlichen Blechplatten verkleidet (das war es, was man von unserer Seite aus immer herüberblinken gesehen hat), zur tschechischen Seite hin Fenster. Die fürs Vor-'89-Böhmen üblichen halbfertigen Mauereien an irgendwelchen Garagen oder Abstellräumen: noch nicht einmal verputzt und schon wieder verfallen. Und mitten auf dem Areal der alte oder auch – ich bin mir nicht sicher – nachgebaute Aussichtsturm. Von außen sieht er alt aus, gemauert aus Granitbruchsteinen, innen aber ein schlampig betonierter Treppenaufstieg.

Der Turm ist geöffnet. Eine tschechische Familie mit Hund oben auf der Plattform. Es pfeift ein unangenehm kalter Wind. Auf 1042 Meter Höhe ist man hier immerhin. Ein grandioser Rundblick, vor allem auch nach Böhmen hinein. An klaren Tagen wird man bis Prag sehen können. Walhalla und Regensburg haben sie mitaufgenommen auf die den Panoramablick erläuternde Postkarte, die man nach Bezahlung von 1,20 DM als Billett bekommt. Ich schau nach Waldmünchen hinunter. So also haben sie uns ein Jahrzehnt lang beobachtet, die Čerchov-Spione. Jetzt ist endgültig das letzte Stück Grenze in meinem Kopf gefallen. Hinauf bin ich gehastet (kam völlig durchgeschwitzt oben an), herunter gehe ich ruhiger, im Bewußtsein, nun auch noch das letzte Stück terra incognita meiner ganz persönlichen Grenze gesehen zu haben. Auch wenn der Anblick dieses verwahrlosten Areals nicht sehr erhebend ist. Und war mal so ein menschenfreundlicher Ort. Ob sie wirklich zusammengekommen sind dort oben, die Bayern und die Böhmen? Oder ob sie Tisch für Tisch unter sich blieben. – Nehme mir vor, nun wenigstens jedes Jahr einmal hinaufzugehen und nachzuschauen, was sich tut ... ob sich was tut.

Entlang des Weges hinauf auf den Čerchov waren mir die betongefaßten Brunnenschächte aufgefallen. Gestern hörte ich nun, daß Waldmünchen sein gesamtes Trinkwasser vom Abhang des Čerchov beziehe, die Quellen – so sechs, sieben sollen es wohl sein – lägen alle auf tschechischem Gebiet. Und die ließ man die vierzig Jahre des Kalten Krieges über ungestört sprudeln. Man hätte uns ja auch das Wasser abdrehen können von tschechischer Seite her. Was auch kaum zu glauben ist: Das Wasser kam die ganze Zeit über und kommt immer noch völlig ungefiltert und ungeklärt bei uns aus der Leitung. Die hätten uns ja alle vergiften können!
Auch schon vor 1989 durften Bedienstete der Waldmünchner Stadtwerke in bestimmten Zeitabschnitten die Quelleinfassungen überprüfen und Ausbesserungsarbeiten vornehmen. Dazu wurden sie am Grenzübergang Furth von tschechischen Grenzern abgeholt und mit verbundenen Augen zu den Quellen gefahren. Dort konnten sie dann unter ständiger Aufsicht ihre Arbeiten erledigen.
Interessante Geschichte! Wäre ein geeigneter Stoff für den »Bayerischen Roman« meiner Trilogie. Ein junger Stadtwerker wird auf diese Mission mitgeschickt. Unter dem tschechischen Wachpersonal, die die Gruppe observiert, ist auch eine junge Frau. (Nachprüfen, ob das auch stimmt, daß Frauen bei der Grenzbewachung eingesetzt wurden. Überhaupt: Vielleicht läßt sich noch ein Augenzeuge dieser Aktion hier in Waldmünchen sprechen.)

Gestern Heimfahrt von München. Ein unglaublich klarer Herbsttag. Föhn bis Dingolfing, Straubing. Der Bayerwald lag vor uns, wie ich ihn noch nie sah: Jedes einzelne Gehöft war zu erkennen, jeder Baumwipfel. Wohin konnte man da schauen, in welche Gefilde? (3. November)

Mit Ivan Binar und Max Blaeulich im Stifter-Verein bei Peter Becher, den Deutsch-tschechischen Almanach mit Lesungen vorstellend. Max' Auftritt, wie immer, mit einem Knalleffekt: Als erstes erzählt er mir von seiner neuesten Veröffentlichung, einer Liebhaberausgabe der ganz besonderen Art. Es handelt sich um sein Dramolett über das Klonschaf Dolly. Zur Buchausgabe hat Max ein Schaf geschächtet, das Blut aufgefangen und in die Buchbinderei geschickt. Dort wurde es in flache Plastikbeutelchen eingeschweißt, so ähnlich wie Blutkonserven. Je eines dieser Beutelchen bildete dann den vorderen und hinteren Buchdeckel des Dramoletts. Das Blutbuch!
Mittlerweile beginne die Ausgabe schon etwas unangenehm zu riechen, erzählt Max mit blaeulichem Lächeln. Der Buchbinder meinte, in Zukunft wolle er solche Aufträge dann doch lieber nicht mehr annehmen: seine Leut' hätt's gegraust. 20 Exemplare habe er davon gemacht, genug, um alle wichtigen österreichischen Zeitungen damit zu beliefern. Besonderes Vergnügen verursacht Max die Vorstellung, wie die Herren Literaturredakteure als Empfänger rätseln, wie sie diese stinkende Sauerei entsorgen sollen. Muß ja müllgetrennt werden!
Max schüttet innerhalb kürzester Zeit vor der Lesung zwei Flaschen Wein hinunter. Moderator Wolfgang Sréter macht ein sehr bedenkliches Gesicht, sagt in seiner Einleitung sogar, er sehe die Autoren da in der ersten Reihe mit ihrer Flasche Wein vergnügt und frage sich, ob das gutgehen werde. Max verläßt kurz vor seiner Lesung noch einmal den Saal. Ist dann als letzter dran und legt eine Lesung hin, die sich gewaschen hat. Und zwar wieder mit Blut. Er liest die Geschichte »Die Hunde von Bukarest«, ein ungeheures Stück, in dem unter anderem von der Liquidation eines Hundes erzählt wird. Grausame Parabel auf das grauenhafte Elend am Ende der Steinzeitkommunisten-Ära in Bukarest.

Anschließend in der Bibliothek des Stifter-Vereins noch ein paar Flaschen Wein. Max erzählt mir des breiten seine Jugend als Zeuge Jehova. Seine Eltern seien durch jemanden, der das KZ überlebt habe, zu dieser Sekte gekommen. Heute nennt er das alles – seine Zeit bei den Zeugen – nur noch faschistisch. Sein »Knopfroman« arbeitet das alles auf. Er verspricht wieder einmal, mir das Manuskript zu schicken. Aber da ist es schon sehr spät und sehr Wein.

Sehnsucht nach dem ersten Schnee. Liebe das Bild der herabsegelnden Flocken in später Nacht.

Als vor Jahren mir der Krefelder van Acken Verlag die Mitteilung machte, mein seitdem letzter Mundartlyrikband »Oidweiwasumma« werde verramscht und ich könne letzte Exemplare zu einem mir deutlich zu hoch erscheinenden »Selbstkostenpreis« abnehmen, bevor der Rest zur Altpapierpresse gebracht werden würde, da lehnte ich dies barsch ab. Einmal weil ich den angebotenen Abnahmepreis als Unverschämtheit empfand und zum anderen, weil ich tatsächlich kein Geld hatte. Heute erscheint mir mein Verhalten so ungeheuerlich und unerklärlich wie das eines Vaters, der vom Kidnapper seines Kindes eine zu hohe Lösegeldforderung präsentiert bekommt und deshalb sagt: »Behalt es!« Mir graut vor mir.

Ich bin viele. Wer hat's geschrieben? Rimbaud? – Ich weiß es jetzt nicht. Weiß nur, bei mir müßte es heißen: Ich ist keiner!

Drei gehaltene Reden … und eine fallengelassene! Diese Rede wurde nicht gehalten. Jedenfalls nicht dauernd und unablässig, irgendwann ließ ich sie mal aus und sie ist gefallen. So wie ein Wort fällt. Man sagt doch so: Und dann ist dieses oder jenes Wort gefallen. So könnte man auch sagen: Und dann ist die Rede gefallen.

Das wenn mir früher ins Bewußtsein eingesickert wäre, daß ja Paul Celan auch in Sils-Maria war und dort Theodor W. Adorno zu treffen hoffte, woraus allerdings nichts wurde, woraufhin dann Celan ein fiktives »Gespräch im Gebirg« schrieb, sein einziger längerer Prosatext überhaupt. Das also wenn mir eher bewußt gewesen wäre, hätte ich sicherlich eine versteckte Anspielung darauf in mein »Nicht kalt genug« eingebaut. Ein »Gesicht« des Professors etwa auf das Gespräch zweier Juden am Ufer des Silser Sees. Dort, wo dem Professor die Idee gekommen war, alle Antisemiten erschießen zu lassen (Paul Celan spielt in einem Brief einmal darauf an). Daß mir diese Verbindung nicht auffiel, daran bin ich selber schuld, sie steht in Paul Rabbes »Nietzsche in Sils-Maria«, das mir die entscheidende Quelle war. Ich hab's anscheinend einfach überlesen.

Vor ziemlich genau einem Jahr ist Ulrich Wildgruber gestorben. Wendelin Niedlich erzählt mir, er habe noch vorgehabt, mit Wildgruber eine Don-Quichotte-Lesereihe zu machen. Niedlich, früher mal Buchhändler in Stuttgart, Liebling der Dichter und Gegner der Bonzen (er hat gegen Strauß prozessiert), betreut mittlerweile vier Lesereihen, seit er mit seinem ambitionierten Laden pleite gegangen ist. (Er erzählt, von Robert Walsers Gesamtausgabe seien seinerzeit insgesamt 800 Stück verkauft worden, 500 davon von ihm. Das sind Buchhändler!!) Eine der Lesereihen heißt »Na denn Proust!«: die gesamte »Suche nach der verlorenen Zeit« von Schauspielern des Stuttgarter Landestheaters gelesen, und zwar in Wendelins Stammkneipe, die was Salonmäßiges hat, wie er findet. Die monatlichen Abende sind jeweils ausverkauft, das Projekt wird noch etliche Jahre andauern. Gestern, am Vorabend meiner heutigen Matinee-Lesung in der Reihe »Niedlichs Lesevergnügungsgesellschaft« im Theatercafé, waren wir in dieser Stammkneipe. Ich fand's eher 'ne üble Spelunke. Ehemaliger Puff, das Haus. Heute grölende VfB-Fans. Der Puffvater ist jetzt Kneipenwirt. Einer von diesen widerlichen Anbagger-Typen, die gar nicht merken, wie sich die von ihnen belästigten jungen Frauen angeekelt abwenden. Und dann kommen wir eben auf Wildgrubers Selbstmord zu sprechen, den Niedlich insofern bemerkenswert fand, als es sich nicht nur um eine Selbsttötung handelte, sondern auch gleich noch um eine Selbstbeerdigung. Wildgruber hatte sich an einem Nordseestrand umgebracht (war's nicht gar auf Sylt?), das Meer hatte ihn schon halb mit Sand zugeschwemmt, als man ihn fand. Er soll ja auch einen Rucksack dabei gehabt haben mit mehreren Hunderttausend Mark in kleinen Scheinen. Im darauffolgenden Sommer hätte ihn dann vielleicht irgendein Sandburgen bauendes Kind gefunden. Und gleich noch einen Schatz dazu!

Das Bier der Genossenschaftsbrauerei Rötz: ein Balsam, mit dem sich Bohumil Hrabal sicherlich von Kopf bis Fuß eingerieben hätte, so wie er es manchmal machte, mit dem Bier! Die Juden würden sich ja auch ihre Schläfenlocken, die Pejes, mit Zuckerwasser einreiben, warum also solle er sich nicht zusammen mit seinen Freunden Vladimír Boudník und Egon

Bondy bei Anwandlung höchster Lebensfeier mit Bier einreiben, schreibt er. Mit beiden Händen ins Gesicht. Und dann langsam abstreichen. Solche rituellen Biereinreibungen dürfen allerdings nicht mit irgendeinem Plempel vorgenommen werden, das versteht sich von selbst. Es muß schon ein Top-Bier sein! Eins wie das Rötzer eben.

Fortan mein Qualitätskriterium: ein Bier wie zum Einreiben! Der Lindner-Bräu übrigens auch. Das muß hier einmal gesagt werden. Ehrensache!

2001

Opus magnum, Begriff in der Alchemie ... auch das Große Schreib-Werk ist ein Umwandeln: von Leben in Kunst. Seine Stadien sind: die Schwarzfärbung (nigredo) der Buchstaben, die Weißfärbung (albedo) des Papiers und die Gelbfärbung (citrinitas) des vergilbenden Buches, der zurückbleibende Gold-Nugget. »Das Unedle wird emporgeläutert zum Vollkommenen. Das unedle Metall wird zu Gold – dachten die Alchemisten.« (Bernhard Haage: Alchemie im Mittelalter) Und die Dichter denken: Das unedle Leben wird zu Kunst. Wahrlich ein Opus magnum.

Zum Symbol des Ouroboros, des »Schwanzfressers«, meist dargestellt als eine sich in den eigenen Schwanz beißende Schlange: Wir würden vielleicht immer noch mit Pferdekutschen herumfahren statt mit unseren Benzinkutschen, wenn nicht Kekule von Stradonitz in einem Traumgesicht den sich in den Schwanz beißenden Ouroboros gesehen hätte und so auf die Ringstruktur des Benzols gestoßen wäre. Laut seinem Prager Freund Bohuslav Raymann habe Kekule den Ouroboros – das Symbol der mittelalterlichen Alchemisten, zurückreichend bis zu den Ägyptern, Sinnbild des »Eines in Allem« – auf einer Prager Apothekentüre zum ersten Mal bewußt wahrgenommen. Und dann von ihm geträumt.

In der letzten Zeit ab und zu das euphorische Gefühl, jetzt an einem Punkt angelangt zu sein, wo ich alles schreiben kann, wo mir alles, wie es so schön heißt, von der Hand geht, was und wie ich es will. Früher dagegen oft das Gespür (ich kann mich noch gut daran erinnern): da wär schon ein Stoff, eine Thematik, eine Geschichte, aber du kannst sie nicht, noch nicht schreiben.

Ich glaube, das ist wirklich der Effekt jahrelangen, fast … nein, tatsächlich ununterbrochenen Schreibens: Man wird gelenkig, geschmeidig, kundig, fühlig für alle Befindlichkeiten des Sprachkörpers. Wahrscheinlich meidet man auch instinktiv das, was man tatsächlich nicht packen würde, jung und ungestüm dagegen rennt man forsch hinein in die Sackgassen. Kann mich noch an die Zeiten erinnern, ganz am Anfang, wo ich alle paar Monate neue, riesengroße Vorhaben hatte (in die ich lediglich Victor, den portugiesischen Freund, einweihte) und die nach wenigen Seiten einen sehr frühen Kindstod starben.
Das ist eigentlich eine schöne Seite am Schreiben, die zunehmende Selbstvergewisserung, die Selbstvervollkommnung im Rahmen seiner Möglichkeiten, das schließlich immer problemloser werdende Schreiben, was allerdings, wohlverstanden, nicht das allergeringste zu tun hat mit einer faden Routinierung, die das gerade Gegenteil davon ist. Da wird nämlich lediglich das einmal Gekonnte wieder und wieder repetiert, ich aber meine das langsame und stetige Ausweiten seiner Fähigkeiten, auf neue Stoffe, auf neue Formen.

Ein Schwarm von Raben läßt sich auf dem Nachbargrundstück nieder und verwandelt es in ein schwarzes Feld. Direkt beklemmendes Bild, ich weiß nicht, ob deshalb, weil es gewissermaßen ›objektiv‹ so ist oder weil man natürlich sofort Alfred Hitchcock assoziiert. Ein paar der Vögel hüpfen bereits über den Gartenzaun und lassen sich auf unserem Kompost nieder, picken nach verwertbaren Resten. Raben sind ja Allesfresser, scheint mir. Im Englischen Garten am Chinesischen Turm beobachtete ich, wie sie heruntergefallene Pommes frites davonzerrten (die Szene steht eh in den »Gerechten«). Was wenn jetzt der ganze Schwarm zu uns käme? Dann wäre unser Garten ein schwarzes Federgebrodel. Wie ich allerdings feststelle, sind Raben sehr vorsichtige und vor allem sehr gut sehende Tiere: Bereits als ich (von ihnen aus gesehen) hinter dem Fenster auftauche, ziehen sie die Flucht vor.

In Amerika gibt es einen Preis für die ungewöhnlichste Todesart – naturgemäß wird er posthum verliehen. Einer der »Preisträger« war ein Mann, der in der Nacht von einem Telefonanruf geweckt wurde und anstatt zum Hörer zum Revolver griff, den er stets auf dem Nachtkästchen liegen hatte. Er hielt ihn ans Ohr, sagte wahrscheinlich »Ja, hallo« und drückte ab.

Gestern mit Ursula zum Mittagessen an den Perlsee spaziert, wir wollten im Seerestaurant einkehren, das aber dann völlig überfüllt war. Als wir auf dem Staudamm entlanggingen, hörten wir ganz seltsame, so noch nie wahrgenommene Geräusche vom See herauf. Er ist momentan mit einer dünnen Eisschicht zugefroren, die in Ufernähe bereits in einzelne Schollen zerbrochen war, die sich nun, durch das untergründige Wellenspiel des Wassers bewegt, aneinander rieben. Ein Geräusch jedenfalls, das mich spontan zu Ursula sagen ließ: »Da müssen Wale drin sein, in unserem Perlsee, das hört sich an wie Walgesang.« Ursula hatte dieselbe Assoziation gehabt.

Still ist das Land nur, weil man Verzweiflung nicht hört.

Wir gehen auf schwankendem Grund, nämlich über die Freiheitsbrücke, direkt auf das Hotel Gellert zuhaltend, und gleichzeitig fährt eine der betagten Budapester Trambahnen über die Brücke, mit viel Gerumpel in den ausgeschlagenen

Gleisen. Und da spürt man es ganz deutlich: die Brücke bebt und zittert. (Dasselbe später noch einmal auf der Margareten- und der Kettenbrücke: alle wackeln sie auf eine mir unheimliche Art und Weise, wenn die Trambahnen darüberfahren.) Zwischen den Ritzen des Fahrbahnbelages hindurch sieht man unter sich die Donau. Wie breit sie hier ist! 800 Meter, glaube ich irgendwo gelesen zu haben. Man sieht ihr schon an, wo sie hin will: ins Meer. Dabei sind es ja noch, ich schätze mal, 1500 Kilometer bis zur Mündung. (Das war am 18. April in Budapest ...)

Schreibt nicht Kafka irgendwo in seinen Briefen (oder Tagebüchern), er habe überhaupt keine Biographie und jede Trambahn habe ein aufregenderes Leben als er? Vielleicht hat er es auch nicht geschrieben. Dann habe ich es aber jetzt sehr genau in seinem Sinne als ein Selbstzeugnis von ihm erfunden.

Die Hölle auf Erden: Taube sein müssen auf dem Markusplatz in Venedig. (12. Juni)

Wir sitzen auf der Piazza San Barnaba, trinken Espresso und entdecken eine einzelne, vom Markusplatz ausgerissene Taube zu unseren Füßen. Ich sage: Die konnte einfach nicht mehr, dieses Gestopft-werden von den Touristen, der ist sicher schon speiübel. Lena erzählt, in der Zeitung stand mal geschrieben, die könnten schon nicht mehr fliegen, die vom Markusplatz, so sehr werden sie dort gemästet.

Wir beobachten einen Mann, der die vier Seiten des Platzes entlang ständig im Quadrat uns umviereckt (umkreist kann man ja eben nicht sagen). Er hat den Kopf so stark abgeknickt, daß das Kinn auf der Brust aufliegt. Im Mundwinkel eine Zigarette, die er eigentlich nicht raucht, sondern wie ein Räucherstäbchen ohne je abzusetzen verglimmen läßt. Der aufsteigende Rauch zieht ihm genau ins Nasenloch hinein … aufgrund des abgeknickten Kopfes.

Im Fernsehen ein Bericht über Genforschung in Amerika. Irgend so ein forscher Embryonen-Spezialist sagt: »Wir machen das. Die Europäer sollen ruhig ihre Bedenken haben. Dafür sind sie ja da!« Jetzt wissen wir ’s!

Wichtige Aufgabe: Sich um die ganz privaten Erinnerungen kümmern. So in etwa wie es Danilo Kiš in seiner Trilogie »Familienzirkus« getan hat. Niemand sonst erinnert sich so und erinnert solches. Das Erinnern von unsereinem – ob an Warenmarken, Fernsehprogramme, Spielzeug, was weiß ich – ist immer gleich Gemeingut. Also gemeines Gut. Es erinnern sich zuviele an das Gleiche. Kein schlimmerer Satz im Grunde als »Weißt du noch?«. Wozu soll man da noch erzählen? Wirkliches Erzählen kommt aus dem ganz und gar ungeteilten Erinnern. Dem einsamen Erinnern. Und auf einmal wird auch Zuhören wieder möglich.

Seltsamerweise fällt mir jetzt zu diesem Weißt-du-noch und diesem Sich-gegenseitig-immer-nur-das-Gleiche-Erzählen ein Witz ein: Ein Judenjingel kommt neu in die Baracke eines Konzentrationslagers. Er beobachtet, wie sich die älteren Häftlinge gegenseitig Nummern zurufen und dann schallend lachen. Er fragt den Mann auf der Pritsche über ihm, was das zu

bedeuten habe. Der erklärt ihm, die Lagerälteren hätten sich eine ökonomische Methode des Witzeerzählens ausgedacht: Man rufe sich nur noch die Kennziffern der durchnumerierten Jokes zu, es kenne eh schon jeder den gesamten Fundus. Der Judenjingel hört sich die Sache ein paar Tage lang an. Schließlich will er beweisen, daß er jetzt auch dazugehört. Er ruft eine Nummer in die Runde. Keiner lacht, verzieht höchstens gelangweilt die Miene. Was denn jetzt los sei, fragt der Junge seinen Nachbarn. Der erklärt ihm: »Es kommt eben darauf an, wie man einen Witz erzählt!«
Ich glaube, in der Fassung, wie ich ihn hörte, spielte der Witz weder in einem KZ (sondern im Gefängnis) noch unter Juden (sondern unter Strafgefangenen). So allerdings gefällt er mir viel besser. Jetzt hat er George-Tabori-Niveau.

Ich liebe diese Art von Witzen oder auch nur kurzen Jokes. Ursula erzählte neulich, daß ihr Vater auch gerne solche Existential-Späße auf den Lippen hatte. Alter Rußland-Frontkämpferspruch zum Beispiel: Da ist sie ja wieder, die liebe, warme ... Sonne konnt' er nicht mehr sagen, da war er bereits erfroren.

Statt »woher kommen wir, wohin gehen wir, was wollen wir« muß es heißen: Woher weht es uns, wohin treibt es uns, wollen wir was?

Gasthof »Mainblick« in Freudenberg, direkt bei der Brücke: Spät nachts tuckert ein Schiff vorbei. Spüre den Sog des Flusses. Und liege wach auf den schrecklich durchgelegenen Matratzen wie tief drunten im Flußbett. (Das war am 20. April ...)

Eine Schülerin des Kurt-Huber-Gymnasiums in Gräfelfing bittet um Beantwortung einiger Fragen zwecks einer Ausstellung im nächsten Schuljahr. Neben dem Üblichen eine überraschende Frage: Was würden Sie tun, wenn Ihnen alle Türen offenstünden?
Nach einigem Überlegen antworte ich: Offenstehende Türen würde ich offen gestanden stehen lassen.

Arbeit an der Landshuter Rede über Doderer, die im November zu halten sein wird. Sitze an der Wand des kleinen Holzschupfens oben im Garten, gegenüber dem alten Zwetschgenbaum, dem vor Wochen die Windböen eines heftigen Sommergewitters den mächtigen Gipfel heruntergerissen haben. An seinem von Flechten und Moos schon völlig überwucherten Stamm klafft jetzt eine dunkelbraune Wunde: Das Holz des Stammes war innerlich bereits angefault, deshalb brach der Gipfel wohl auch, jetzt nach über 40 Jahren, in dem sich der Himmel allherbstlich zwetschgenblau färbte. (Vor drei, vier Jahren war noch ein Erntejahr, daß sich der Himmel bog.)
Ich beobachte die Hornissen, wie sie in dem alten bröseligen Holz des waidwund offenen Stammes bohren und schaben. Sie sägen regelrecht Stücke mit ihren Zangen heraus. Auch scheinen sie den Mehlstaub zu fressen. Die so gewonnene Zellulose, vermischt mit dem Hornissenspeichel, dient beim Nestbau. Eigentlich eine tröstliche Vorstellung: Daß unser uralter Zwetschgenbaum transmutiert (und wiederaufersteht) im faszinierenden Lamellenhaus der Hornissen. (= B. v. Ll.)

»Man muß selber ein Kindskopf sein, um an dieser Welt sein Vergnügen finden zu können. Man muß von einer

Straßenbrücke über die Eisenbahngleise mit Genuß hinunterschauen, wenn unten ein Zug durchfährt. Können wir das nicht mehr, steht es nicht gut um uns.« (Doderer, Commentarii, 8. Januar 1952)
Ja. Genau. Und folglich steht es gar nicht mehr gut um uns.

Noch so ein Satz von Doderer. »Reisen ist Ausdruck von Schwäche.« Auch ich sollte nicht reisen. Nicht nach Amerika, wo man mir ein Stipendium in West Virginia anbot. Gegen meine Überzeugungen ... nein, gegen meine überzeugten Ängste habe ich zugesagt. Nun seit Wochen, Monaten quält mich jede Nacht vorm Einschlafen der Gedanke, in ein Flugzeug einsteigen zu müssen. Bin, aber leider nur nächtens, nach sagen wir einer Flasche Wein, wild entschlossen, die Reise abzusagen. Am nächsten Tag verläßt mich dann der Mut schon wieder. Laufend sprechen mich alle möglichen Leute an, »Du fahrst jetzt doch dann nach Amerika«, und ich weiß nicht, woher sie es wissen.

Gestern nun doch mir selber den entscheidenden Schubser gegeben und die Amerikareise abgesagt. Erleichterung, auch wenn ich weiß, daß nun vielen Fragern Erklärungen zu geben sein werden. Wie kann man nur so eine Gelegenheit ausschlagen? Muß mir ein paar Standardantworten zurechtlegen. Der eher sich selbst auf den Arm nehmenden Art: Das ist nun mal das Los des Schriftstellers, daß er sich immer alles ganz genau vorstellen kann. Zum Beispiel, wie es ist, am Meeresboden zu liegen und von den Fischen angeknabbert zu werden.
Ich denke, die Entscheidung hat schon tiefere Bedeutung. Sie ist der Ausweis meiner Provinzialität. Ich pfeif' auf Amerika.

(Muß mich aber dann auch nicht wundern, wenn nicht nur Amerika auf mich pfeift.)

Einmal machte Bohumil Hrabal eine Romreise (er wollte doch sehen, wo dieser Seneca gelebt hatte). Wie nicht anders zu erwarten, lief ihm dort Karol Wojtyla über den Weg. Als sich die beiden Angesicht zu Angesicht gegenüberstanden, traute Hrabal seinen Augen nicht. Er glaubte, in einen Spiegel zu schauen und begann, das Gesicht des Heiligen Vaters abzufingern, als würde er eine Glasscheibe berühren. Natürlich zuckte der Heilige Vater gleich zurück und zischte:
»Lassen Sie das!«
»'Tschuldigung«, sagte Hrabal und versprühte dabei ungefähr drei Stamperl Spucke. Er hatte sich gleich am Flughafen in einem Stehausschank mit drei Dosen Heineken – es gab leider nur Dosen und leider nur Heineken, dem Böhmen brach es weniger das Herz als den Bauch –, er hatte sich also für den glücklich überstandenen Flug unbedingt Glückwünsche zuprosten müssen.
Ein ekelhafter Kerl, dachte sich der Heilige Vater, noch bevor er Hrabals Fahne bemerkte. Und schaut aus wie ich. Manchmal sind Gottes Ratschlüsse wirklich unergründlich.
Nachdem sich Bohumil Hrabal zweifelsfrei davon überzeugt hatte, daß er vor dem Heiligen Vater stand und nicht gewissermaßen vor sich selbst, was er dann einem – lange genug hatte er es ja befürchtet – nun also doch ausgebrochenen Delirium tremens hätte zuschreiben müssen, ergriff er, beflügelt vom Heineken, die Gelegenheit und sagte:
»Ich möchte dem Heiligen Vater einen Vorschlag unterbreiten.«
»Sie mir?«
»Ja, ich Ihnen! Passen Sie gut auf, was ich Ihnen jetzt sage: Ich möchte den Vorschlag unterbreiten, Herrn Růžička aus

Nymburk posthum heilig zu sprechen.«
»So einfach geht das nicht«, meldete sich einer aus dem Kardinalspulk, der um den Heiligen Vater herumstand, zu Wort. »Da müssen Sie schon den üblichen Weg einer Eingabe an die Kongregation für Heiligsprechungen einhalten.«
»Was war denn Ihr Herr Růžička überhaupt?« fragte der Papst.
»Kackeräumer.«
»Wie bitte?«
»Er hat die Scheiße weggeräumt. Die Aborte geleert ... in Nymburk ... als es dort noch Aborte gab ... Donnerbalken, verstehen Sie? Er war der Heilige meiner Kindheit ... meiner Kindheit in Nymburk.«
»Das ist doch nicht Ihr Ernst?« fiel das Kardinalskollegium gleich mehrstimmig über Hrabal her.
»Selbstverständlich. Mein voller. Finden Sie nicht, daß man ein Heiliger ist, wenn man tagaus tagein anderer Leute Scheiße aus dem Abort schöpft und sie in randvoll gefüllten Eimern wegschleppt und dabei hie und da – auch unter Einfluß stärkerer Alkoholika, das gebe ich ja zu, ohne deren Zu-sich-Nahme könnte man diese Arbeit gar nicht ausführen –, daß man also ausrutscht, wie es dem Herrn Růžička manches Mal passiert ist und da ist er dann dagelegen in der ... «
»Jetzt hören Sie schon auf!«
Der Heilige Vater hatte sich schon längst abgewendet, das übernahm jetzt einer aus seiner Kurien-Entourage, den besoffenen Böhmen aus dem Vatikan hinauszukomplimentieren.
»Im übrigen habe ich alles, was an Gründen für die Heiligsprechung des Herrn Růžička vorgebracht werden kann, bereits vorgebracht«, Hrabal grölte jetzt so laut, daß Touristen, die auf dem Weg in den Petersdom waren, stehenblieben, »in meiner Heiligenlegende betitelt *Gotteskinder* aus dem Band *Život bez smokingu*, auf deutsch *Leben ohne Smoking*, auf Kurienlateinisch,

wenn Sie das besser verstehen, vita sine toga smokinga, dort also habe ich genau beschrieben, was für ein Priester der Růžička war, der uns statt in der Beichte unsere Sünden mit seinen Kübeln unsere Scheiße abnahm, was ist da für ein Unterschied, theologisch gesehen … gar keiner!!«
Die Kardinäle drängten Hrabal ab. Seine letzten Worte hatte der Papst aber dennoch gehört, und dachte sich: Von diesem Scheusal auch noch in einem Buch porträtiert worden zu sein, das ist allerdings eine Heiligsprechung. Er schüttelte entsetzt den Kopf.
Bohumil Hrabal aber, hinausgeworfen aus dem heiligen Bezirk des Vatikans, stapfte wütend durch die Gassen Roms, rempelte wahllos Passanten an und suchte verzweifelt eine Bierkneipe. Natürlich erfolglos.

Heute ging mir durch den Kopf, woher es vielleicht kommen könnte, daß mich im Zusammenhang mit allem Böhmischen immer so eine wehmutsvolle Sehnsucht ergreift. Es muß damit zusammenhängen, daß die Tschechen in ihrer Nationalhymne singen *Kde muj domov*? Wo ist meine Heimat? Sie wissen es anscheinend nicht. Wir dagegen: … *von der Maas bis an die Memel, von der Etsch bis an den Belt.* Das erklärt doch schon einiges. Ich meine, vonwegen der Sehnsüchte und wie sie verteilt sind … Man kann doch als Schreibender, was ja nichts anderes heißt denn: als Suchender, nicht mit dieser Gewißheit paktieren. Wobei Gewißheit ja noch milde ausgedrückt ist. Das ist doch eher der hirnschlürfende Kampfruf schädeleinschlagender Horden, was wir da als Nationalhymne hätten, wenn es politische Korrektheitszensur nicht unterdrücken würde. Dagegen das wehmütige *Kde muj domov*?

2002

Hermann Unterstöger von der SZ kommt aus München zum Frühstück, um mit mir die B-Frage zu diskutieren. Die ist seit Stoibers Ankündigung, für das Kanzleramt kandidieren zu wollen, bei Deutschlands Medienmachern höchst beliebt: die Bajuwarenfrage. DIE ZEIT bringt gleich ein vierseitiges Dossier dazu. Da kann natürlich Deutschlands größte Süd-Zeitung nicht mehr hintanstehen.

Hermann versteht seinen Beitrag als eine »Reise durch den bairischen Kreis«. Gestern war er bei Seiner Königlichen Hoheit in Nymphenburg, vorgestern bei dem, wie er sagt, geradezu beleidigend schroffen Buchner von Haindling, den Tag davor bei »de Briada« von Metten.

Ist doch auffällig, sage ich als erstes zu ihm, daß ein solches kollektives Psychogramm (wer und was sind die Bajuwaren?) auch nur bei unserem Stamm denkbar ist. Als Schröder kandidierte, hat sich da etwa ganz Presse-Deutschland gefragt: Was ist das Wesen des Hannoveraners, des Niedersachsen? (Hermann meint, die hätten gar kein Wesen.) Ich finde, da läßt sich die übrige Republik anstecken von der zutiefst bairischen Nabelschau und Vergrübeltheit, wie man sie wahrscheinlich nur mehr bei einem zweiten Stamm findet, bei den Österreichern (die ja eh mit uns im Grunde einen Stamm ausmachen: den bajuwarischen eben). Das ist meine feste Überzeugung: Entgegen dem Klischee ist der Bayer alles andere als ein Tatmensch, er ist selbstbezüglich in einem stets zweiflerischen Sinne und eben vergrübelt über sich selbst wie kaum ein anderer. Deshalb ist auch die ZEIT-Diagnose von Jan Ross, Bayern habe keinen einzigen Philosophen hervorgebracht, grundfalsch. Es ist vielmehr so, daß in Bayern fast jeder ein Philosoph ist, deshalb ragt auch keiner auffällig daraus hervor. (Wobei es natürlich schon so ist, daß wir großartige Philosophen hatten, mindestens vom Range Wittgensteins – nämlich Karl Valentin – oder ganz ranglos, weil einzigartig wie Franz von Baader.)

Diese Vergrübeltheit bedingt, daß wir uns am wohlsten fühlen in unserem eigentlich Ur-Stammesgebiet, und das ist das Reich des Konjunktivischen. So lange wir uns daraus nicht hervorwagen, ist uns auch nie etwas wirklich Entscheidendes passiert. Erst wenn wir uns in das Feindesland der Realpolitik begeben, kommen wir darin um. Die 1000jährige Verlierergeschichte der Bajuwaren ist doch Beweis genug. Die meisterliche Beherrschung des Konjunktivischen, gepaart mit einem keltischen Maulheldentum, das ist das Bajuwarische. *I wenn Kanzler waar* ... ohne Not hat Stoiber diese konjunktivische Grundhaltung aufgegeben und will vom Maulhelden zum Macher mutieren. Da kann er nur verlieren. Selbst wenn er die Wahl gewinnt im Herbst, wird er verloren haben. Denn eins ist doch auf alle Fälle sicher: Auch nach vier Jahren Kanzlerschaft Stoiber werden wir immer noch vier Millionen Arbeitslose haben. Und einen Stoiber, der eben nicht mehr sagen kann: *I wenn Kanzler waar* ... Der ganze bajuwarische Nimbus wird zusammenbrechen, der da lautet: Uns wenn man einmal ließe, aber man läßt uns einfach nicht. In Wahrheit aber ist es ja das unendliche Zaudern des Bajuwaren, das ihn daran hindert, irgendwann irgendeine seiner großartigen Ankündigungen auch umzusetzen.
So entwickle ich das im Gespräch, und Hermann gibt selbst ein schönes Beispiel dafür, als er von einem ehemaligen SZ-Kollegen und Bayernteilredakteur erzählt, der im ganzen Haus an der Sendlinger Straße als Wittelsbacher-Experte gegolten habe. Den habe er einmal in seinem Büro aufgesucht und nach irgend etwas aus dem Herrscherhaus der Bayern gefragt. Der Kollege meinte, er habe ja als einer der wenigen Zugang zum Familienarchiv und was er da alles gesehen habe, und dann der Satz: *Mei, die Wittelsbacher, des wenn i amal alles aufschreim daad* ... Wohlgemerkt: *daad!* Konjunktiv! Übrigens stellte sich später noch heraus, als Hermann einmal mit jemandem vom Wittelsbacherarchiv redete, daß besagter Kollege kein einziges Mal einen Antrag auf

Benutzung des Archivs gestellt und es wahrscheinlich nie betreten hatte. Bajuwarisches Maulheldentum, getarnt in der Pose des selbstzweiflerisch Bescheidenen.

H. P.: Jemand, der in einem ganz alltäglichen Telefongespräch mit der größten Selbstverständlichkeit im Zusammenhang mit der nebbichsten Nebensächlichkeit das Wort »Obliegenheiten« benützt. Welch eine Wohltat!

Bücher werden vom Verlag ausgeliefert, heißt es. Waren sie demnach zuvor dort in Geiselhaft?

Der Wurm Hanns, dieser feine Mensch und Oberpfälzer, erzählt die Geschichte eines Weidener Bierverlegers, jawohl Bierverlegers, der schon nachmittags immer völlig besäuselt in den Wirtschaften der Stadt anzutreffen war. Und mit dem ist er einmal beim Biseln nebeneinander zu stehen gekommen, und dann hätte der ihn angeschaut, dieser Bierphilosoph, und hätt' ansatzlos gesagt: »Es gibt fei scho vüll Menschn. Und so vüll untaschiedliche!« Soviel zur Frage, ob es in Bayern Philosophen gibt.

Alles will gelernt sein, alles braucht seine Zeit, seine Lehrzeit!, in keinem Fache fällt man als Meister vom Himmel. Auch in den scheinbar geläufigsten Dingen nicht. Das richtige In-der-Sonne-Sitzen zum Beispiel verlangt viel Übung. Oder die hohe Kunst, ein guter Gast zu sein. (Fast niemand beherrscht sie, ich auch nicht; hab viel zu wenig Übung darin.) Wer weiß schon, wie man einem plötzlichen Platzregen am Abend eines heißen Sommertages begegnet (in völliger Hingegebenheit nämlich). Und wieviele Bücher muß man gelesen haben, um einigermaßen eine Fertigkeit darin zu erlangen, nach dem letzten Satz das Buch mit einem sanften Streicheln angemessen zu schließen. Im Fache Ein-wirklicher-Zuhörer-Sein kann man überhaupt nie auslernen, genauso wenig wie ein guter Träumer zu werden. Um wahre Meisterschaft im Träumen zu erlangen, muß man all seine Nächte darangeben. Man könnte beinahe sagen: Ein richtig guter Träumer zu werden ist harte Arbeit.

Das bekannte Katz-und-Maus-Spiel einmal in einer ganz anderen, überraschenden Variante: Es müßte doch gelingen, Katz und Maus als Haustiere so aneinander zu gewöhnen, daß sie in völliger Eintracht nebeneinander herleben. Ja, mehr als das: *miteinander* leben! Die Maus müßte sich auf dem Rücken der Katze spazierenreiten lassen. Oder noch besser: im ganz zart nur zufassenden Maul spazieren*tragen* lassen! Schlafen würden sie in engster Umschlingung, also die Maus wäre ganz und gar umschlungen, zum Beispiel von einer Bauchfellfalte der Katze. Und wenn sie aufwachten, würde die Katze sich aufrichten, strecken, katzbuckeln, und die Maus würde irgendwie aus der Katze herausfallen, schlaftrunken, und müßte sich auch erst schütteln und jedesmal fragen: Träum ich eigentlich?

Es gibt kaum eine treffendere Ausformulierung dessen, was ein Schriftsteller zu tun habe, als in dem Brief, den Thomas Wolfe an seine Mutter geschrieben hat. Darin heißt es: »Leben, leben, leben – das einzige, worauf es ankommt. Um das zu finden, zu verstehen, werde ich bis ans Ende der Welt gehen. Und wenn ich damit fertig bin, werde ich dieses Land kennen wie meine Handfläche, und dann werde ich es zu Papier bringen, und es wird wahr und schön sein. Das ist der Sinn meines

Lebens: ich bin dieser Sache verfallen, und ich werde sie vollbringen oder sterben. Ich werde die ganze Erde durchstreifen, werde alles sehen. Ich werde so viele Menschen kennenlernen, wie ich irgend kann. Ich werde alle Gedanken denken, alle Gefühle durchleben, zu denen ich imstande bin, und ich werden schreiben, schreiben, schreiben.«

Als ich mitbekam, daß mein Vater in den letzten Jahren vor seinem Tod damit anfing, Tagebuch zu schreiben, einesteils vielleicht, um die Leere nach dem Ausscheiden aus seinem Berufsleben auszufüllen, andernteils aber auch, um in dieses Tagebuch hinein alles, wie er sagte, aufzunotieren, was ihm angetan worden sei, während seines Geschäftslebens, und daß sich mit und nach diesen Notizen alles haargenau rekonstruieren lasse, was wirklich gewesen sei, wie er betonte, da hatte ich, fällt mir jetzt ein, als 19- oder 20jähriger ein kleines Triumphgefühl, weil ich mir dachte: Schau an, jetzt macht er es dir nach! Der große Managervater dem kleinen Schreiberlingssohn. (Also verstand er doch, was ich da tat, obwohl er immer, schwer abfällig, das Gegenteil zur Schau stellte.)

Heute morgen aufgewacht und das Wort »ausbacheln« im Sinn gehabt. Ein Kindheitswort. »Dua no a bißl ausbachln«, sagte die Mutter zu dem gerade aufgewachten Kind und meinte damit, es dürfe noch ein wenig liegenbleiben, noch etwas hin- und hertapsen zwischen Schlaf und Wachwerden. Ausbacheln! Kommt von ›ausbacken‹, also zu Ende backen, die Restwärme des Backofens ausnutzend. Und ist nicht tatsächlich das warme Bett eine Art Backofen? Am Beginn des Tages jedenfalls sind wir noch rösch, bis zum Abend werden wir dann lätschert oder auch steinhart wie uraltes Brot.

2003

Mit Karl Krieg und Norbert Vollath auf dem Weg nach Bratislava. Einladung des Goetheinstituts, die »Pegasus«-Sondernummer slowakischer Gegenwartsliteratur im Rahmen eines Übersetzerkolloquiums vorzustellen. Das soll morgen abend sein. Wir sind heute schon gefahren, um etwas Zeit zu haben. Unter anderem, um beim Wiener »Friedhof der Namenlosen« vorbeizuschauen. Schlage ich den beiden zumindest vor. Sie können sich nichts Rechtes darunter vorstellen. Ich habe für diesen Ort seit Jahren eine Da-muß-ich-hin-Sucht. Seit ich Ludwig Fels' Text im SZ-Magazin gelesen und die großartigen Schwarzweiß-Fotos dazu gesehen habe.
»Friedhof der Namenlosen«: Dort werden die Wasserleichen der Donau beerdigt. Wir fahren durch endlose Raffinerie-Areale, vorbei an Lagerhallen in Wien-Schwechat. Kennen uns nicht mehr aus. Ich sage: Fahren wir doch den Sonntagsspaziergängern und Radfahrern hinterher. Und tatsächlich: sie führen uns hin. Denn, wie könnte es in Wien anders sein, direkt neben dem Friedhof gibt es eine Gartenwirtschaft, »Gasthaus zum Friedhof der Namenlosen« – wir fühlen uns gleich wie daheim. Wie am Ziel einer langen Reise. Es ist ein herrlicher warmer Frühlingstag, wir sitzen im Freien, essen ein Wiener Schnitzel, trinken einen G'spritzten. Und entwerfen nebenbei ein kleines Dramolett, das auf dem »Friedhof der Namenlosen« spielt, natürlich nächtens, oder an einem nebelverhangenen Novembertag, jedenfalls wenn sich die Gräber beleben, mit all den Toten, die die Donau, so was soll vorkommen, bis aus Regensburg und Passau hierher getragen hat.
Glücklich, hier gewesen zu sein, fahren wir weiter.
Am Abend in einem am Kai von Bratislava festgetäuten Schiffsrestaurant essen wir Fisch aus der Donau. Die haben sich ang'futtert … ja, mit was? (Man sollte vielleicht nicht unbedingt vorher den »Friedhof der Namenlosen« besucht haben …)

Wir sind in einem jüdischen Hotel untergebracht, es ist eines der wenigen, die einen umzäunten und abgesperrten Parkplatz haben, und die uns im Vorfeld beratende Ute Raßloff meinte, darauf sollten wir achten. Zum Frühstück gibt es eigenartige Pasten und Süßspeisen und gratis den Anblick einer in einem Glassturz aufbewahrten Tora.
Die Altstadt von Bratislava: natürlich ähnlich wie die von Wien, von Prag, von Krakau. Über 40 Jahre Kommunismus haben die alten k.u.k.-Spuren nicht auslöschen können. Beziehungsweise andersherum wird vielleicht ein mitteleuropäisches Ambiente daraus: der neuerungssüchtige Westen hat sicherlich mehr ausradiert als der stagnierende, real dahinvegitierende Sozialismus, der – selbst bei bestem Willen – seine volle Abrißwut nicht entwickeln konnte. (Deshalb, ganz klar, wer zumindest eine wie schwache auch immer Ahnung davon bekommen will, wie das k.u.k.-Flair einmal war, der sollte – und zwar möglichst schnell – nach Krakau, Lemberg, Tschernowitz reisen.) Die alte Synagoge allerdings haben sie doch wegrasiert, für eine denkbar brutale Schnellstraßenschneise; heute erinnert eine schwarze Mauer mit ihrer Silhouette an den ehemaligen Standplatz in Sichtnähe der Donau. Am Hauptplatz Wiener Kaffeehausseligkeit mit Kirschstrudel und einem großen Braunen.
Nachmittags Beginn der Veranstaltung im Goetheinstitut, die den Auftakt zu einem zweitägigen Symposium bildet. Neben dem »Pegasus« stellen sich auch noch die Hamburger »horen« vor, und zwar durch Ursula Macht, Übersetzerin. Der Leiter des Hauses, Manfred Heid, eröffnet mit den Worten, bis 19 Uhr müsse man definitiv fertig sein, dann sei nämlich der Anpfiff des Eishockeyspiels Tschechien-Slowakei. Ah ja, und dafür reist man Hunderte von Kilometer aus Hamburg, Leipzig (Ute Raßloff) und Passau an.
Gemäß der freundlichen Einladung sind wir dann auch pünktlich fertig mit unserem Lamento über die größtenteils

Nichtbeachtung der slowakischen Literatur – jedenfalls im Vergleich zur tschechischen. In den westlichen Medien wird ja das quasi stillschweigend subsumiert: Slowakische Autoren sind doch so was ähnliches wie tschechische? Die Bayern der Tschechen sozusagen. Ursula Macht sagt während der Podiumsdiskussion, in Wahrheit handle es sich um zwei völlig getrennte Kulturen und Sprachen. Tschechisch und Slowakisch verhielten sich wie Deutsch und Holländisch. Jugendliche, die nach der Staatstrennung aufwuchsen, würden sich gegenseitig schon nicht mehr verstehen.

Anschließend beim gemeinsamen Büfett verstehen sich dann aber doch alle. Was da übrigens aufgefahren wurde, bog sämtliche Tischplatten. Das ist nur insofern apart, als uns deutschen Teilnehmern der Veranstaltung, die wir zwei- und dreitägige Anreisen auf uns genommen hatten, ein lächerlich geringes Honorar zugebilligt wurde, mit dem Hinweis auf die Geldnöte des Goetheinstituts. Aber für dieses gigantische Fressen, von dem mindestens zwei Drittel übrigblieben, weil viel zu riesig dimensioniert, reicht es anscheinend immer noch. So sind sie eben, die Größenverhältnisse von Kultur und anschließendem Schlurf!

Zusammen mit Ute Raßloff, Ursula Macht und drei, vier slowakischen Autoren beschließen wir, wie unartige Kinder nicht aufessen zu wollen, sondern lieber noch einen Zug durch die Weinstuben Bratislavas anzutreten. Bei Aufbruch möchte ich mein Zeug aus dem Schließfach holen, sperre auf, schaue hinein und sehe: meine Lederjacke ist weg. Aus dem verschlossenen Schließfach verschwunden. Hier muß jemand offensichtlich mit einem Nachschlüssel gearbeitet haben. Herrn Heid, den Leiter, überrascht das anscheinend gar nicht. Und sagt allen … ja, nicht Ernstes, sondern jovialen Ha!-ist-das-spaßig-Schultergeklopfes: Wir sollten froh sein, wenn unser Auto noch da ist! – Jetzt brauch ich wirklich einen Weinkeller. Unvermeidlicher Absturz, der sich nach ein Uhr

und nach längerem Suchen in einer Bierkneipe fortsetzt. Das Grüppchen ist mittlerweile auf Karl, Norbert, Ute Raßloff und einen sturzbetrunkenen Surrealistenautor mir nicht mehr erinnerlichen Namens zusammengeschmolzen. Da wir vier uns deutsch unterhalten, wird der Barbar, der nur einzelne Worte, die aber vorsätzlich falsch versteht, langsam ungemütlich. Sucht offensichtlich Streit, um nicht zu sagen eine Schlägerei. Habe den Verdacht, er sei der Meinung, er müsse Ute aus unseren Klauen heraushauen. Ute, die perfekt slowakisch spricht, versucht zu beschwichtigen. Was natürlich nur mittels Freirunden zu bewerkstelligen ist. Wie eine Mama versucht Ute, unseren surrealistischen Barbaren – die Sorte kenn ich, haben wir schon in Prag genossen! – nach Hause und ins Bettchen zu schicken, erfolglos natürlich. Mit Augenzwinkern morst sie uns herüber, wir müßten ihr helfen, den Kerl in ein Taxi zu verfrachten. Was uns gemeinsam unter Mühen gelingt. Es ist zwei Uhr nachts. Ute sagt, morgen sei der wieder zahm wie ein Lämmchen. Ein ganz bemerkenswerter Autor übrigens, meint sie auch noch, der ihr schon seit Jahren den Hof mache. Seltsame Art des Hofmachens, aber vielleicht in osteuropäischen Surrealistenkreisen so üblich.
Und jetzt? Sie brauche jetzt einen Gang an der frischen Luft. Wirklich? Ob wir das zulassen können? Irgendwie kommt uns dieses Bratislava nicht mehr ganz so vertrauenswürdig vor. Ute lacht nur und schwingt sich davon in ihrem weißen Hosenanzug.

Ohlsdorf, 3. August. Hier hat 1965 im Ortsteil Obernathal Thomas Bernhard seinen Vierseithof gekauft. Von da ab war er oftmals Gast beim Kirchenwirt, bei dem wir jetzt sitzen. Wir, das sind rund zwei Dutzend Leute, die der Einladung der »Passauer Thomas Bernhard Freunde« gefolgt sind zu einer Exkursion ins Thomas-Bernhard-Land, rund um den Kobernaußerwald, das Aurachtal, Gaspoltshofen und Wolfsegg, alles Orte, die einem Thomas-Bernhard-Leser »naturgemäß« bekannt sind. Am Vormittag sind wir schon beim Tierpräparator Höller gewesen, in der »berühmten« Engstelle des Aurachtales bei Pinsdorf. Berühmt auch erst seit der Beschreibung in Thomas Bernhards Buch »Korrektur«. Wie unsere Inaugenscheinnahme vor Ort beweist: Einesteils ist alles »da«, an Einzelheiten, was Bernhard beschrieben hat, andernteils ist alles überhöht, zu diesen weltuntergangshaft gestalteten Engstellen- und Getösepassagen in seinem Buch. »Tatsächlich herrschte eine totale Finsternis in der Höllerschen Dachkammer, und wie ich aus der Höllerschen Dachkammer hinausschaute, habe ich auch nichts als vollkommene Finsternis sehen können, wohl auf einmal das Getöse der Aurach wieder gehört, aber die Aurach nicht sehen können, nichts mehr sehen können, denn das ist bekannt, dass die Finsternis hier an der Aurach, im Aurachtale und vor allem an der Aurachengstelle am härtesten und also am finstersten ist.«

Und nun also beim Fuertbauer, beim Kirchenwirt. Der Seniorchef erzählt uns von Thomas Bernhard, daß er seit seinem Hauskauf im Jahre 1965 oftmals Gast hier gewesen sei. Mit der Ingeborg Bachmann sei er auch hier gesessen. Manchmal sei er wochenlang tagtäglich zum Mittagessen gekommen, dann wieder monate-, ja jahrelang gar nicht. Der Fuertbauer hat schon in manchem Thomas-Bernhard-Artikel »draußen« in Deutschland, wie die Einheimischen hier sagen, Erwähnung gefunden, weil er einer der wenigen Ohlsdorfer zu sein scheint, die wirklich etwas von ihrem Nachbarn gelesen haben. Der Fuertbauer ist ein denkbar »einfacher« und sehr sympathischer Mann. Ursprünglich Bauer, hat er in die Kirchenwirtschaft eingeheiratet. Als er erfahren habe, wer Thomas Bernhard sei und was er tue, nämlich Bücher schreiben, die einen ganz furchtbar verruchten Ruf gehabt hätten bei den anderen Ohlsdorfern, da habe er begonnen, sich diese »Büch'l« zu besorgen und zu lesen. Wie er uns beim Mittagessen erzählt, sei es ihn anfänglich sehr hart angekommen, sich durch diese Art von Literatur zu quälen. Schließlich aber sei es besser und besser gegangen. Und als er dann auf die Stelle gestoßen sei, wo es einmal beim Bernhard heiße, es sei warm gewesen wie in einem Kuhbauch, da habe er gewußt, der Bernhard wisse ganz genau, wie die Leut' hier in der Gegend reden. Er selbst habe einmal in einem Schulaufsatz, lang sei das her, den Vergleich gebraucht, daß eine vom Regen aufgeweichte Letten »glatt wie eine Kuhwampen« gewesen sei. Das aber habe der Lehrer als so ungehörig angesehen, daß er, der Bauernbub, gleich eine Watschen gefangen hätte. Und jetzt könne er lesen, daß der Bernhard genau dieselben Bilder gebrauche. Das gefällt ihm.

Er habe sich immer mehr in dessen Werk vertieft. Einer der Höhepunkte sei die Premiere von »Heldenplatz« am Wiener Burgtheater gewesen. Da sei der Fuertbauer nämlich dringesessen, genauso wie auch bei den Premieren in Salzburg. Einmal habe er den Eindruck gehabt, der zum Schlußapplaus vor den Vorhang getretene Bernhard habe ihm zugewunken, ihm, dem Kirchenwirt von Ohlsdorf, der oben im zweiten Rang saß. Fuertbauer erzählt das alles eher schüchtern, ohne jeglichen Anflug von Prahlerei.

Die meisten anderen Ohlsdorfer reden allerdings völlig anders über Bernhard. Legendär ist der Ausspruch des Totengräbers Johann Windischbauer, der gesagt haben soll, dem Bernhard sein Hof gehöre angezündet und ihn selbst hätte man am besten hinterm Misthaufen begraben. Der ein Jahrzehnt lang engste Ohlsdorfer (und vielleicht nicht nur Ohlsdorfer) Intimus von Bernhard, der Realitätenvermittler Karl Ignaz Hennetmair, der das grandiose Tagebuch »Ein Jahr mit Thomas Bernhard«

verfaßt hat, hat den Totengräber daraufhin angesprochen, ob er bei dieser Verdammung bleibe. Und er hat sie bekräftigt. Hennetmair, so etwas wie der Eckermann vom Bernhard, hat es in einem Protokoll festgehalten. Wahrscheinlich hat er den Windischbauer sogar aufgefordert, es zu unterschreiben. Wir sind jetzt dann gleich ins Privathaus von Hennetmair eingeladen. Zum Abschluß aber erzählt uns der Fuertbauer noch ein typisches Ohlsdorfer Stückl. Wie nämlich die Leut' vom Ort einmal einen Selbstmörder gefunden hätten, der sich aufgehängt habe. Und hätten gleich den Strick abgeschnitten. Wie dann die Polizei gekommen sei und ihnen Vorwürfe machte, sie hätten doch nichts verändern dürfen, haben sie gesagt, »dann häng ma'n halt wieder hin«. Das soll dem Bernhard sehr gefallen haben. Glaub ich sofort.

Der Fall eines Dichters, der als Mensch unter Menschen nur schwer erträglich ist, weil: unsäglich eitel, machtbesessen, sich ständig ins Rampenlicht drängend, dauernd hinter den Weibern her, laut und besserwisserisch, intrigant und kaltschnäuzig, aber wenn man dann seine Gedichte liest, ist man machtlos, man muß ihm das alles vergeben, nachsehen. Hinter seinen Gedichten erscheint er plötzlich als ein ganz anderer, verletzlicherer Mensch. Wahrscheinlich kann er gar nichts dafür, daß seine Gedichte ihn so offenlegen. Das macht die Poesie ohne das Mitwirken, ja entgegen dem Charakter dessen, aus dem heraus sie spricht. Sie reißt ihm förmlich die häßliche Maske vom Gesicht.

10. Oktober, Frankfurter Buchmesse: Ankunft Hauptbahnhof, 11:52 Uhr. Noch eine knappe Stunde Zeit, um rechtzeitig im Lesezelt auf dem Messegelände zu sein. Ich soll dort über

mein kleines böhmisches Dorf lesen, Hlavanice, gottverlassen genau in der Mitte des Kontinents gelegen. Ich komm' mir vor wie irgend so ein Russe aus Jerbogatschen (komm eh angereist aus Bayrisch Sibirien). Der Unterschied ist nur: Provinzler aus Jerbogatschen liebt man, so wie man derzeit den Provinzler Andrzej Stasiuk aus den polnischen Beskiden liebt. Einen bayerischen Provinzler aus der Oberpfalz indes: Hatt'nwa schon, kenn'nwa schon!

Ich eile. Als erstes zum Verlagsstand von Haymon. Natürlich gleich mal Stau, sobald ich in die erste Budengasse einbiege. Wer wird es diesmal sein, der den Auffahrunfall verursacht? Uli Wikkert? Alfred Biolek? Verona Feldbusch, die der Öffentlichkeit mitzuteilen hat, daß ihr Busen verrückt gespielt habe während der Schwangerschaft? Nein, es ist der Buchmessendirektor himself, Volker Neumann. Er sagt in ein Fernsehmikrofon hinein: »Dies ist keine Buchmesse mehr. Dies ist eine Inhalts-Messe.« Ah ja. Mußt du dir merken, sag ich mir: Inhalts-Messe. Ich eile weiter.

Im Lesezelt. Alte Zirkusarena, viel bemaltes Holz, erinnert mich an Roncalli. Ich nehme neben meinem Schweizer Autorenkollegen Jürg Amann Platz. Sage zu ihm: »Da fehlt doch was!«

»So? Was denn?«

»Na, der Raubtiergeruch!«

Trotzdem bleiben wir Autoren – Klaus Merz ist auch mit dabei – ganz zahm. Obwohl es zum aus der Haut fahren wäre. Ein kreisender Hubschrauber über uns, die Musiktribüne im Rükken, nicht einmal mehr Balalaika, sondern irgendeinen ohrenbetäubenden Trash spielen diese Russen heute. Als dann auch noch eine lärmende Schulklasse von ihren Lehrern durch das Lesezelt getrieben wird, flüstert mir Verleger Michael Forcher ins Ohr: »Cool bleiben!« Ja, ja, cool bleiben, und immer vorsagen: Die netten lieben Kleinen sind die Rentenkasseneinzahler von morgen und zukünftigen Nichtleser.

Nach der Lesung hab ich erst einmal frei. Schlendere durch das Erdgeschoß der Halle 4 und stoße auf eine Abteilung mit ... ja mit was eigentlich? Da liegen junge und alte Menschen auf so 'ner Art Zahnarztstuhl und werden durchgeruckelt, junge Mädchen quietschen wie kurz vorm Verrücktwerden ihres Busens. Ach so, Massagestuhl-Vorführung. Interessant! Wie war das doch: Inhalts-Messe. Ich eile gemächlich weiter.
Komme am Stand des Taschen Verlags vorbei. Der Verlagsstand ist kein Verlagsstand, sondern ein originalgetreuer Boxring. In der Mitte ein Podest, darauf das teuerste Buch der Welt: ein nahezu 40-Kilo-Bildband über Muhammed Ali. Der soll auch dagewesen sein. Tags zuvor schon. Ali. Hat angeblich kein einziges Wort gesagt. Trägt jetzt 'nen Schnauzer. Sieht aus wie mein Nachbar. Der sagt auch nie ein Wort. Sollte ihm vielleicht mal erzählen, daß Veronas Busen verrückt spielt. Vielleicht entlockt ihm das irgendeine Regung.
Muß noch in die Halle 5, internationale Verlage. Verhandlung mit dem Paseka Verlag betreffs eventueller tschechischer Ausgabe meiner »Grünen Jungfer« (lustig: »paseka« ist übersetzt »lichtung«). In Halle 5 sind die Verlagskojen gerade noch beichtstuhlgroß. Ein Mitarbeiter von Paseka gesteht mir: Es schaue gar nicht gut aus auf dem Buchmarkt in Tschechien. Ich erteile ihm trotzdem meine Absolution und sage, seine Kollegen sollen doch etwas weniger Stephen King drucken.
Langsam geht mir die Luft aus. Ich eile nicht mehr, krieche nur noch. So viele Fragen wären noch zu klären. Zum Beispiel: Warum erfährt man nichts über Tschetschenien? Doch dann plötzlich doch noch ein letzter versöhnender, aufrichtender Anblick: Bei Random House sitzen sie da, alle Verlagsmitarbeiter, und schwärzen Stellen in Dieter Bohlens Buch ein. Ach, ist das schön. Sie sitzen da wie Rotzlöffel aus der Grundschule. Strafarbeit. Müssen hunderttausendmal schreiben: Ich soll keinen solchen Mist drucken!

Wes Geistes Kind manche Leser sind, erkennt man schon allein daran, daß sie bei Beendigung ihrer Lektüre fortgesetzt brachial denken müssen: Sie sagen, sie seien mit dem Buch *fertig geworden* und was sie abschließend tun, ist … *zuschlagen*, das Buch nämlich.

Ich steige von meiner Arbeits- und Schreibklause hinunter in die Küche, wo Ursula einen Kuchen bäckt. Schon im Treppenhaus duftet er so verführerisch. Da fällt mir die herrliche bayerische Redewendung ein: »Do bacheinerts« … da riecht es nach Gebackenem. Auch wieder so ein Wort fürs Schatzkästlein. Überhaupt das ganze Wortfeld rund ums bayerische ›Bachate‹. Da riecht man förmlich schon das Hefeteigdampferl. Wos host denn du heit für a guats Bachats? (Das Ganze hat etwas Verbal-Erotisches, bezeichnenderweise meint der Ausdruck ›'s Dampferl geht‹ auch noch: eine Schwangerschaft ist erfolgt!)

2004

Zur Hölle *fahren* … ja, so wird es wohl sein, daß wir, die wir uns für die Hölle schuldig gemacht haben, dort hin*gefahren* werden und zwar in einem dieser trostlosen Busse, wie sie auf dem Land verkehren, jedes Dorf und jeden Weiler abklappernd, ich fuhr mit diesen schaukelnden Hadesfähren oft genug, ganz früh am Tag und spät abends, wenn es draußen schon dunkel ist, und diese Fahrten, zusammen mit ein paar wenigen, sich so weit wie möglich auseinandersetzenden Fahrgästen, keiner schaut den anderen an, kamen mir immer vor wie Fahrten zur Hölle. Sie waren seltsamerweise nie auf irgendeine Art dramatisch, keineswegs war ein Heulen und Zähneklappern der Businsassen zu hören – immerhin: es ging zur Hölle –, nein, alle waren ruhig, ja geradezu schläfrig, gefaßt, um nicht zu sagen fatalistisch einverstanden mit dem, was da mit ihnen geschah: Nun gut, wenn es denn sein muß, fahren wir zur Hölle, in diesem nach muffigen Sitzpolstern stinkenden Überlandbus!

24. August, Laugharne/Wales: Dylan Thomas' Boathouse: Wie ein Schwalbennest an die steil abfallende Küste gepappt, mit einem herrlichen Blick übers direkt an die Fundamentmauern hinschwappende Meer. Genau, wie es im »Gedicht auf seinen Geburtstag« heißt: »… In seinem Pfahlhaus hoch inmitten von Schnäbeln / Und Vogelverhandlung / Am Sandkorntag im Rundgrab der Bucht …« Was ich allerdings nicht wußte: Laugharne hat das Vorbild abgegeben für Llareggub in »Under Milk Wood«: der geduckte Liebespärchen- und Kaninchenwald, die schlehenschwarze, zähe, schwarze, krähenschwarze, fischerbootschaukelnde See. Häuser, blind wie Maulwürfe. Es gibt Orte, die kennt man, ehe man dort war. Laugharne.

Das vielleicht fünfjährige Kind, das auf seinem Hosenboden im Staub des Wanderweges sitzt, vor ihm aufragend die sich nur wenig gnädig herabbeugenden Eltern, das Kind schlägt mit der Hand in den Staub, daß er aufwirbelt, und, aufgefordert durch die Eltern, doch vernünftig zu sein und weiterzugehen, sagt es, fünfjährig!, den Satz: »Ich will mich aber nicht beruhigen!«

Gespräch mit der 84jährigen Dora Müller, Direktorin des Deutschen Kulturzentrums in Brünn. Ihr Vater, Abgeordneter der Sozialdemokraten im mährischen Landesparlament, war heftig involviert in die Emigrantenszene der 30er Jahre. Von daher kannte sie auch Oskar Maria Graf. (Um seinen Spuren im Brünner Exil, wo er sich von '34 bis '38 aufhielt, nachzugehen, hat die Münchner Oskar-Maria-Graf-Gesellschaft diese Wochenend-Exkursion angeboten. Ich bin mit Tonbandgerät dabei, auf Stimmenfang für eine »Land-und-Leute«-Sendung.) Dora Müller war damals ein 12-, 13jähriges Mädl und sah ihren Vater immer mit diesen Gestalten im Café Biber sitzen, wo sie wüste Diskussionen führten, von denen man Wörter wie *Reichsfluchtsteuer*, *Schutzhaft*, *Konzentrationslager* etc. aufschnappen konnte. Sie habe damals zu den Herren gesagt, erzählt die ungemein agile alte Dame, sie werde sich in ihrem Leben einmal nicht mit der Politik beschäftigen. Falle ihr gar nicht ein! Woraufhin einer der Emigranten meinte: Kind, paß bloß auf, daß sich die Politik nicht mit dir beschäftigt.
Dora Müller erklärt, sie gehöre zur sehr kleinen Gruppe der Heimatverbliebenen. Was man bei uns kaum weiß, daß nämlich nicht alle Deutschen ausnahmslos vertrieben wurden, sondern daß es auch Fälle gab, wo man die Deutschstämmigen weiterhin im Land duldete. Drei mögliche Gründe gab es dafür: a) weil eine teilweise tschechische »Versippung« vorlag, b) weil man sich in den zurückliegenden Jahren als de-

zidierte Antifaschisten verhalten hatte oder c) weil man im Produktionsprozeß des neuen tschechoslowakischen Staates dringend vonnöten war.
Im Falle der Müllers war es ganz klar ihr Einsatz für die Verfolgten des Naziregimes. Allerdings bedurfte es, wie sie erzählt, des beherzten Eingreifens der tschechischen Nachbarn in ihrem Wohnhaus, um das Vertreibungskommando wieder zum Abzug zu bewegen, das schon vor ihrer Wohnungstüre stand. Die Müllers durften also bleiben. Was aber keineswegs bedeutete, daß sie ihre deutsche Kultur unbehelligt leben konnten. Ja, nicht einmal die normalen Bürgerrechte galten für sie. Zum Beispiel daß man erworbene akademische Titel auch sein Leben lang behält. Dora Müller studierte am deutschen Technikum Chemie und erwarb den Ingenieurstitel, der ihr aber später aufgrund der Benešdekrete wieder aberkannt wurde. Sie lebte dann offiziell als Hausfrau und bekommt heute auch, außer der Witwenrente ihres Mannes, keine Alterssicherung.
Was ihr Deutschtum betraf, war es zwar nicht gesetzlich verboten, aber alles andere als opportun, sich in der Öffentlichkeit durch seine deutsche Sprache zu outen. Dora Müller erzählt, ihre Mutter, eine gebürtige Wienerin, habe in ihrem ganzen Leben kein Tschechisch gelernt. Wenn sie beide auf die Brünner Straßen gingen, sprachen sie folglich nicht miteinander. Von ihr selbst, die sie Autorin mehrerer Bücher ist und jahrzehntelang Vorträge hielt, wird gesagt, sie spreche ein reines und hochsprachliches Tschechisch, um das sie selbst Tschechen beneiden. Sie sagt, sie sei eine tschechische Deutsche, deren Heimat Brünn sei, und die sie selbst dann nicht verlassen habe, als ihre gesamte übrige Familie nach und nach in den Westen gezogen sei. Ihr Ehemann ist schon vor Jahren verstorben, und so dürfte sie ziemlich einsam dastehen als eine letzte Zeugin dessen, was einmal die deutsche Kultur Brünns war. – Wehmütig stimmende zwei Stunden, dieses Gespräch im

deutschen Kulturverein, weil erneut das Vor-Augen-Führen, was für ein Stück Mitteleuropa da untergegangen ist. Und ob das jemals wiederkehrt? Wohl kaum. Auch wenn die jungen Studenten vom Vormittag, die uns eine sehr kundige Führung in deutsch über eben diese mitteleuropäischen Wurzeln boten, eine gewisse Hoffnung sind. Jedoch, was soll's, wenn man im allgegenwärtigen Preßlufthammerlärm an irgendwelchen Stellen steht und immer wieder zu hören bekommt, hier habe einmal jenes Kaffeehaus gestanden, gibt es aber nicht mehr, dort jenes Wohnhaus, is' aber schon abgerissen.

Göpfritz an der Wild: Ortsname im Waldviertel. (Ich würde gerne einmal eine Geschichte in Göpfritz an der Wild spielen lassen.)

Die derbe Sprache der Wirtshaushocker: Geh weida, du bist doch am Dreck sei Dreck!

Wandern ohne Rucksack ist wie Gebirgsklettern ohne Schwerkraft: das Entscheidende fehlt.

Suche in der Bahnhofsbuchhandlung noch nach einer Reiselektüre, wollte eigentlich Jelineks »Die Kinder der Toten« nehmen, ist aber nicht da, ist überhaupt wenig von ihr da, ob das schon der post-nobelpreisige Ausverkaufs-Run ist?, jedenfalls stoße ich auf Gregor von Rezzoris »Denkwürdigkeiten eines Antisemiten«, Neuausgabe im Rahmen der kleinen Werkausgabe im Berliner Taschenbuchverlag, schau an, schau an, ich denke, das paßt eh besser als Abrundung der letzten drei Tage. – Werde im Zug von einer sehr unangenehmen Plaudertasche angequatscht, das sei aber ein interessantes Buch, das ich da habe, dabei kann er ja nur den Titel lesen. Und weiß plötzlich gar nicht mehr, wie ich das verstehen soll. Verdecke den Titel ab jetzt. (Die Japaner sollen eigens neutrale Schutzumschläge für ihre in Subways und Zügen gelesenen Bücher haben, halten ein öffentliches Titel-zur-Schau-Stellen für viel zu indiskret.)

Der Liste der Todesarten durch Suizid ist eine weitere, besonders grausige Variante hinzuzufügen, die durch den Philosophen Heinrich Hellmund in die Welt gekommen ist. Der 1897 in Saarbrücken geborene Sohn eines jüdischen Weißwarenhändlers war auf dem besten Wege, einer der bemerkenswertesten jüngeren deutschen Philosophen des ebenfalls noch jungen 20. Jahrhunderts zu werden, ehe er 1933 ins Exil gehen mußte. Über die Schweiz gelangte er schließlich nach Südfrankreich. 1937, also zwei Jahre vor Kriegsausbruch, an einem heißen Sommertag muß die Verzweiflung des als »klein, schmächtig, zart und grüblerisch« beschriebenen Mannes so groß gewesen sein, daß er in ein Wäldchen nahe Dijon ging und sich mit einer Eisenkette an einen Baum festband. Er sicherte die Kette mit mehreren Vorhängeschlössern und warf die Schlüssel weit von sich. Ob er zusätzlich dazu noch Gift genommen hat, ist unklar. Jedenfalls wurde sein noch immer von der Kette festgehaltenes Skelett Monate später von zwei Jägern entdeckt.

B. v. Ll.: Zwei Schüler an einer Bushaltestelle irgendwo auf dem Dorf. Der Bus nähert sich. Der eine der beiden sieht, daß er kaum mit Schülern besetzt ist. »Ej, der Bus is heid voi leer!« »Echt du. Aba voi!«

Der Mann, der jeden Tag seinen Hund, eine genauso schluffig-schläfrige Promenadenmischung wie sein Herrchen, spazierenführt und jedem zufällig Vorbeikommenden von den Verdauungsproblemen des Hundes erzählt, noch bevor er auf irgendwelche Befindlichkeiten seiner eigenen Person zu sprechen kommt (ja, die läßt er oft einfach weg). Er hat sich den Hund gekauft, als seine Frau gestorben ist.

Der Polsterer in Marktredwitz erzählt: Immer wieder komme es vor, daß ihm alte, stark restaurierungsbedürftige Möbelstücke gebracht werden und dann vergißt man, sie wieder abzuholen. Sei es, weil die Besitzer sie einfach vergessen haben, sei es, weil diese inzwischen verstorben sind. Laut Handwerksordnung müssen solche Stücke 10 Jahre aufgehoben werden. Danach gehen sie in den Besitz – in diesem Fall – des Polsterers über. – Genau so sollte es auch mit Geschichten sein, die jemand bei einem abstellt, indem er sie erzählt, und dann werden sie vergessen und gehen ins Eigentum dessen über, dem sie erzählt worden sind!

Ein Krebskranker, der alle Tag in seine Stammwirtschaft kommt. Mit kahlem Kopf und eingesunken in seinem Rollstuhl sitzt er vor einem kleinen Mineralwasser. Seine ganze Gestalt ist eine einzige Aufforderung an die Stammtischfreunde: »Erzählt! Erzählt vom Leben!« Er sieht es schon kaum mehr, so weit ist es schon entschwunden, er hat nur mehr eine Ahnung und schwache Erinnerung davon.

Einer erzählt, er sei von einer guten Bekannten angerufen worden, von der er wußte, daß sie schon länger krebskrank

ist. Als Grund ihres Anrufs gab sie an, es gehe jetzt zu Ende, zwei, drei Wochen habe sie vielleicht noch, und sie wolle sich verabschieden.
Ich stelle mir ein solches Telefonat ungeheuerlich vor. Und vor allem: Wie es beenden? Mit welchen Worten? Schauerlich. (Und dabei den anderen nicht sehen können! Das ist mir eh das meist Verhaßte am Telefonieren, daß man den anderen nicht sehen kann.)

Am Kap Finisterre, so ist es der Brauch, werfen die Pilger, die den weiten Weg bis nach Santiago de Compostela geschafft haben, ihre Schuhe ins Meer. Aber wieso das denn? Die Schuhe waren doch der Freund, der wichtigste Begleiter. Ohne die Schuhe wäre gar nichts gegangen. Nein, die Schuhe haben es unbedingt verdient, daß sie irgendwo im Austrag ihre alten Tage verleben dürfen, möglichst nahe demjenigen, den sie so weit getragen haben. Nahe bei Haus und Hof also. Hauswurz-bepflanzt als Blumentopf, im Schatten der Mauer zum Beispiel.

Immer wieder Kierling, immer wieder das Bild von dem Haus an der Hauptstraße, das Ursula und ich bei unserer letzten Reise entlang der Donau suchten und auch schnell fanden, das Treppenhaus, der Geruch dort, die Hausmeisterwohnung, in der man sich den Schlüssel abholen konnte für den Museumsraum im oberen Stock, und vor allem immer wieder das Bild von der gußeisernen Bassena im Flur, hier vielleicht hat sich Franz Kafka aufgestützt, völlig entkräftet, lechzend nach einem Glas Wasser, das Schlucken war ihm das Schlimmste wegen der unerträglichen Schmerzen des völlig tuberkulösen Kehlkopfs, in seinem letzten Brief an die

Eltern erinnert er sich an das Biertrinken mit dem Vater in der Zivilschwimmschule Prag, wenige Stunden später stirbt er, am 3. Juni 1924, hier in diesem Haus in Kierling, dem einstigen Lungenheilsanatorium des Dr. Hoffmann …

Meine Manie, einen Autor, der mich interessiert, »ganz« zu lesen, also lückenlos, jede Veröffentlichung von ihm, hängt schlicht mit dem Bedürfnis zusammen, unbedingt wissen zu wollen: Was kommt jetzt? Eigentlich bin ich nur interessiert an der Entwicklungsmöglichkeit. Was man aus einem Schreiberleben alles machen kann. (Aber auch: Wie man es versaubeuteln kann …)

Steven Weinberg, US-Physiker und Nobelpreisträger. Er hat einmal gesagt: »Mit und ohne Religion gibt's gute Menschen, die Gutes tun, und böse Menschen, die Böses tun. Aber damit gute Menschen Böses tun, braucht es Religion.«

Unbedingt Titeleinfälle notieren – und anschließend dann die dazu passenden Bücher schreiben! Ich hab's immer verkehrt, weil andersherum gemacht: Erst die Bücher geschrieben und anschließend verzweifelt – und oft erfolglos – nach den passenden Titeln dazu gesucht.

Eine der Davongekommenen der Tsunami-Katastrophe in Thailand wird, heimgekehrt am München Flughafen, interviewt, wie es denn mit den Hilfeleistungen vor Ort ausgesehen habe. Die Befragte meint, man müsse mit den Einheimischen Nachsicht haben, die seien ja selber alle erst einmal Kopf gestanden, und dann wörtlich: »Die hat es ja genauso schwer getroffen wie uns.« Ein Satz, der die ganze Bewußtseinslage der Ersten Welt gegenüber der Dritten zusammenfaßt. Steht da, die gute Frau, von einem eilends gecharterten Flugzeug aus dem Schlamassel herausgeholt, auf ihrem saturierten sicheren Boden und traut sich sagen: »Die hat es ja genauso schwer getroffen wie uns.«

Zu all dem paßt, was die Katastrophen-Berichterstattung sonst noch bietet. Sie besteht nämlich zu 80 Prozent aus Fragen an »Experten« folgenden Inhalts: Wenn ich jetzt eine Reise nach Thailand storniere, bekomme ich dann mein Geld zurück? Wie lange wird es dauern, bis diese »Urlaubsparadiese« wieder aufgebaut, sprich für uns verfügbar sind? Steht das Hotel in XY noch, wo 200 Deutsche einquartiert gewesen sein sollen? Und dann mal kurz dazwischengeschnitten: ein einheimischer Vater, der sein totes Kind auf den Armen durchs kniehohe Wasser trägt. Dann aber sofort wieder Zurückschalten an die »Heimatfront«. – Das alles bräuchte einen heutigen Karl Kraus.

2005

Im Schwarzwald gibt es eine seismologische Meßstation, tief in einem Bergstollen drin. Dort wurde das Beben aus dem Indischen Ozean mit einer solchen Wucht wahrgenommen, daß es ältere Aufzeichnungsapparaturen zerlegt hat. Einer der Mitarbeiter sagt, die Papierstreifen, die sie zum Aufzeichnen der Ausschläge verwendeten, seien ungefähr einen halben Meter breit. Hätte man den Ausschlag dieses Bebens vollständig aufs Papier bringen wollen, hätten die Walzen 75 Meter breit sein müssen!
Nachdem in den letzten Tagen das Beben in den Nachrichten längst schon wieder unter »ferner liefen« rangiert, heute die Meldung, die Zahl der Todesopfer sei jüngst von 160.000 auf 216.000 korrigiert worden. Und immer noch, über drei Wochen danach, werden Leichen entdeckt.

»Warten, wohlan; aber niemals erwarten.« Heidegger, aus den Feldweggesprächen über die Gelassenheit.

Schönes Eigenschaftswort in Stifters Briefen gefunden: etwas ist »unausstaunbar«.

Robert Walser schreibt: »Es ist so süß zu bleiben. Geht denn die Natur etwa ins Ausland?« Vielleicht hat sie aber auch einfach nur Angst, die Natur. Daß wenn sie nämlich mal ins Ausland ginge, vorübergehend, sie der Schily nicht mehr hereinlassen würde? An der Grenze aufhalten und abschieben würde der sie. Natur hat in diesem Land nichts zu suchen! Zuzutrauen wär's ihm.

Meterhoch der Schnee draußen, und in mir, fast schmerzhaft klar, das Bild von Elba, der Weg von unserem Quartier zu dem kleinen Lebensmittelladen im Ort, der flirrend heiße Asphalt, und wie ich die Straße entlanggehe, vorbei an einem Feigenbaum, dessen überreife Früchte bereits auf den Boden fallen und dort als Matsch liegen bleiben. Wie ich in dem Lebensmittelladen den Stockfisch entdecke, der aufgereiht an einer Schnur zusammen mit anderen über der Verkaufstheke an der Wand hängt. Und wie ich ihn heimtrage, durch diesen backofenheißen Nachmittag in unser Quartier, wo Ursula, die beiden Lenas, Elisabeth und Hubert Ettl warten. Muß ein beeindruckendes Bild abgegeben haben. Jedenfalls hat es Elisabeth lange Zeit später gemalt: Mensch in sehr bunter Natur mit einem langen blauen Fisch, der von seinem hochgehaltenen Arm herunterhängt. Wir haben daraus das von meinem Freund Victor stammende portugiesische Nationalgericht gekocht, eine Art Stockfisch-G'röstl.

Zugfahrt nach München. Belausche ein Rentner-Ehepaar. Sie treffen einen alten Freund des Mannes. Über was unterhalten sich Rentner nach einer längeren Zeit, in der sie sich nicht gesehen haben? Natürlich über Krankheiten und welche gemeinsamen Bekannten mittlerweile das Zeitliche gesegnet haben. Sich selbst attestieren die beiden eine gewisse Robustheit. Wer die Kriegsgefangenschaft mitgemacht habe, der sei halt einfach widerstandsfähiger, sagt der eine und erzählt die Geschichte seiner Gefangenschaft. Von den Amerikanern seien sie irgendwo zwischen bayerischer Grenze und Pilsen aufgegriffen worden. Der Ami hätte ihnen versprochen, sie Richtung Westen zu bringen. Tatsächlich transportierte man sie nach Budweis. Geradewegs in die Arme der Russen. An die wurden die deutschen Kriegsgefangenen übergeben. Und dann ging es natürlich nicht Richtung Westen, sondern weit nach Osten. Das alles erzählt er mit großem Sarkasmus. Daß man da als kleiner Schütze Arsch mal wieder irgendwelchen Geheimabmachungen zum Opfer gefallen sei. Und dann kommt der Satz zu dem Bekannten: Kannst dir ja vorstellen, was ich seitdem vom Ami halte! Wortbrüchig sei der ja wohl geworden. Ich habe den spontanen Impuls, den ich gerade noch unterdrücken kann, aufzustehen, zu dem Herrn hinüberzugehen und ihm zu sagen: Freilich, das hätten Deutsche nie gemacht. Die haben immer Wort gehalten. Wenn sie sagen, sie bringen alle Juden Europas um, dann kann man sich auch darauf verlassen.

Tagebuch führen: was für ein schöner Ausdruck! Wobei gar nicht ausgemacht ist, wer hier wen bei der Hand nimmt und führt: ich das Tagebuch oder doch eher, wie ich beinahe annehmen möchte, das Tagebuch mich.

Schon vor Tagen die Idee zu einer Erzählung, die eben genau jenen Tag beschreibt, nein besser erzählt, an dem der letzte noch lebende ehemalige KZ-Häftling stirbt. Natürlich weiß weder er noch sonst irgendjemand, daß er der letzte ist (nur der allwissende Autor weiß es). Wie könnte so ein in der Tat ungeheuerlicher Tag aussehen, an dem das letzte Augenlicht bricht, das das alles noch gesehen hat?

Gestern in Wegscheid Adalbert-Stifter-Revue im Gasthaus Haiböck einem doch reichlich überalterten Publikum dargeboten, wahrscheinlich ist der Backenbartträger halt doch ein Fall für den Ohrensessel. Jawohl, im Ohrensessel sitzen und

seine Himmels-Limonade schlürfen, um ein schönes Wort von Doderer zu variieren. Obwohl wir natürlich gerade das Gegenteil zeigen wollten. Und es läßt sich zeigen! Finde einen Text wie »Mein Leben« höchst staunenswert modern. Außerdem haben Norbert, Bertl und Erwin so herrlich heutig dazugespielt, daß man ihm das 19. Jahrhundert eh nicht mehr anhörte. Vor allem beim Sonnenfinsternistext.
Heute als Abrundung mit Ursula erst zum Moldaublick bei Ulrichsberg, wo allerdings den ganzen Weg bis zum Aussichtsturm hinauf Schnee lag, und danach noch hinüber über die Grenze und hinunter an den Moldaustausee. Mit der Fähre übergesetzt nach Horní Plana. Naturgemäß Totenmasken-Anschauen im Geburtshaus. Und eigentlich noch mehr das Fensterbankerl suchen (mit dem Herzen!), von dem ich gestern vorlas: »Auf dem Brette dieses Fensters saß ich sehr oft, und fühlte den Sonnenschein, und daher mag das Leuchtende der Erinnerung rühren. Auf diesem Fensterbrette war es auch allein, wenn ich zu lesen anhob.«
Anschließend noch bei Nová Pec entlang den moorbraunen Wassern des Seebaches bis hinauf zum Hirschbergentunnel des Schwarzenberger Schwemmkanals. Und wie wir so über eine typische uneinsichtige Hügelkuppe fahren, kommt uns eine *böhmische Epiphanie* entgegen (ich nenn' das jetzt so; und will sie sammeln für Lober): Ein alter klappriger Škoda, vorne zwei Männer, dunkle Schatten auf Wangen und Hals vonwegen des starken Dreitage-Bartwuchses, auf der Rückbank ein großer Hund, der genau so in der Mitte sitzt, daß er zwischen den beiden Männern hindurch nach vorne schauen kann, und er schaut sehr selbstbewußt, dieser die Menschenköpfe leicht überragende Hundekopf, ungefähr so, als ob er der »Padrone« im Fond einer Verbrecherlimousine wär'.

Gestern Anruf von Paul Pagel, die Podiumsdiskussion zu »Fremde Stimmen« finde jetzt doch am Samstag statt. Sie gehört zu einem mehrteiligen Begleitprogramm, das die Freudenberger im Vorfeld zur Premiere meines Stückes anbieten. Denn seit bekannt geworden ist, daß wir den Fall der Anneliese Michel auf die Bühne bringen werden, besteht natürlich einiger Gesprächsbedarf. Noch immer wühlt ihr Tod, obwohl er bald 30 Jahre her ist, die Menschen in der Gegend am Untermain auf. Die junge Frau war an Entkräftung und Auszehrung gestorben, nachdem ihre Familie und ein Priester monatelang einen Exorzismus an ihr vorgenommen hatten ... sie wollten ihr die Teufel aus dem Leib treiben und haben ihr schließlich das Leben ausgetrieben.
Das Begleitprogramm zu dem Stück versucht die sowohl psychopathologischen als auch theologischen Seiten des Falles offenzulegen. Die Podiumsdiskussion selber, erklärt mir Paul, solle vier Themenbereiche abdecken und gleich einmal mit dem Grundsätzlichen beginnen, nämlich mit der Frage nach dem Bösen.
Da wird der Abendländler natürlich zu jener Erzählung zurückgehen müssen, die am Anfang von allem steht, die Sündenfallgeschichte. An der ist doch einiges Erstaunliche, wenn man sie sich einmal genauer anschaut. Mir kommt die dort beschriebene Ausgangssituation in ihrer Aussichtslosigkeit und Paradoxie eher vor wie von Franz Kafka erfunden denn von einem Heiligen Geist inspiriert. Was wir dort haben, ist einmal der HErr, der Bescheid weiß, und zwei Menschlein, die von ihm geschaffen sind und die jetzt folgende Aufgabe gestellt bekommen: Es gibt da im paradiesischen Garten einen Baum, von dessen Früchten sollen sie auf gar keinen Fall essen. Das Essen dieser Baumfrüchte wäre das Böse, die Erbsünde sogar. Das Ignorieren das Baumes oder auch der bewußte Verzicht dagegen das Gute. Gleichzeitig aber heißt

es, erst das Essen dieser Baumfrüchte führe bei Adam und Eva dazu, daß sie gut und böse erkennen und unterscheiden können. Ist doch seltsam. Oder soll ich sagen: ziemlich fies. Da wird von den Probanden etwas verlangt, was sie gar nicht leisten können. Das wäre ungefähr so, wie wenn man Kindergartenkinder ein Lateinabitur schreiben ließe. Deshalb sage ich: eigentlich Franz-Kafka-like, diese Erzählung. Essen Adam und Eva also nur deshalb vom Baum der Erkenntnis, damit sie nachher wissen, was sie vorher noch nicht wissen konnten, daß sie nämlich von diesem Baum nicht hätten essen sollen? Hegel hat diesen Widerspruch in seiner Betrachtung der Sündenfallgeschichte wunderbar in einen Satz gefaßt: »Erkennen heilt die Wunde, die es selber ist.« Allerdings habe ich Zweifel, ob diese Wunde überhaupt je heilbar ist.
Eine zweite paradoxe Situation fällt auf: Wieso verbietet der HErr eigentlich das, was er gleichzeitig verlangt: nämlich die Fähigkeit, gut und böse unterscheiden zu können? Weiß der HErr, was er will? Oder will er ganz etwas anderes und sagt es nur nicht direkt? Schickt er dazu die Schlange? Auf wessen Befehl oder in wessen Vorsehung schlängelt die sich eigentlich zu Eva hin? Jedenfalls sagt sie: Das mit dem Sterben stimmt gar nicht, Gott duldet nur nicht, daß jemand wie er wird, »wissend Gutes und Böses«. Interessant hier auch der genau Wortlaut: Es heißt nicht »wissend um Gutes und Böses«, sondern wissend Gutes und Böses. Also: Gott weiß/denkt Böses. Ist das so zu verstehen? Jedenfalls ist er nicht fair. Er führt Adam und Eva in eine Versuchung, der sie von Anfang an nicht gewachsen sein können. Und wofür bestraft er sie dann letzten Endes? Doch wohl dafür, daß sie glauben, gottähnlich werden zu können, wenn sie vom Baum der Erkenntnis essen. Das duldet er nicht. Das aber ist das hervorstechendste Merkmal dieser Gottähnlichkeit oder Gotthaftigkeit: genau zu wissen, was gut und böse ist. Duldet er also letzten Endes genau das

nicht, daß noch jemand außer ihm diese Unterscheidungs-, aber auch Normierungsmacht hat? Geht es letztlich um die Deutungshoheit? Sich gottähnliche Deutungshoheit anzumaßen wäre demnach die größte Sünde. Das müßte Exorzisten doch eigentlich schwer zu denken geben.
Es wird immer wieder angeführt, die Sündenfallgeschichte wolle vor allem eines sagen, daß nämlich Gott dem Menschen die Freiheit zur Entscheidung gegeben hat. Er kann das Gebot des HErrn, dem Baum der Erkenntnis fernzubleiben, einhalten oder auch nicht. Er kann böse handeln oder gut. Nur eines kann er nicht: sich diesem ganzen Gottesexperiment entziehen. Fair wäre es doch gewesen, wenn Gott gefragt hätte: Willst du ein Verbot von mir hören? Oder soll ich lieber nichts sagen? Willst du, daß ich dich vor eine Entscheidungsfreiheit stelle? Soll ich ein Experiment mit dir machen? Was wäre gewesen, wenn Adam und Eva nein gesagt hätten? Dann lebten sie noch heute. Dann gäbe es keine Sterblichkeit. Dann hätte der HErr nie seinen Sohn schicken brauchen, damit er für die Menschen den Kreuzestod stirbt. Alles also nur Berechnung, göttliche?

Das Böse und die Kunst: Die große Faszination böser Darstellungen beziehungsweise Darstellungen des Bösen für Künstler ist klar: de Sade, Baudelaire, Flaubert etc. Abgesehen davon aber, schreibt Rüdiger Safranski, gibt es noch eine ganz andere Beziehung. Es gibt das Böse nicht nur als Thema, sondern als unabdingbare Voraussetzung der Produktion. Produziert wird nämlich aus dem Nichts. Creatio ex nihilo. Das große Nichts aber wurde immer auch schon als das Böse assoziiert. Frühchristliche Autoren definieren geradezu: Das Böse ist das Nicht-Dasein des Guten. Das Nein und Nichts also.

Der andere Aspekt: Kunstschaffen ist Welt-Machen und damit gottgleich. Das bringt die Künstler in die Nähe der Häretiker. Um diese Anmaßung etwas zurückzunehmen, bleiben zum Beispiel im Mittelalter die Künstler oft ungenannt. Ab der Renaissance – Michelangelo – beginnt sich das Selbstbewußtsein des Künstlers bemerkbar zu machen. Der Künstler will es auf seine Weise Gott gleichtun. Bei den Romantikern dann noch prononcierter: »Nicht der hat Religion, der an eine heilige Schrift glaubt, sondern welcher keiner bedarf und wohl selber eine machen könnte.« (Friedrich Schleiermacher)

Schöne Passage auch noch bei Safranski über Kafka, den »großen Heiligen der modernen Literatur«: »Warum sollte derjenige, der selbst erfinden kann, an dieser schlechten Erfindung, die sich ›Welt‹ nennt, teilnehmen? Im Theodizeeprozeß gegen die Kunst wechseln bei Kafka Kläger und Ankläger die Rolle: Nicht mehr die Kunst muß sich vor der Welt, sondern die Welt muß sich vor der Kunst rechtfertigen, was ihr nicht mehr gelingt. Bei Kafka steht nicht die Kunst, sondern das Leben zur Disposition.«

Anneliese Michel: Hat sie vielleicht nur Theater gespielt? Und zwar ohne jemals etwas von Brecht gehört zu haben, der seinen Schauspielern bekanntlich klar gemacht hat, daß sie sich nicht bis zur völligen Selbstaufgabe, Selbstauslöschung mit ihrer Rolle identifizieren dürfen? Hat sie ganz im Sinne alter Mysterienspiele ein Theater gemacht? Hätte sie, statt der Ärzte, Psychologen und vor allem der Exorzisten, vielleicht einfach nur einen guten Regisseur gebraucht, der ihr – sicherlich schonend – einmal gesagt hätte: Jetzt outrier halt nicht gar so fürchterlich. Ja, fürchterlich! Tritt doch auch einmal aus deiner Rolle heraus und schau sie dir von außen an. Denn eine Rolle war es doch wohl. Der Streit geht eigentlich nur darum: Wer hat ihr diese Rolle zugeteilt? Die einen sagen: finstere Mächte. Ich sage: all diese dilettantischen Laien-Regisseure um sie herum, die ein Spektakel aufführen wollten mit dem Titel: Lebendiger Beweis, daß es den Teufel doch gibt. Wie auf jedem Theater war sie als Rollennehmerin leider die letzte, die gefragt wurde.

Gerda Pagel erzählt von ihrem Vater, der nicht nur gerne in den Wirtshäusern von Freudenberg »einen Schoppe getrunken hat«, sondern sich auch jeden Abend nach seinen Kneipengängen daheim mit einem Sofakissen auf dem Fensterbrett noch auf »die Gass' hinausgelehnt hat«. Und dabei habe er jeden Abend eine Art Gebet gemurmelt, in dem er um eine gute Sterbestunde bat. Er sei dann tatsächlich ganz sanft an einem Sonntagvormittag auf dem Sofa eingeschlafen, mit einem Lächeln. Die Familie glaubte, er schlafe bloß. »Vater, was is', du wolltest doch in die Kirch' gehen?« Mit diesen Worten sprachen sie den Toten an.

Gestern, im Vorgespräch der an der Podiumsdiskussion Teilnehmenden, stellen sich alle kurz vor. Die anderen glänzen mit ihren diversen Tätigkeiten, Berufen, ihrem handelnden Leben. Ich sage: Ich habe immer nur geschrieben und befürchte fast, ich kann gar nichts anderes.
Jetzt fällt mir noch ein der Satz von Peter Solfranks Frau, den sie am Freitag auf unserem Spaziergang von Freudenberg nach Bürgstadt, am Mainufer entlang, zitierte (von wem?): Schriftsteller ist, wer keine andere Möglichkeit hat.

Gestern mit Ursula, Günter Moser und Mathias Conrad auf dem Lamberg, vor der Burgenbuch-Vorstellung am Abend in Falkenstein. Und um meinen Geburtstag zu feiern. Und vor allem, so Ursulas Idee, um die beiden Hobbyarchäologen Conrad und Max Lankes, Wirt vom Lamberg, zusammenzubringen. Es funktioniert auch. Einer entflammt den anderen. Max gibt all seine Geschichten, die Ursula und ich schon kennen, zum besten. Von den keltischen Ringanlagen, von der mächtigen Burg, von der so gut wie nichts mehr übrig ist, vom Naturstein-Tonnengewölbe, das eher durch Zufall entdeckt wurde. Womit er dann allerdings auch für uns zum ersten Mal herausrückt, ist seine Münzsammlung. Er bringt sie in einem unscheinbaren Schachterl daher. Fast alle Stücke darin stammen von seiner Frau, die sie beim Graben im Gemüsegarten findet, er habe noch nie etwas aufgespürt, sagt Max, und das wurmt ihn. Dagegen seine Frau: einen sogenannten Regensburger Halbpfennig, ein unscheinbares Dingerl, etwas größer als eine Linse, fast papierdünn und bleigrau angelaufen. Über 1000 Jahre alt. Max hat sich gleich mit dem Halbpfennig-Spezialisten Europas in Verbindung gesetzt, einem Professor in Wien. (Diese Vorstellung amüsiert mich immer besonders: wie der Wirt vom Lamberg mit der Professorenschaft in halb Europa in Kontakt steht und fachsimpelt.) Der hat ihm geholfen, das Fundstück einzuordnen und ihn bei dieser Gelegenheit auch wissen lassen, daß bisher nur 14 Exemplare überhaupt bekannt sind. Doch dieses Ding ist noch nicht einmal das älteste in Maxens Schatzschachterl. Er hat nämlich auch ein keltisches Regenbogenschüsselchen. Wahrscheinlich 2000 Jahre alt. Schauder bei uns allen, die wir es reihum in die Hand nehmen dürfen. Mathias sagt ganz ehrfürchtig, noch nie habe er so etwas in der Hand gehabt – und er als Heimatpfleger kommt weit herum und hat sicher schon manches an Altertümlichem gesehen.

B. v. Ll.: Lachende Kinderstimmen und das Geräusch eines auf Teer aufspringenden (zwischen den Kindern hin- und herspringenden) Balles: und auf einmal ist das Gefühl da, so waren sie, die glücklichen Kindheits-Sonntagnachmittage.

Mike Reisinger erzähle ich in einer e-Mail, wie es in Freudenberg war. Und füge noch an: »Ja, man kann tief zufrieden sein. Beziehungsweise könnte. Ich sollte besser könnte schreiben. Und zwar hinter die eigenen Ohren. Bin's nämlich nicht. Schlimm ist das. Die Unfähigkeit, einmal mit dem Erreichten zufrieden zu sein. Das gelingt mir ganz, ganz selten. Weil man gedanklich, projektmäßig schon wieder ganz woanders ist. Das Theaterstück ist ja für mich schon lange abgeschlossen. Geschrieben habe ich es vor über einem Jahr. Jetzt bin ich, wie gesagt, ganz woanders. An einem Text, von dem ich zwar 170 Seiten habe, mit dem ich aber regelrecht unglücklich bin. Und das beschäftigt mich dann Tag und Nacht. Ich kann nicht schreiben, würde aber so gerne. Und wenn ich dann was hinschreib, kommt es mir so ganz und gar ungenügend vor. Übrigens, kleine Nebenbemerkung, worüber ich in Deinem Internet-Tagebuch gestolpert bin: Wo es um unser Gespräch auf der Autofahrt ging. Dazu bemerkst Du, ich schriebe beruflich, Du amateurhaft. Ich kann mit dieser Trennung überhaupt gar nichts anfangen. Es gibt sie gar nicht. Beziehungsweise sie ist rein formalistisch. Ich jedenfalls erlebe das beinahe täglich: Du kannst über zwanzig Jahre mit Schreiben dein Geld verdient haben, heute sitzt du wieder vor diesem weißen Bildschirm und fragst dich: Was soll ich sein, ein Schriftsteller? Ein Nichts bin ich. Unfähig zu einem einzigen g'scheiten Satz. Das Kuriose daran ist, was Außenstehende natürlich überhaupt nicht verstehen können: Dieses Gefühl potenziert sich noch zu Zeiten relativen äußerlichen Erfolges. Also bei mir zumindest. Alle scharwenzeln um dich herum, ›ach, das ist der Autor unseres Erfolgsstückes, und was der schon alles geschrieben hat‹, und du selbst denkst dir, du bist ein Hochstapler, gleich im nächsten Moment werden sie dir draufkommen, du kannst überhaupt nicht schreiben, jetzt zumindest nicht und vielleicht für alle Zukunft nicht mehr. Naja, so ungefähr ist das. Übrigens – noch ein zweites: Laß dich ja nicht von Stimmen irritieren wie denjenigen, die du zitierst, in Deinem Internet-Tagebuch bilde sich nur ab, daß Du nichts mehr erlebst und daß alles eingefahren und ja … langweilig war wohl das Wort, daß es das also sei. Ich lese das komplett anders. Eine Fülle des Erlebens und Entdeckens und Neu-Draufkommens, auch auf Formulierungen. Eine neue, für einen selbst gelungene Formulierung finden, ist doch das Erlebnis schlechthin. Das können wahrscheinlich Leute, die nicht schreiben, nicht verstehen. Es geht halt um inneres Erleben. Das zu gestalten, ist mir mittlerweile fast die höchste Kunst. Und die schwierigste. Im Grunde ist es genau das, was auch diese neue Schreibarbeit von mir werden soll. Da passiert äußerlich wenig bis gar nichts. Es ist alles ein Schauen und Gehen. Langsames Gehen. Mal schauen, wo wir rauskommen. Im Sinne Deiner Verirrungsgeschichten.«

Mike tröstet mich mit der Erinnerung an etwas, was er mir schon einmal erzählt hat: daß ihn nämlich die «Grüne Jungfer« bis in seine Träume begleitet habe. Da sah er den Wirt der Grünen Jungfer im Hof seiner Wirtschaft stehen und aus großen Fässern Wasser (?) an seine Gäste verkaufen. Mike sagt: Wer es dahin bringe, daß seine Texte in den Träumen anderer auftauchten, der könne es nicht ganz falsch machen. Ja. Ja. Ich bin ja schon still …

Aber die Frage, die ich doch gerne beantwortet bekommen hätte: Warum verkauft der Wasser aus den Fässern? Bin ich vielleicht doch ein Roßtäuscher? Wollte das der Traum Mike einflüstern?

Bild des fürsorglichen Gastwirtes, den ich vor über 20 Jahren tatsächlich einmal erlebt habe: Es war während einer sogenannten Schriftstellertagung in Tittmoning. Und da von Schriftstellern ja bekannt ist, daß sie für gewöhnlich bis in die frühen Morgenstunden zusammensitzen und trinken, so sorgte sich dieser Wirt um sie, indem er einerseits, die Sperrstunde einhaltend, um zwei Uhr sein Lokal schloß, allerdings mit den Schriftstellern drin, andererseits sich mit ihnen bis in die Morgenstunden an den Tresen stellte und nachschenkte ohne Ende. Es wurde ausnahmslos Bier getrunken, und der Wirt mischte so ab zwei, drei Uhr ständig Limo darunter, ohne allerdings irgendeine Erwähnung oder das geringste Aufsehen davon zu machen. Je näher wir dem Morgen kamen, desto mehr Limo und umso weniger Bier wurde es. Und tatsächlich wurden wir auch gegen Morgen immer nüchterner und verließen dann, vielleicht um sieben, das Lokal in allerbester Verfassung. Der fürsorgliche Wirt hatte uns durch die Nacht gebracht. Er war ein Sorger. Die allergrößte Mehrzahl seiner Kollegen kennt man nur als Rausschmeißer.
Geschlafen haben wir dann im Café am Hauptplatz des Ortes, das bereits um acht Uhr öffnete und wo wir ein Frühstück einnahmen oder zumindest einnehmen wollten. Und da saßen wir dann, in aufrechter Haltung, wie die Pharaonen in ihren Gräbern, und schliefen. Ich meine mich des Bildes erinnern zu können von dem Kollegen, der mit der halb aufgeschnittenen Semmel in der Hand, in der noch das Messer steckte, eingeschlafen war. Es war das Bild der eingefrorenen Bewegung, wie aus dem Dornröschen-Märchen.

Einen Tag vor Elias Canettis 100. Geburtstag treffe ich den Leser. Er ist einer jener drei bis fünf Menschen, die ich kennengelernt habe und denen ich diesen Ehrentitel verleihen würde. In meiner Vorstellung tragen ihn eh nur solche, die nicht von Berufs wegen lesen müssen, was immer das auch heißen mag. Nein, er ist ein ganz normaler, einfacher Arbeiter, mittlerweile Kurierfahrer. Er erzählt, man habe ihn so sehr in die Kurzarbeit abgedrängt, daß er mittlerweile von nur mehr 500 Euro leben muß. Gleichzeitig sagt er, daß er mindestens einmal im Monat in den Hugendubel gehe, um sich »neu zu versorgen«. Und er erzählt also, daß ihn die Wahnwelt der »Blendung« von Canetti so sehr bedrängt habe, daß er das Buch nicht mehr weiter habe lesen können. – Ich sag' ja: ein Leser!

Idee zu einem Projekt mit dem Titel »Leser«. Das sind oder sollen werden Porträts beziehungsweise Beschreibungen unterschiedlichster Leser. Auch denkbar solche, wie ich sie mir wünschen würde beziehungsweise wie ich sie ganz und gar unerträglich finde. Unter Umständen auch historische Leser beziehungsweise prominente Leser. Wie müssen wir uns Thomas Bernhard als Leser, zum Beispiel Adalbert-Stifter-Leser vorstellen? Oder auch Elias Canetti. Platon als Leser, Sokrates als Leser. Jesus als Leser (er liest nur das, was in den Sand geschrieben steht). Eventuell die Limerick-Form wählen: In XY lebte ein Leser, der riß grundsätzlich von jedem Buch, bevor er es zu lesen begann, jeden Umschlag und alle Vorsatzblätter heraus. Nie wollte er wissen, von wem ein bestimmtes Bauch stammt. Als er einmal zufällig doch den Verfassernamen aufschnappte, zerriß er sich selbst in der Luft wie Rumpelstilzchen.

An einem Ort in der Mancha lebte ein Leser, der war sein Leben lang Ritter gewesen. Er hatte schon mit Riesen gekämpft, von denen andere Leute behaupteten, das seien eigentlich Windmühlen gewesen. Auch zwei Zauberer, die auf Dromedaren dahergeritten gekommen waren, mit Reisebrillen und Sonnenschirmen, hatte er in die Flucht geschlagen. In seinem Alter las er dann nur noch Bücher, in denen von Schriftstellern die Rede war. Dabei trocknete zum Schluß sein Gehirn so sehr aus, daß er zuletzt glaubte, selber einer zu sein. Er begann ein Buch zu schreiben. (Oder bildete er sich nur ein, ein Buch zu schreiben?) *Miguel de Cervantes, der Schreiber von der traurigen Gestalt.*

In Nazareth lebte einmal ein Leser, der las nur, was in den Sand geschrieben stand. Nachdem er es gelesen hatte, wartete er, bis eine Welle kam und alles wegwischte. Später gab er sehr bemerkenswerte Weisheiten von sich. Man hielt ihn deshalb für einen Wunderrabbi. Seine Wunderrabbikonkurrenz behauptete allerdings, er plappere nur nach, was vorher schon im Sand geschrieben stand.

In Uppsala gab es einen Leser, der kletterte jedes Mal, wenn er ein Buch in die Hand nahm, in einen Baumwipfel. Er konnte nur schwankend über dem Erdboden lesen.

In Zürich kannte man einen Leser, von dem es hieß, sein ganzes Haus sei voller Aufzeichnungen von seiner eigenen Hand und er lese nur Eigengeschriebenes, gerate aber dann jedesmal in solche Wut, daß er die Zettel laut tobend auffresse. (Vielleicht besser in der Präsenzform: Es gibt einen Leser in Zürich. Der hat sein ganzes Haus voller Aufzeichnungen. – Es gibt einen Leser in Nazareth. Der liest nur, was andere in den Sand schreiben. Etc. pp.)

In Bad Dürkheim gibt es ein Kind, das gerade erst lesen gelernt hat. Man schenkt ihm eine Kinderausgabe des Nibelungenliedes. Es vertieft sich solange darin, bis es eines Tages aufsteht mit einem Holzstecken in der Hand (für ihn ist es das Balmung-Schwert) und ruft: mir nach. Allerdings folgt ihm niemand.

Leserinnen natürlich nicht vergessen!

Kaiser Rudolf und das Vojnich-Manuskript. (Oh ja, der war ein ganz besonderer Leser, dieser Kaiser Rudolf, der Magier auf dem Hradschin ...)

Manche Leute haben so ein fürchterliches Organ, daß man ihnen zurufen möchte: Kommen Sie mir bloß nicht mehr unter die Ohren!

B. v. Ll.: Das Zirpen der Grillen, während die ersten Tropfen des nahenden Unwetters bereits auf den Teich aufschlagen. Sturmgebraus hebt an. Die Bäume biegen sich wie Winzlinge, die plötzlich bemerken, daß in ihrem Rücken ein Riese steht und vor dem sie in Deckung gehen. Aber die Grillen ... geben keine Ruh'!

Die Leserin in den Baumwipfeln. Zum Lesen klettert sie immer in eine Baumkrone. Kirschbäume sind ihr am liebsten. Kirschbäume im Juli. Dort oben, windgeschaukelt, liest sie dann Gedichte. Immer nur Gedichte, nie etwas anderes. Wenn sie wieder heruntersteigt, haben manche Buchseiten als Lesezeichen einen Kirschfleck.

Den phänomenologischen Ansatz weitertreiben: nach »Leser« zum Beispiel einen Band mit Titel »Idioten«. Kurze Spotlights auf Idiotien aller Art. Liebenswerte, verstörende, gefährliche, diabolische. Motto evtl. von Handke: »›Wo sind die Idioten dieser Stadt. Wo ist der Idiot des Tages?‹ dachte ich gerade, fast flehentlich. Und da geht er schon, rückwärtsgeneigt, gedrungen, hinter der Führerperson her, knappst, auf den Fersen.«
Und dann noch »Liebende«. Aber ist dazu nicht vielleicht schon alles gesagt? Dann lieber »Träumer«.

Böhmische Epiphanie: der Wald von Königskerzen, der aus der Böschung direkt neben dem Bahngleis wächst.

In Mauthausen die Gruppe amerikanischer Touristen in der Gaststätte am Donauufer: Essen wie Einarmige, nachdem sie mit der Gabel – Messer ignorieren sie – zuerst alles in mundgerechte Stücke zermantscht haben. Die Linke liegt auf dem Schoß, die rechte schaufelt in den Mund hinein. Und was? Schweinsbraten mit Pommes frites und einer extra Portion Ketchup. – Als ich dies unserer Pensionswirtin am Abend in Grein erzähle, lacht sie nur. Meint: Die Amis brächten es ja auch fertig, zu einem Backhendl eine heiße Schokolade zu trinken.

Kaffeehaus Blumensträußl in Grein: im schnuckeligen Biedermeierstil eingerichtet. Aber mit Billard in der Mitte des eh nicht sehr geräumigen Zimmers. Ein junges Pärchen traut sich ein Spiel zu. Stößt den um sie herumsitzenden Gästen beinahe die Kaffeetassen um mit dem Queue. Sie blutige Anfängerin, er der große Könner. Sie wohl nur bereit, das Spiel zu erlernen, um ihm zu gefallen. Ihre Stöße sind gottserbärmlich. Er küßt sie jedes Mal auf den Mund, nachdem sie beinahe wieder das Billardtuch aufgeschlitzt hätte mit ihren rudernden Queuestößen. Seine Kußgeste ist eine Mischung aus Trostspenden, Anerkennung-Erteilen für ihre Bemühungen und der triumphalen Pose eines alle Zeit ungefährdeten Siegers!

Besuch bei Christian Thanhäuser in Ottensheim. Mit der Donaufähre setzen wir zu ihm über. In seiner Werkstatt mache ich Aufnahmen für meine Rundfunksendung über bibliophile Buchdrucker. Danach Mittagessen am Donauufer gegenüber dem Schiffsmeisterhaus, in dem Christian aufgewachsen ist. Er erzählt uns ein paar Kindheitsgeschichten. Wie er das Schwimmen gelernt hat in der Donau. Und wie in den Sommermonaten immer mal wieder eine Wasserleiche vorbeitrieb – meist Touristen, die mit den Strömungsverhältnissen des Flusses unvertraut waren. Touristen hießen sie damals ja noch nicht, sondern Sommerfrischler. Und dann noch die makabre Geschichte von den Donauhochwassern, bei denen die Kinder immer ein erwartungsvolles Gruseln überkam, nämlich ob der Friedhof auch wieder überflutet sein würde und die Leichen im Fluß treiben würden …
Beim Mittagessen erzählt uns Christian, dessen Feinschmekkertum in ganz Mitteleuropa legendär ist (alle spechten schon alljährlich auf der Frankfurter Buchmesse, was der Holzschneider-Christian wieder an Gustostückerln im Fond seines Caravans dabei haben wird), daß er in Slowenien schon mehrmals Bärenfleisch gegessen habe. Als er das einmal H. C. Artmann erzählt habe, seinem guten Freund, sei der ehrlich empört gewesen: Wie kann man bloß so ein herrliches Tier wie einen Bären verspeisen.
Mir fällt ein, was ich erst vor kurzem in Andrzej Stasiuks »Unterwegs nach Babadag« gelesen habe. Daß es in Slowenien in

einem abgelegenen Seitental ein verschwiegenes Massengrab geben solle, in dem Tito im Sommer 1945 Zehntausende verscharren ließ, die ihm zuvor von den Alliierten als Gefangene übergeben worden waren. Es handelte sich um Partisanen, allerdings sogenannte Weißgardisten, die Tito als erbitterte Gegner ansah. Er ließ sie einfach füsilieren. Stasiuk schreibt: »Nicht ausgeschlossen, daß Wölfe, Luchse und Bären, von denen es damals bestimmt mehr gab als jetzt, die Beerdigung übernommen hatten.« Jahre später sei es ein besonderes Pläsier des Marschalls Titos gewesen, in dieses Tal zur Bärenjagd zu kommen. Wer weiß, ob der Geist der »Verräter« nicht in diesen Bären weiterlebte? Und Eingang fand in Titos Körper – sofern auch er Bärenfleischesser war? (Kreislauf der Geister … Lebensgeister … Gedankengeister …)

Der Mann, der den Tieren vorlas. Im Steppenland zu Füßen des Ararat lebte ein Mann, der war dafür bekannt, daß er den Tieren vorlas. Anfänglich beging er jenen Fehler, den wohl jeder von uns begangen hätte: Er nahm wie selbstverständlich an, je größer das Tier desto größer auch sein Kunstverstand. Deshalb fing er mit den zum Arbeitsdienst eingesetzten Elefanten an und las ihnen aus dem Gilgamesch-Epos vor, was den Tieren aber lediglich ein höhnisches Trompeten entlocken konnte. Als der Mann daraufhin immer noch nicht aufhörte, steckten sie ihre Rüssel in ein nahes Wasserloch, saugten sie voll und spritzten den Vorleser von oben bis unten naß. Als nächstes probierte er es mit den Kamelen (denn unser Tiervorleser war nicht leicht von seinem Vorhaben abzubringen). Doch denen brauchte man mit Büchern gar nicht mehr kommen, seit sie die gesamte Bibliothek des Großwesirs Abdul Kjassem Ismael durch die Wüste hatten schleppen müssen. Sie drehten nur voller Verachtung ihre Köpfe auf die andere Seite.

Die Hyänen indes ließen sich ein kleines Vorleseviertelstündchen schon eher gefallen. Sie waren den halben Tag lang durch die Wüste unterwegs gewesen und ruhten sich gerne zu Füßen des Vorlesers aus, zumal er ihnen so spannungsbetonte Geschichten wie die aus 1001 Nacht vorlas.
Mehr oder minder gespannt lauschten auch die Katzen, und zwar bei den *Vogelgesprächen* Fariduddin Attars, des großen verehrten Sufimeisters. Was ihnen aber genau durch ihre kleinen Köpfchen ging, die sie – ausgestreckt, wie sich nur Katzen ausstrecken können – zwischen ihren Vorderpfoten ablegten, läßt sich nur schwer sagen. Jedenfalls zuckten ihre sich ständig neu einstellenden Lauscherohren jedesmal, wenn ein Name wie »Wiedehopf«, »Sperling« oder gar »Nachtigall« fiel. Und manchem Kater zog es, wie beim Muskelzucken während des Dösens, die Lefzen hoch.
Weil wir schon bei den Vögeln sind: Sie waren die ersten richtiggehenden Fans des Vorlesers (und er mußte lächeln, mit sich selbst nachsichtig lächeln, weil ihm einfiel, wie oft er das Wort »Spatzenhirn« abfällig gebraucht hatte). Sie umlagerten ihn, wenn er so dasaß auf der Steinbank des Gartens, der zu seinem Haus gehörte, das nahe der Steppe stand. Die Vögel setzten sich auf seine Oberschenkel und Handgelenke, die ganz vorwitzigen gar auf die Schulter und auf den Kopf und versuchten einen Blick auf die Seiten zu erhaschen, aus denen er vorlas (natürlich waren es Hafis' Gaselen). Ihr aufgeregtes Tschilpen hieß nichts anderes als »weiter, weiter, weiter«. Und so wurde es oft Abend und die Dunkelheit brach herein und der Mann saß noch immer auf seiner Bank und las den Vögeln vor, die aber längst schon eingeschlafen waren, den Mann, seine Arme, seine Schultern, seine Ohren als Äste ihres neuen Schlafbaumes annehmend.
Zu guter Letzt sah man ihn auf den Knien. Er beugte sich über ein frisch umgegrabenes Stück Erde, vielleicht war es ein

Rosenbeet. Er las den Ameisen und Käfern vor, und zwar aus Ferdousis *Königsbuch* (Ende 10. Jh.). Die Tiere wurden selbst in der Nacht nicht müde zuzuhören. Ja, ein Rascheln und Rispeln verriet, daß ständig weitere Zuhörer hinzukamen: Regenwürmer und Maulwürfe. Am Morgen lag der Vorleser über die Erde ausgestreckt und schlief. Es mag die Stelle mit dem sechsäugigen awestischen Drachen gewesen sein, über der er eingeschlummert war. Dabei ist dies die vielleicht wichtigste Stelle im ganzen *Königsbuch*. Dieser Drache nämlich, gleich drei Schauzbärte hatte er übrigens, steht für den Urvater aller Araber. Als ihm der böse Geist Ahriman einen Kuß auf die Schulter drückt, wachsen just an dieser Stelle zwei Schlangen aus seiner Haut, Schlangen, denen man die Gehirne junger Männer als Nahrung geben muß. So wachsen sie schnell und kräftig heran, um schließlich den entscheidenden Kampf zwischen Gut und Böse auszufechten. Klar, daß da die Regenwürmer vor Spannung zitterten und an Schlaf für die Tiere nicht zu denken war.

Das Buch lag am Morgen aufgeschlagen neben dem immer noch selig schlafenden Tiervorleser. Manchmal blätterte der Wind ein wenig darin herum. Er ließ es dann an jener Stelle aufgeschlagen, wo es für die Ameisen interessant wurde. Das war jene Stelle im Vorwort, wo es heißt, das *Königsbuch* sei für die Völker da, damit sie es sich in Weisheit ansehen und alles Wichtige darin finden, nämlich: Erziehung der Königinnen, Aufbau des königlichen Hofes, desgleichen wie man eine Armee ausrüstet, Schlachten schlägt, den Bau eines anderen Volkes erobert, Vergeltung übt, Feinde überrascht etc. pp. Kein Wunder also, daß schon bald eine Ameisenstraße quer über diese Seite führte und die emsig wuselnden Tierchen immer wieder innehielten, um nach rechts und links in den Buchstabenwald hinein zu wittern.

Verabredung mit Freunden aus Marktredwitz, um das Felsenlabyrinth bei Wunsiedel und anschließend die Luisenburg-Festspiele zu besuchen. Doch ab Mittag schon wieder dieser vermaledeite Schnürlregen, der uns schon den ganzen August über aufs Haupt trommelt, wie unablässige Kopfnüsse und Hirnstüber, die uns an irgendein Vergehen erinnern sollen … doch an welches nur?
Wir weichen aus ins Deutsche Porzellanmuseum in Arzberg. Es ist in der ehemaligen Fabrikdirektorsvilla der Familie Hutschenreuther untergebracht. Eine schier unüberschaubare Menge an Tassen, Kannen, Tellern, die in mir schon nach kürzester Zeit nur mehr einen Wunsch aufkommen läßt: Es möge doch bitt'schön im nächsten Augenblick ein möglichst trampeliger Elefant auftreten. (Es gibt nämlich auch solche mit Feingefühl. Ja, wenn man sie ihre säulendicken Beine setzen sieht, meint man fast, es gäbe keine feinfühligeren Wesen als Elefanten.)
Anschließend kehren wir ein in der Gaststätte zu Füßen der Luisenburg, jenem waldigen Felslabyrinth von wahrlich imposanter Gestalt. Auf den Fensterbrettern zwischen Deko-Blumen liegen fußballgroße Granitsteine. Bis eine aus unserer Gesellschaft sich umdreht und einen dieser Steine betastet, hochhebt, und im selben Moment ein schier nicht aufzuhebendes Gewicht »spielt«, die Steine – im Gasthof Luisenburg im Felsenlabyrinth – sind nämlich aus Plastik und innen hohl.

Seit zwei Wochen schon das herrlichste goldene Oktoberwetter. Sonnenuntergänge wie bei den Asam-Brüdern. So auch jetzt während der Fahrt nach Rötz, wo heute abend eine bayerisch-böhmische Literaturrevue über die Bühne gehen soll. Josef Hrubý ist mit von der Partie. Ursula erzählt ihm, daß sie diese Abendstimmung – die Blaue Stunde – besonders liebe. Josef meint: In Tschechien heiße sie »die Stunde zwischen Hund

und Wolf«. Schöner Buchtitel eigentlich. (Und später lese ich dann, daß Jan Skácel ihn längst für eine Lyrikveröffentlichung verwendet hat. Und zwar Jahrzehnte vor Silke Scheuermanns gleichnamigem Roman hier bei uns.)

Auf den Ratschlag hin *Hör halt auf das, was deine innere Stimme sagt* kann ich lediglich antworten: Wenn die nur einmal endlich still wären, diese andauernden inneren Stimmen. Für mich gilt: Wenn ich nur endlich einmal auf eine äußere Stimme hören könnte.

Am Abend: Max Blaeulich im Radio ORF als Studiogast der Büchersendung »ex libris«, über seinen Roman »Kilimandscharo zwei Meter acht«. Gibt sich sehr weltmännisch und souverän im Interview, so vonwegen »komme gerade aus Paris«. Parliert über die Expeditionsliteratur der Afrikafahrer zu Anfang des frühen 20. Jahrhunderts. Dann die Frage des Redakteurs: »Waren Sie für Ihre Recherchen auch in Afrika?« Ohne einen Moment zu zögern sagt Max deutlich und klar: »Nein. Ich habe Angst vor Schlangen.« – Erinnere mich sofort wieder an einen Text, den er einmal für den »Passauer Pegasus« gegeben hat. Eine ganz seltsame – auch seltsam unausgegorene – Gruselgeschichte, die in einer Art Wüste spielt, und wo, wenn ich mich recht erinnere, die Frau des Ich-Erzählers von einer Schlange in ein Erdloch gezogen wird. Der Erzähler kriecht hinterher. Seine Entdeckungen sind – sagen wir es österreichisch – sehr, sehr grauslich.

Traum: Fahrt in einer Tramway (ich muß hier Tramway schreiben, weil es genau das war: eine TRAMWAY!), und zwar durch eine mir fremde, unheimliche Ostblockstadt. Woher ich weiß, daß es eine Ostblockstadt ist, weiß ich nicht. Vielleicht wegen der Tristesse, wie ich sie selbst erlebt habe, gleich bei den ersten Ostland-Fahrten 1990. Realsozialistische Plattenbauten, die jedenfalls sehe ich in meinem Traum. Je länger die Fahrt dauert, desto grauer wird es draußen. Ein Schneesturm setzt ein. So ungefähr wie in Stifters »Aus dem Bairischen Wald« (das ich gestern noch einmal las). Plötzlich entdecke ich Péter Esterházy als einen Fahrgast in der Tramway. Ich setze mich zu ihm, wir unterhalten uns angeregt. Während unseres Gesprächs wird die Tramway-Fahrt immer mehr eine Höllentour, und zwar eine, die in ein grau-finsteres Loch aus Schnee, Plattenbauten und mir völlig unverständlichen Straßenschildern führt, ich glaub, letztere sind polnisch (woher ich das weiß, weiß ich nicht). Ich frage Esterházy nach seiner Postadresse, ich möchte ihm nämlich etwas schicken (was, erinnere ich mich nicht mehr; wäre das wichtig?). Er notiert mir eine Straße in Wrocław auf. »Leben Sie jetzt in Polen?« frage ich ihn. »Ja, man hat mich hier engagiert als Fußballclown. Für die nächsten sieben Jahre.« (Man frage mich bitte nicht, was ein Fußballclown ist – Esterházy halt! – und auch nicht, warum ausgerechnet sieben Jahre. Träume halt!) Ich versuche, trotz des angeregten Gesprächs die Orientierung nicht zu verlieren – das heißt, dann müßte ich sie ja schon einmal gehabt haben, eine Orientierung, was aber nicht der Fall ist. Die vorbeihuschenden Straßen- und Stationsschilder verängstigen mich mehr und mehr. Schließlich springe ich auf und sage: »Hier muß ich aussteigen« – ohne zu wissen warum. Seltsamerweise steigt Esterhazý mit mir aus. Allerdings verschwindet er sehr schnell im Schneetreiben. Und ich stehe da, völlig verloren.

Alles, nur nie wieder Göppingen! (Allerdings war das Tagebuchschreiben im Hotel – aus Verzweiflung, reiner Verzweiflung! – äußerst erfreulich und ergiebig. Später tilge ich dann wieder alles, wie überhaupt das hier zu Lesende nur einen Bruchteil des tatsächlich Geschriebenen ausmacht. Das aber nur ins Nebenbei zweier zum Flüstern vor den Mund gehaltenen Handsicheln gesagt, denn nichts anderes sind ja Klammerzeichen. Hat schon Arno Schmidt bemerkt: Was in Klammern steht, ist hinter vorgehaltener Hand gesagt.)

»Manchmal träume ich vom Tag des Jüngsten Gerichts, an dem die großen Eroberer und Richter und Staatsmänner ihre Belohnungen empfangen – ihre Kronen, ihre Lorbeerkränze, ihre Namen unauslöschlich in unvergänglichen Marmor gemeißelt –, dann wird sich der Allmächtige zu Petrus wenden und wird, wenn er uns mit unseren Büchern unter dem Arm kommen sieht, nicht ohne einen gewissen Neid sagen, ›Sieh, diese brauchen keinen Lohn. Wir haben ihnen nichts zu geben. Sie haben das Lesen geliebt.‹« Das als Motto zum »Leser«-Buch. Es stammt von Virginia Woolf.

Max Blaeulich geht mir nicht aus dem Sinn. Und da meine ich mich zu erinnern, daß er mir bei jener Veranstaltung im Stifter-Verein vor Jahren erzählte – zu sehr vorgerückter Stunde –, daß er als Bub einmal von einer Kreuzotter gebissen worden sei. Das erklärt dann natürlich vieles, vor allem auch jene sofortige Antwort neulich, die wie die Zurückweisung einer ungeheuren Zumutung klang: Nach Afrika, zu den Schlangen! Niemals!!

Artikel in der »Welt« von Michael Rutschky, der auf der Pressekonferenz zur Präsentation des zweiten Bands von Helmut Kohls Autobiographie war. Die Journalistenkollegin neben ihm meint: »Der sieht tatsächlich aus wie die Dresdner Frauenkirche!«

Elfriede Jelinek: Hanns Wurm erzählt, immer wenn deren Name irgendwo Erwähnung finde, falle ihm eine Episode aus seiner Kindheit ein. Da habe es in Weiden eine recht g'spinnerte, stets etwas seltsam, nämlich für Weiden unpassend fürnehm gewandete Dame gegeben, die im Stellmacherhäusl gewohnt habe. Wenn die sich auf der Straße gezeigt habe, hätten ihr die Kinder jedes Mal hinterhergerufen: »Berlin, Berlin!« – In Jelineks Fall würde es natürlich heißen: »Stockholm, Stockholm!« Und jeder wüßte Bescheid.

Konferenz in Tunis über Fragen der »Weltordnung« des Internets. Größtenteils wohlfeile Sonntagsreden wie die von Kofi Annan, daß die ganze Menschheit möglichst umfassend und schnell ans Netz kommen müsse. Wie nebenbei dann die statistische Mitteilung, daß die Hälfte der Weltbevölkerung in ihrem Leben noch nicht einmal ein Telefongespräch geführt hat.

Zwei Buben, die plötzlich nachmittags vor unserer Haustüre stehen, empfangen und hereingebeten von Ursula. Sie sind von der Mutter des einen geschickt worden, um ein Buch von mir zu kaufen. Trauen sich anscheinend nur zu zweit in das Haus des Schriftstellers. Schauen sich, unsicher und beim Spezl Schutz suchend, dauernd gegenseitig an. Vor allem wenn es gilt, unsere Fragen zu beantworten: Auf welche Schule sie denn gingen, was sie einmal werden wollten etc. Jetzt sitzen sie bei uns in der Küche, in ihren Parkas, schwitzen, verstecken den Kopf zwischen hochgezogenen Schultern, der eine knetet ununterbrochen in seinen Händen die Wollmütze, die er brav wie ein Meßdiener gleich an der Haustüre abgenommen hat. Der andere sagt: Lastwagenfahrer. Das wolle er werden. Ein noch größerer Traum wäre ja Kranführer. Aber ob er es so weit schaffe – soweit hinauf, muß man in diesem Fall wohl sagen –, sei ungewiß. Mit »Bäichln« könne er eher nichts anfangen, das Lernen in der Schule mag er gar nicht. Augenblicklich steht es mir vor Augen: Genauso ein Bild hab ich als Elf-, Zwölfjähriger auch abgegeben. Sträubte mich mit Händen und Füßen, wie meine älteren Geschwister aufs Gymnasium gehen zu müssen, hatte ja ihr warnendes Beispiel, was das bedeutet – nachmittage-langes Pauken nämlich! –, tagtäglich vor Augen. Nein, genauso wie die zwei durch die Straßen stromern, das war mir damals das Höchste. Auch ich damals immer im Parka und in ledernen Kniebundhosen, deren Knie Löcher hatten, unter anderem von den vielen »Hechterern«, die ich als Torwart zwischen den Teppichstangen im Garten machen mußte, und immer landete man auf den Knien. Auch für mich waren Lastwagenfahrer Helden, und sind sie es denn auch nicht, wenn man ihnen zuschaut, wie sie ihre ächzenden, Hydraulik-Luftzischer schnaubenden Ungetüme rückwärts in eine Baustelleneinfahrt hineinzusteuern wissen? Nichts konnte mich so faszinieren wie tagelang dem Geschehen auf einer Baustelle zuzuschauen. Und die Kranführer erst, wenn sie durch das Eisengestänge hindurch in die schwindelnden Höhen zu ihren Kabinen hinaufkletterten … Tja, und heut' bin ich einer, der all seine Tage am Schreibtisch versitzt. Wie war es nur möglich, daß aus dem jungen Straßenhund, immer tollend und rennend, so ein Dachkammerlhocker geworden ist? Jedenfalls: einen Besuch bei einem Schriftsteller, so wie die beiden, hab ich nie erlebt. – Ursula und ich, wir bemerken genau, wie sie wittern, die beiden, wie sich ihre Köpfe langsam zwischen den hochgeschobenen Schultern herausschrauben und umschauen, hinüber ins andere Zimmer, das voller Bücher steht. Als sie dann gegangen sind, brauchen wir kein Wort zu sagen, Ursula und ich, wir schauen uns nur an und wissen: Das war jetzt ein Moment der Epiphanie! (Oder auch: ein Bild vom Landleben.)

In einer Ortschaft in der Mancha, deren Name ich mich genau erinnere, gab es einen Leser, der war in seinem früheren Leben einmal Ritter gewesen. Zahlreich waren die Abenteuer, die er bestanden hatte. So hatte er mit Riesen gekämpft und mit Zauberern, welche, getarnt hinter schwarzen Sonnenbrillen und halbverdeckt von Sonnenschirmen, auf Dromedaren dahergeritten gekommen waren. Auch befreite er zu Unrecht Gefangene und zwang einen Löwen im Zweikampf in den Staub. Seither hieß er der Löwenritter.

Nun aber war er alt geworden und die Knochen taten ihm weh. Er suchte nach einer stilleren Beschäftigung, als es Raufhändel mit Wegelagerern und Sittenstrolchen in der weiten wüsten Mancha sind. Und er entdeckte das Lesen. Obbesagter Junker verkaufte Koller und Tartsche, Zügel und Speer, ja sogar sein altes Streitroß Rosinante (an den Abdecker) und besorgte sich von dem Erlös Bücher. Bücher und nichts als Bücher. Bald war sein ganzes Ritterschloß bis unter die Decke damit angefüllt. Er verkaufte sogar noch die Möbel und stapelte die Bücher zu einem Bett, zu einem Tisch, zu einem Sessel auf. Am liebsten las er solche Sachen über Schriftsteller. Die Klarheit ihrer Prosa, die verwickelten Redensarten, die sie anwendeten, gefielen ihm über die Maßen. Er las in den Nächten vom Zwielicht bis zum Zwielicht und am Tage von der Dämmerung bis zur Dämmerung. Bis ihm schließlich das Hirn eingetrocknet war und er anfing zu glauben, er sei kein Ritter mehr, sondern selber ein Dichter. Und so begann er sein eigenes Buch zu schreiben, *Miguel de Cervantes oder Der Autor von der traurigen Gestalt.* Es sollte ein Welterfolg werden, ein mehr oder minder unerklärlicher. Kommentatoren späterer Jahrhunderte jedenfalls schrieben: »Wir haben es hier mit dem typischen Fall eines unendlich tief unter seinem Werk stehenden Autors zu tun und wir hegen den Verdacht, daß der Ritter aus der Mancha starb, ohne im geringsten die Tragweite seines *Cervantes* erfaßt zu haben.«

Die vergangenen zwei Wochen unterwegs auf Lesereise zu 20 Berufs- und Wirtschaftsschulen der Oberpfalz – betreut und organisiert von Josef Weilhammer, Berufsschullehrer aus Weiden. Barbara Krohn, die das bereits vergangenes Jahr hinter sich gebracht hatte, warnte mich, das würde eine Knochentour werden. Seit mir der Terminplan bekannt war, schwante mir auch warum: drei Schulen an einem Tag, minimale Zeit, um von der einen zur anderen zu hetzen, gehetzt zu werden von bereitstehenden Chauffeuren, denn, wie gesagt, alles war bestens vorbereitet von Josef Weilhammer. Tage, die schon um 4:30 Uhr beginnen würden, damit ich überhaupt rumkäme.
Ich nahm mir vor, eine Art Tour-Tagebuch dieser Reise zu führen, allein um nicht völlig unterzugehen im Strudel der wirbelnden Termine, auf den Knien gewissermaßen würde ich es führen, dieses Tagebuch, nämlich während der Zug- und Busfahrten, abends im Hotel, denn einmal war auch eine Übernachtung in Regensburg mit dabei, weit draußen in Prüfening, am Ufer der Donau, in dem sehr unwirtlichen Gästehaus der Deutschen Bundesbahn, eine Nacht wie in einem von der Erde sehr weit entfernten Raumschiff. Da blieb mir gar nichts anderes übrig, als mich ins Tagebuch zu flüchten. Dort steht also jetzt folgendes:

Mo., 21. 11., um 4:30 Uhr aufgestanden, um rechtzeitig um halb acht in Weiden zu sein, so nämlich sehen die Zugverbindungen hier bei uns im Grenzland aus, drei Stunden für 80 Kilometer. Als ich zum Waldmünchner Sackbahnhof komme, fährt gerade der Zug ein, der von hier aus seine Fahrt beginnen soll. Über der Zugführerkanzel zeigt die Fahrzielanzeige »Plzeň« an! Sitz ich im falschen Traumzug, oder was?!

Meine Konfusion, wo ich mich eigentlich befinde, nimmt noch zu, als in »Geigant« erste Fahrgäste zusteigen. Ein Mädchen mit kreisrundem Mongolengesicht, wenn sie lacht – und sie lacht viel an diesem frühen Morgen – verengen sich ihre Augen zu Schlitzen. Ganz offensichtlich eine Oberpfälzerin … aber mit welchen Vorfahren aus welchen Vorzeiten? – Vielleicht sitze ich doch nicht im Zug von Waldmünchen nach Cham, sondern von Dalan-Dzadagad nach Plzeň!

Die Stille in den Morgenzügen, kaum ein Gespräch, eingeknickte, schlummernde Gestalten.

Die halbwüchsigen Bürscherl in ihren Rapper-Kapuzen-Sweat-Shirts, sie kommen mir auf einmal vor wie junge Mönche in ihren Kutten, und das raunzige Ich-will-aber-noch-schlafen-Hineingedrücke in die Zugsitze ist ihre Form der Morgenandacht, die »Prim« ihres Stundenbuches.

Die Lesungen beginnen für gewöhnlich mit sehr unbeholfenen, weil offensichtlich überhaupt nicht vorbereiteten »Einführungsworten« irgendeines Deutschlehrers, in denen garantiert der Ausdruck »Dichterlesung« fällt, den ich schon nach dem zweiten Tag nicht mehr hören kann. Wenn in meiner Gegenwart noch einmal jemand »Dichterlesung« sagt, könnte es passieren, daß ich einen Schreikrampf bekomme. Der Lehrer eben bemühte sich unverkennbar und meinte zu den Schülern, allerdings ganz ohne Ironie und eher feierlich, »Herr Setzwein wird Euch jetzt aus seinen geistigen Schriften vorlesen«. Die Mechatroniker- und Schlosserlehrlinge schauen mich mit großen Augen an. Anschließend in der Fragerunde sprechen sie – mir kommt es vor: wie zum Trotz ihrem Lehrer gegenüber – in besonders breitem Dialekt immer nur von »dene Bäichln«, die ich schreibe. Nix geistige Schriften. Bäichln. Wie schreibt man das? Jedenfalls mit einem Bäh! am Anfang: Bäh-äichln!! Einer fragt: »Wäi mochan Se dees, daß Sie Eahnane Bäichln do vakaffa?«

Der alte Mann in der überfüllten Regionalbahn, der seinen Kopf mit einer vor die Augen gehaltenen Hand stützt, immer wieder kurz aufschaut, die vielen Menschen sieht, und gleich wieder die Hand vors Gesicht legt. Er sieht dabei aus wie ein Pfarrer, nein genauer noch: wie der greise Karel Wojtyla, von dem gibt es auch solche Bilder, knieend vor einer Altarbalustrade. (Im Zug von Sulzbach nach Schwandorf)

Nach drei Tagen weiß ich schon, wer hier regelmäßig mit dem Morgenzug fährt. Und auch, was die größte Strafe für einen alternden Autor, Verfasser sogenannter geistiger Schriften, ist, nämlich ihn auf eine solche Lesereise zu schicken, bei der er gezwungen ist, allmorgendlich im Zugwaggon den herrlichsten Haarschöpfen hinterher fahren zu müssen und gar nicht, nicht einmal ein klein bißchen, an den Haarspangen zupfen zu dürfen, um jene vogelnesthohen Lockenwuschel zum Zusammenstürzen und Auseinanderfließen zu bringen.

Immer wieder dieselbe Beobachtung: Einer der Schüler stellt eine Frage, und kaum hat er sie gestellt, wird er von den Umsitzenden angesprochen, angerempelt, gehänselt, ich weiß und sehe nicht genau, was da abläuft, jedenfalls die Antwort interessiert überhaupt nicht mehr und keiner hört mir mehr zu, das Fragen allein schon, genauer: das Sich-eine-Frage-stellen-Trauen ist ihnen schon Sensation genug.

Drehe den Spieß um und frage die Schüler, was sie denn so läsen … für gewöhnlich. Immer wieder sind es diese notorischen Fantasy-Schinken. Harry Potter und dergleichen. Oder es kommt umgekehrt die Frage, »schreiben Sie auch noch was anderes, so fantasy-mäßig zum Beispiel«. Wenn ich dann zu erklären versuche, daß mich das überhaupt völlig kalt läßt, als Schreiber wie als Leser, schauen sie mich mit großen Augen unverständig an. – Heute bei Handke mal wieder die richtige Antwort … das richtige Herausgeben auf solche Anwürfe hin gefunden (fürchte nur, auch das würden sie nicht verstehen): »Alle Lektüre hat keinen Sinn, wenn sie nicht die Tagtäglichkeit lehrt (das ruhige Erleben der Tagtäglichkeit).« – Tja, sie lesen, wenn überhaupt, ja gerade aus dem gegenteiligen Grund: Alles Tagtägliche zu vergessen, zu verdrängen. Wie sollen wir da zusammenkommen?

Ich lese vor einem Heer von Schülern, es dürften so um die 150 sein, und sie verschmelzen vor meinen Augen zu einer Figurengruppe ähnlich den sieben schlafenden Brüdern von Ephesos, beziehungsweise: die 150 bestehen aus lauter kleineren Ephesosgruppen. Ich sehe, wie sie sich gegenseitig betten und lagern, Mädchen legen den Kopf auf die Schulter ihres Nebenmannes, andere schlafen vornüber gebeugt über ihren verschränkten Armen. Während der Lesung selbst habe ich mit einer aufkommenden Wut zu kämpfen, daß ich nicht aufspringe und sie anschreie: Ihr schläfriges, uninteressiertes Pack, jetzt wacht endlich einmal auf und hört zu! Aber jetzt, im Moment des Aufschreibens (noch am gleichen Abend) das warme Gefühl des Einverständnisses über dies schöne Bild: Du liest und die jungen Menschen liegen dir schlafend zu Füßen. Du träufelst es ihnen im Schlaf ein. (Ich stelle mir vor, dies alles irgendwann einmal jungen Menschen vorzulesen und sie erbleichen zu sehen in dem Moment, in dem sie merken, da hat sie jetzt jemand erkannt. Frommer Wunsch.)

Ihr gerade einmal halbstarken, zigarettenbürschelnden Spucker an der Bahnsteigkante: Es müßte ein Gesetz geben, das euch zwingt, all euer Gespeibe, das ihr so absichtsvoll, so demonstrativ zwischen den Zahnlücken herausspritzen laßt, wieder vom Boden aufzuschlecken.

Auch beliebte Einführungsworte der mich jeweils vorstellenden Lehrer: Herr Setzwein wird jetzt hier für Euch eine … natürlich, da ist es wieder, das Wort: eine Dichterlesung durchführen. Plötzlich fällt mir auf: »Dichterlesung durchführen«. Das muß sich ja für Schüler anhören wie eine Drohung. Ungefähr so, als ob es hieße: Herr Setzwein wird jetzt gleich eine Darmspiegelung durchführen.

In Sulzbach-Rosenberg: quälende Veranstaltung. Sie, die Schüler, glotzen mich an, ich glotze, wahrscheinlich, genau so blöd zurück. Es kommt keinerlei Frage. Ich weiß ehrlich nicht mehr weiter. Bin zermürbt von den … ich weiß schon nicht mehr, dreitausendsiebenhundertundfünf Lesungen die Tage zuvor. In meiner Not sage ich, ich werde jetzt einfach noch weiterlesen. Was ich auch tue. Ein kleines unbedeutendes Stück. Kaum bin ich damit fertig, fängt einer der Schüler an, mit dem Finger zu schnippen, stellt eine Frage nach der anderen. Während ich die eine beantworte, hat er den Finger schon wieder oben für die nächste. Was ist jetzt passiert? Welcher Knoten ist da plötzlich aufgesprungen? – Das Schwierigste an diesem ganzen Job ist: Da darfst es nie auf dich beziehen. Diese Lethargie und dieses manchmal deprimierende Desinteresse, es hat nichts mit dir und dem, was du vorliest, zu tun. Und vor allem: Es kann sich plötzlich ändern. (Das war das Ende der Lesereise.)

Im Amazonasgebiet gibt es ein urzeitlich lebendes Volk, von dem behauptet wird, dort stürbe niemand eines natürlichen Todes, sondern alle brächten sich früher oder später selbst um. Und zwar mit einem pflanzlichen Gift, das sie auch für ihre Pfeile verwenden. Hintergrund dieser Praxis, so erzählt ein Missionar, sei die Vorstellung, daß noch ein besseres Leben auf uns warte und eigentlich jeder gerne dorthin möchte. Daher auch eine Art ritualisierte Trauerfeier bei der Geburt eines Menschen und ein Freudenfest bei dessen Selbstentleibung. – Ich glaube, irgendwann werden moderne Gesellschaften genau dort wieder landen, bei der Selbst-aus-der-Welt-Schaffung der Naturvölker. Die ganzen Sterbehilfedebatten machen sich schon auf in diese Richtung.

Liege auf einem Vierbettzimmer im Further Krankenhaus und habe das Herausoperieren der Schilddrüse hinter mir. Eine Zeitlang denke ich, das hat man mir zum Fleiß angetan (bis auf dieses gibt es nur Doppelzimmer im Krankenhaus). »Damit da Herr Schriftsteller amoi wos anders kennalernt.« Das allerdings ist auch gründlich der Fall. Mit mir auf dem Zimmer: »Fonse«, also Alfons, Krampfadern, 75 Jahre, Typ Luis Trenker, zach und sehnig wie nur je einer, im Grunde der gesündeste von uns allen, Blutdruck immer 110 zu 70, dreht sich um sieben Uhr abends auf die Seite und schnarcht durch bis morgens früh um fünf. Das ist seine Zeit, wie wir später von der ihn besuchenden Tochter erfahren, wo er daheim immer aufsteht, um den Kachelofen einzuschüren. Gestern, am Tag nach seiner OP, scheint er genau dies auch im Sinn gehabt zu haben, jedenfalls stand er schlaftrunken um fünf auf und wollte durch die Toilettentür hinaus, allerdings hatte er vergessen, daß er noch immer an der Infusionsnadel hing, hätt' er halt beinahe das Krankenbett mit sich hinterhergeschleift, wenn es sich nicht im Türrahmen gespreizt hätte (ich übertreib … aber nicht sehr).
Außerdem: zwei Kreuzbandl, beide Hans, wobei sich der eine, Zimmerer aus Arnschwang, als ein Spitzbub und Springginkerl sondersgleichen entpuppt. Ein Mundwerk, wie man es sonst nur auf dem Theater und zwar in der Sorte derbster Bauernstückln erleben kann. Duzt ausnahmslos jeden. Wenn der Chefarzt im grünen Operationskittel zur Tür hereinkommt, schallt ihm ein »und, hobdz eia Schlachthaus scho wieda zsammgwischt?« entgegen. Die Krankenschwestern sind für ihn sowieso Freiwild und müssen schon eine bewunderswerte Schlagfertigkeit haben, um sich seiner zu erwehren. Im übrigen eine Roßnatur, wie ich sie zum letzten Mal vor über 20 Jahren in Gaißach erlebt hab', wo es während meines Zivildienstes ein ähnliches bayerisches Urviech gab. Jedenfalls: Während ich an den Montag, meinen OP-Tag, nur noch die Erinnerung habe,

daß es mir bis in die Nacht hinein hundsmiserabel ging, mit Speiben und Schlechtsein, erlebte ich, einigermaßen wieder bei Sinnen, am Tag darauf, wie ein Arnschwanger so etwas wegsteckt. Quietschfidel kam er vom OP herauf, nicht grad auf den eigenen Beinen, aber hereingeschoben in seinem Bett von den Schwestern mit hochgerecktem Arm und dem Ruf: »Ihr derfz applaudiern!« Zufällig kam eine andere Schwester vorbei, die Kaffee an uns andere austeilen sollte und anscheinend nicht wußte, daß unser Hans frisch operiert war. Jedenfalls bestellte er sich ein Haferl (»gebtz amoi an Kafää hea!«), bekam ihn und schüttete ihn hinunter, eine halbe Stunde nach seiner OP. Dabei unablässiges Sprücheklopfen. Manchmal kippte ihm kurz der Kopf nach hinten, er schnorchelte zwei Minuten, kam jedoch eine Schwester zur Tür herein, saß er gleich wieder aufrecht in seinem Bett und baggerte sie an.
Die Welt, aus der so ein Hans kommt, ist für mich ein Parallel-universum. Mein Blutdruck spielt völlig verrückt. Ärzte und Schwestern wissen nicht recht, was sie dagegen tun sollen. Einmal sagt ein Arzt draußen auf dem Gang zu mir, daheim wird er schon wieder. »Sie sind so etwas halt nicht gewohnt.« Da hat er wohl recht. Höre ich da übrigens Schadenfreude heraus?

Das andere Kreuzbandl – wie gesagt, auch ein Hans – erzählt mir, daß er Angler sei. Und wie er einmal einen Aal aus dem Regen gezogen habe. Lebendig mit heim genommen im Eimer, um dort seinen seltenen Fang – so etwas sei ihm bisher erst einmal gelungen – herumzuzeigen. Als er den Deckel vom Eimer hob, schnellte der Aal heraus. Und dann wie eine Schlange über den Fußboden der Wohnung. Er sagt noch, nichts sei schwieriger, als einen Aal umzubringen. Hinaufhauen reicht nicht. Du mußt ihm gleich den Kopf abschneiden. Was gar nicht einfach ist, weil er so glitscht.

Als wir alle am Mittag entlassen werden, fragen mich die anderen noch, ob ich jetzt ein Buch schreiben werde über sie. Könnt gut sein, schmunzle ich. Und wie das dann heißen würde. »Im Tollhaus«, sag' ich.

Seit gestern wieder daheim vom Krankenhaus. Hubert Ettl ruft an. Mein erster Satz: »Jetzt hab' ich es halt doch überlebt.« Ich hatte ihm noch zwei Tage vor Einlieferung eine CD-Rom geschickt, auf der all jene Textfragmente abgespeichert waren, die so weit gediehen sind, »daß man ungefähr absehen kann, was es werden sollte«, wie ich ihm dazu schrieb. Auch das Tagwerk natürlich dabei. Ich sicherte die Dateien mit einem Paßwort, das ich ihm nicht mitteilte. Falls ich aus dem Krankenhaus nicht mehr heimkommen sollte, würde er das Paßwort von Ursula erfahren. Alles andere läge dann in seiner Hand. Das hat ihm natürlich gefallen, dieser Vertrauensbeweis. War aber auch, muß ich sagen, nicht der Hauch einer Frage in den Tagen, da ich mir diese Vorgehensweise – im Grunde die Erstellung meines Testaments – überlegte: Wenn jetzt Schluß wäre, wem würdest du dann diese angefangenen Sachen überantworten wollen?, fragte ich mich. Da gab es, ohne langes Überlegen, nur eine Antwort: Hubert natürlich. Und jetzt, da es weitergeht, gibt es im Grunde, auch nach den Erfahrungen mit Forcher vom Haymon Verlag, nur noch diese Frage: Wenn die Antwort so klar »Hubert« heißt, für den Fall, daß ich tot wäre, warum soll sie dann noch schwer zu beantworten sein für den Fall, daß ich weiterleb'? Blöd eigentlich!

Todesanzeigen in der Lokalzeitung: Unter dem Namen eines Verstorbenen steht: »Jahrelang Bierfahrer aus Drachselsried«. Auch das ein Bild vom Landleben. Bei mir können sie mal schreiben: »Fuhr jahrelang Wörter aus.«

In der DDR hieß der Weihnachtsengel »geflügelter Jahresendanzeiger weiblichen Geschlechts«. (Dieses habe ich am 18. Dezember in der Zeitung gefunden … Jens allerdings behauptet, das sei kompletter Unsinn, niemand habe sich so ausgedrückt.)

Ich weiß genau, was ich auf meinem Grabstein stehen haben will (und bitte folglich auch darum):

AUS
EPFE
AMEN

Mehr nicht. Das genügt. Schon der Name ist genau genommen überflüssig. Seine Erwähnung ist nicht wünschenswert.

Gestern noch in Kempowskis Tagebuch »Alkor« gelesen, daß der seine Poetikvorlesung in Essen seinerzeit vor sieben Zuhörern gehalten habe. Da war er aber längst schon ein Autor mit Millionenauflage. Das tröstet mich fast schon wieder etwas über meine Bamberger Erfahrungen hinweg vom Frühjahr letzten Jahres. War wieder darin erinnert, weil mir Hans-Peter Ecker schrieb, daß es jetzt vielleicht doch noch zu einer Publikation des Textes der Poetikvorlesung komme. Das wär mir sehr recht. Hatte mir nämlich wer weiß was für eine Arbeit damit gemacht, und das Ergebnis nenne ich, in aller Unbescheidenheit, literarisch wertvoll. Zwar saßen mehr als sieben Zuhörer im Auditorium, bei der Eröffnungsveranstaltung der vierteiligen Vorlesungsreihe waren es vielleicht siebzig, aber insgesamt doch sehr ernüchternd. Vor allem auch das begleitende Hauptseminar, das Hans-Peter anbot. Erstens nur sehr locker besetzt und

zweitens von einer schläfrigen Lethargie seitens der Studenten, die selbst Hans-Peter erboste. Anfänglich hatte er ja mit mir noch die Möglichkeit einer Exkursion besprochen, daß wir zum Beispiel alle miteinander Schauplätze des Romans, der »Grünen Jungfer« nämlich, aufsuchen könnten. Nach den ersten beiden Seminarsitzungen ließ Hans-Peter diesen Plan aber schnell fallen, indem er sagte: »Das haben die gar nicht verdient.« Weiß nicht, woran es lag, daß kein Funke übersprang. Ob denen meine Welt so unverständlich war, diese osteuropäische? Aber es ging ja nicht nur darum. Es stand ja das Gesamt-Œuvre auf dem Stundenplan. Doch nichts scheint sie interessiert zu haben. War recht deprimiert deswegen, letztes Jahr.
Dieses Jahr war Uwe Timm dran. Hans-Peter teilte mir im Frühjahr mit, bei ihm seien Vorlesungen und Seminar brechend voll, die Qualität seines Vortrags allerdings Lichtjahre von meinem entfernt gewesen. Das Jahr vor mir war Alfred Muschg dran, der stellte sich ohne jegliches Manuskript und anscheinend auch ohne jegliche Vorbereitung einfach an den Katheder und schwafelte »aus der Lamäng« los. Ich meine, muß man auch erst einmal können, aber trotzdem: eigentlich eine Frechheit. Immerhin gab's 5000 Euro für die vier Vorlesungen. Aber das ist für solche Herren nur eine bessere Auslagenerstattung, für die sich hinzusetzen und etwas aufzuschreiben sie wohl als Zumutung empfinden.

Über die Feiertage sehr schöne TV-Dokumentation über Winterarbeiten bei Südtiroler Bergbauern. Zum Beispiel Korbflechten oder das Herstellen von Heustricken aus schmalen Lederstreifen, die aus einer gegerbten Rindshaut herausgeschnitten wurden. Eine fingerzerschindende Sauarbeit. Aber ganz ruhig und bedächtig ausgeführt von sehnigen, alten Männern, die wie aus einer anderen Welt herzukommen scheinen, mit ihren hageren Schnauzbartgesichtern unter zerknautschten Filzhütln. Und das ist sie ja auch: eine andere Welt. Diese niedrigen Holzstuben in den völlig eingeschneiten Bergbauernhöfen. Überall haben sie noch ihre Kachelöfen, umlaufend eine Ofenbank, darüber die hölzernen Pritschen zum Schlafen und Ausruhen. Auf einer dieser Pritschen liegt ein Bub, 10, 12 Jahre alt. Verborgen, wie er glaubt, beobachtet er von dort oben das Geschehen in der Stube, das Treiben der Fernsehleute. Als sie ihn ansprechen und ihm eine Frage stellen, versteckt er sich ganz g'schaamig hinter dem Holzpfosten der Pritsche. Mir geht das Herz auf! Wo gibt es denn so etwas noch: ein angesichts von Fernsehkameraobjektiven g'schaamiges Kind? Überall, auf der ganzen Welt, im Amazonas-Urwald und in indischen Slums, im afrikanischen Busch und bei den Eskimos: schlichtweg überall kennen sie dieses Welt-Auge schon und vor allem: wissen wie man sich vor ihm aufzuführen hat, plärrend nämlich, aufmerksamkeits-fordernd und hand-wedelnd, überall wollen sie von diesem Welt-Auge wahrgenommen werden, nur dieser Bub in Südtirol hatte noch den richtigen uralten Instinkt: bloß schnell verstecken vor diesem Glasaugenblick, damit er einen ja nicht berührt. Unser aller Hoffnung kann eigentlich nur bei solchen wie diesem Südtiroler Bergbauernbub liegen! Das sage ich, obwohl man mich jetzt für hoffnungslos rückwärtsgewandt halten wird.

Hochgebirgsschriftsteller gibt es viele, von Ludwig Hohl über John Knittel bis Christoph Ransmayr. Wo aber sind die Mittelgebirgsschriftsteller? Von der Wense scheint da ziemlich allein auf hügelig geschwungener Flur zu sein. (Und natürlich bin ich selber einer. Ja, das scheint mir sogar die ziemlich einzig zutreffende Rubrizierung für mich zu sein: Setzwein, der Mittelgebirgsschriftsteller!)

In Buenos Aires gab es eine Leserin, die wählte ihre Reiselektüre nach dem strengen Grundsatz aus: Nicht jedes Buch paßt zu jeder Reise. Das besondere am Lesen auf Reisen ist ja, daß man dabei beobachtet wird. Man stellt sich geradezu aus. Das Deck eines Kreuzfahrtschiffes, das Coupé eines Reisezuges, der Wartesaal eines Provinzbahnhofes sind nichts anderes als Bühnen, auf denen man sich in der Rolle der Lesenden präsentiert. Und immer wird man dabei verstohlen aus Augenwinkeln heraus beobachtet.

Die Wahl der Reiselektüre sollte daher mit größter Bedachtsamkeit getroffen werden. Ein Herr beispielsweise, der in Graubünden mit der schnaufenden Bergbahn über Viadukte und Serpentinen durch die Bergwelt zu kraxeln beabsichtigt, sollte vielleicht ein Ingenieurshandbuch über den Bau des Assuan-Staudammes dabei haben. Für das Töchterlein eines Hochschulprofessors aus Oxford ziemt sich eine in das Leder griechischer Bergziegen gebundene Luxusausgabe der Oden der Dichterin Sappho, aber auch nur dann, wenn sie sich gerade in Begleitung ihrer Frau Mama in einer Rikscha durch die von Leuchtreklamen hell erleuchteten Straßenfluchten von Hongkong kutschieren läßt. Bei einer Fahrt mit einem Schaufelraddampfer auf dem Amazonas, auf dem hübschen Köpfchen der Professorentochter ein Tropenexpeditionshelm, verhält es sich schon wieder ganz anders. Zu Tropenhelm paßt eigentlich nur Lady Chatterley, wobei alles auf das Alter des Töchterchens ankommt. Gesetzt den Fall, daß sie noch jünger ist, könnte diese Lektüre bei den anderen Reisenden als allzu verrucht gelten; nähert sie sich jedoch bereits dem heiratsfähigen Alter, macht gerade diese Lektüre auf jüngere Herren nicht zu unterschätzenden Eindruck.

Im Pendlerbus, der die Stahlarbeiter von Kattowice allmorgendlich an ihren Arbeitsplatz bringt, sollte sich, wenn überhaupt, ein Lesender nur mit einem am Kiosk des Busbahnhofes erworbenen Heftchenroman sehen lassen. Oder einem sehr zerschlissenen, von Maschinenölflecken über und über besudelten Schundbuch über die Untaten von Jack the Ripper. Was passieren würde, wenn ein solcher Malocher eines Morgens aus seiner Tasche, aus der der Hals einer Thermosflasche herausschaut, ein Exemplar von Friedrich Nietzsches Dithyramben hervorzöge, ist, glaube ich, überhaupt noch nie und von niemandem ausprobiert worden. Eher vorstellbar dagegen ist es, daß sich die Lippen eines solchen Kattowicer Stahlwerkers unter seinem hängenden Walroßschnauzer leise zu bewegen beginnen, indem sie aus einem in seiner Faust verschwindenden Büchlein mit um den Buchrücken herum zurückgebogenen Seiten Verse zu buchstabieren beginnen. Verse eines walisischen Trunkenboldes und Krawallmachers, die den umsitzenden Arbeitskollegen, die von den Stößen des schlagloch-geschüttelten Busses zurück in den Schlaf gewiegt wurden, leise und unerkannt in die Ohren schleichen: »... Der Regen, Hagel aufs Vlies, wie der Talgrund reitet / Durch die Heugoldställe, wie der Tau fällt auf den wind- / Gemahlenen Staub des Apfelbaums ...«

In der Business-Class eines Interkontinentalfluges wählt der ganz besonders kundige männliche Leser eine vor allem bei der neben ihm sitzenden Damenwelt Eindruck machende Kombination: Er beginnt nämlich seine Reiselektüre mit den Erinnerungen des Börsengurus Kostolany, wechselt dann aber – mit einem leisen Seufzer der Ermattung und des Gelangweiltseins, bei gleichzeitiger Lockerung des Krawattenknotens – zu dem schmalen Büchlein eines Erleuchteten mit Millionenauflage, der in seinem früheren Leben ein hochbezahlter Manager der IT-Branche gewesen sein soll – jedenfalls konnte man dies in sämtlichen Lifestyle-Magazinen dieser Welt nachlesen. Zehn Jahre lang soll er ungeklärterweise wie vom Erdboden verschluckt gewesen sein, später wurde bekannt, er habe sich in ein hinduistisches Bergkloster, in dem absolutes Schweigegebot herrsche, zurückgezogen. Seitdem er wieder aufgetaucht ist, übrigens gekleidet wie ein Anden-Indio in einen Poncho, den er auch bei seinen zahlreichen Buchmessen-Auftritten niemals ablegt, lebt er in einem winzigen Steinhaus in den Pyrenäen, ohne Strom und Wasser. Dort schreibt er, an einem Laptop, wie die zahlreichen Fotos der Lifestyle-Magazine belegen, seine Bücher. Der erfahrene Mann von Welt und weitgereiste Leser wird eines dieser Bücher stets griffbereit in seiner Aktentasche halten, bei Gelegenheit hervorziehen und beginnen, darin zu lesen. Er hält es dabei so, daß es der neben ihm sitzenden Damenwelt ein leichtes ist, Titel und Verfassernamen zu erhaschen. Es wird keine zwei Seiten dauern und die eben noch streng in ihren Hosenanzug verschlossene Damenwelt wird sich ihm zuneigen, wird mit ihren überaus apart lackierten Fingernägeln gegen das Buchcover tippen und säuseln: »Finden Sie nicht auch, man ist gleich in einer ganz anderen Welt ... mit ihm?« Und schon hat der Mann von Geschäftswelt gewonnen.

Es gibt eine Sprache, die »Wepsisch« heißt. Wird gesprochen von den Wepsen, einem gerade einmal 15.000 Menschen ausmachenden Kleinvolk ostsee-finnischen Ursprungs, das heute in Nordwest-Rußland lebt. Ob es eine Wepsen-Literatur gibt? Und eine wepsische Literaturwissenschaft?

2006

Schriftsteller reden Gestank, heißt es bei Franz Kafka. Und es gibt Autoren, die – weil sie wissen, daß ihre Sätze stinken – es machen, wie die französischen Könige des 17. Jahrhunderts: Statt sich zu waschen, parfümieren und pudern sie sich und ihre Sätze ein, bis alle Gerüche miteinander einen solchen Brodem ergeben, daß man einen Würgereiz nur mühsam unterdrücken kann. Man rieche zum Beispiel nur einmal in Thomas Manns Prosa hinein. Und nicht ganz zu unrecht wurde ja auch bemerkt, Heimito von Doderers Romane röchen stets leicht nach dem Lavendelparfüm alter Damen. – Dann lieber gleich reinen Gestank!

Warum habe ich jetzt das Jahr schon wieder mit einer Bosheit beginnen müssen? Ich hab mir doch alle Bosheiten verboten. (Ganze Schüppel voll Seiten mit Bosheiten aus diesem Tagwerk weggeworfen …)

Meinungskampf: Auch diesen Dienst mit einer Waffe verweigere ich.

Immer wieder das Bild der Schwiegermutter, die auf anrührende Weise so gar nicht weltgewandt war, wie sie einmal bei einer der ersten Urlaubsreisen in den Süden Anfang der 60er Jahre orientierungslos, so wird erzählt, durch die große, fremde Stadt irrte und schließlich in ihrer Verzweiflung einen Wachtmeister aufhielt, um ihn zu fragen: »Entschuldigen Sie bitte, aber Sie wissen auch nicht, wohin ich will?«

Ja, das rührt mich an und schließt den betreffenden Menschen sogleich in mein Herz ein, wenn der sich bewahrt hat

– was heutzutage gar nicht einfach ist –, *nicht* weltgewandt zu sein. Weltgewandtheit kann nämlich auch zu einer Art von Blindheit werden … ja, schlimmer noch: zu einer Art von Verderbtheit.

Das ist mir ein rechter Jahresbeginn: Per Handschlag und mit anstoßenden Biergläsern (zum Bigosch) haben Hubert und ich im Beisein und unter freudiger Zustimmung der Frauen (Elisabeth betont, daß sie Mitverlegerin sei nach dem Erwerb einiger Gesellschaftsanteile) beschlossen, in Zukunft ein Team sein zu wollen, ein Autor-Verleger-Gespann, ein niederbayerisches Ochsen-Fuhrwerk (nur mehr schwer aufzuhalten, wenn wir erst einmal durchgehen, ha!). Ich gebe ihm, so machen wir es ab, den nächsten Roman, und er bringt ihn im Frühjahr 2007 heraus. Darüber hinaus deute ich an, auch alles Kommende ihm überantworten zu wollen, einschließlich eines sehr dicken Brockens, den ich gerne zu meinem Fünfzigsten 2010 veröffentlicht sehen würde. Sehr zögerlich und vorsichtig, wie das seine Art ist, fragt er erst nach langer Pause nach, was das sei. »Verrat ich noch nicht«, sage ich, »aber es wird ein Knaller werden. Kann sein, 600 Seiten dick.« Er nimmt es ungerührt zur Kenntnis. Das gefällt mir sehr, daß er manche Dinge unausgesprochen läßt. Auch meine leicht hysterische Nummer mit dieser Nachlaß-CD, die ich ihm noch kurz vor meiner OP schickte, verschweigt er, jetzt wo alles überstanden ist, diskret. So gehört sich das. – Bei dem Knaller wird es sich übrigens um nichts anderes handeln als dieses Tagebuch. Soviel sage ich zu Hubert: »Das ist etwas, womit keiner rechnet.« Ich werde ihn allerdings schon bald darüber aufklären. Er muß wissen, auf was er sich einläßt.

Leserfreundlichkeit, dauernd ist von Leserfreundlichkeit die Rede! Literatur ist aber nicht dazu da, um freundlich zu sein. Auch und erst recht nicht gegenüber dem Leser. (Und da fällt mir ein, was Bohumil Hrabal geschrieben hat: »Wahre Poesie muß verletzend sein, als ob Sie eine Rasierklinge im Taschentuch vergessen und sich beim Schneuzen die Nase aufschneiden, deshalb ist jedes ordentliche Buch nicht dazu da, daß der Leser besser einschläft, sondern daß er aus dem Bett springt und noch in der Unterwäsche losläuft, um dem Herrn Schriftsteller eins aufs Maul zu geben.«)

Noch einmal die Schwiegermutter: Sie, die nichts von meinem Tun wirklich verstand, die gegenüber der Nachbarschaft über mich erzählte, ich sei Schriftsetzer (weil sie es nicht besser wußte), sie war im Grunde eine Graphomanin, wie ich noch selten eine erlebt habe. Sie glaubte an die Macht des Beschriftens. Die ganze Welt war ihr eine einzige Schreibtafel. Sie beschrieb Kellertüren und Zimmerwände, Fotos, einzelne Haushaltsgegenstände. An einen Spiritus-Campingkocher klebte sie ein kleines Papieretikett und schrieb darauf: »Bei Stromausfall zu benutzen.« Im höheren Alter von einem Verfolgungswahn geplagt, glaubte sie daran, Gegenstände, die einen … nämlich ihren Namenszug trügen, seien besser davor gefeit, gestohlen zu werden. Oder auch mit Bannsprüchen: »Müller, klau mir nicht die Weißwürste aus dem Kühlschrank!« Schrift als das Unheil abwehrende Medium gegenüber bösen Mächten. Die Beschriftungen auf den Rückseiten der Fotos beginnen meist als simple Zuordnungen an Ort und Zeit, fransen dann aber unter der Hand jedesmal zu kleinen Erzählungen aus, was da noch alles passiert ist, wem was zugestoßen ist, wer was gekauft hat, wem welches Mißgeschick unterlaufen ist. Einmal begonnen mit der Schrift, mit dem Schreiben, wird alles zur Erzählung …

Ja, das *Tagwerk* soll mit einem ersten Band zu meinem 50sten erscheinen. So wünsche ich mir das. Und dann in Abständen weitere Bände. Diese Drohung spreche ich hier schon einmal vorbeugend aus. Um sie zu unterscheiden, die einzelnen Bände, wäre unter Umständen folgende Titelgebung denkbar: *Das blaue Tagwerk*, *Das goldene* oder auch *gelbe Tagwerk*, *Das braune Tagwerk* (Herbst, Lebensherbst), *Das graue Tagwerk* (das letzte). Unbedingt mit dem blauen anfangen. Weil es dasjenige ist, das oft nach getaner Romanarbeit noch in der Blauen Stunde des Tages geschrieben worden ist und geschrieben wird. Und weil ich mich überhaupt blau fühle. Himmelsblau. – Falls der Diabetes zu meinem Altersproblem werden sollte – was nicht auszuschließen ist, womit gerechnet werden muß –, dann würde der letzte Band *Das grüne Tagwerk* heißen. Weiß auch schon das Motto. Es stammt von Friedrich Dürrenmatt, Diabetiker, versteht sich, der mit einem Psychologen folgendes Assoziationsspielchen machte: »Er sagte: grün. Ich sagte: Tod. Da sagte er: Absoluter Wahnsinn, das ist das erste Mal, daß ein Mensch auf grün Tod sagt. Da sagte ich: Das ist ganz einfach. Wenn ich den Zuckertest mache und er ist grün, habe ich Zucker.« (Da sieht man einmal mehr, wie beschränkt Psychologen sind und wie sehr sie keine Ahnung haben vom sogenannt »wirklichen Leben«.)

»Wenn Menschen Liebe gepredigt wird, lernen sie nicht lieben, sondern predigen.« Alice Miller

8³⁰ Uhr in der Früh: Heute sehe ich erst einmal gar nichts von der Welt. Das Fenster neben meinem Schreibtisch ist nämlich über Nacht zur Milchglasscheibe geworden, zugefroren bis zur Oberkante. Komme mir vor wie in irgendeiner Gogol- oder Tschechow-Erzählung.

Gestern mit Ursula in Regensburg den Kinofilm »Die große Stille« angesehen. Ich weiß nicht, diese Kartauser mit ihrem strengen Schweigegebot, irgendwie kommen sie mir vor wie spirituelle Hochleistungssportler. Der Film zwingt die Zuschauer, drei Stunden lang nahezu ohne ein gesprochenes Wort auszukommen. Gleich vom ersten Moment an ist es mucksmäuschenstill im Kinosaal. Die Werbe-Vorfilme blieben aus. Ich meine, das ist schon was, daß man so etwas erreicht, als Filmemacher, so eine Stille in normalerweise mit völlig unerträglichem Sound-Krawall zugemüllten Sälen. Dennoch: Was für eine Wohltat, als gegen Ende des Films einer der Mönche dann doch spricht. Ein paar Sätze übers Sterben. Mir wird bewußt, wie sehr ich die Sprache brauche. Mein ganzer Weltbezug beruht letzten Endes auf ihr, der Sprache.

Wenn folgende Definition stimmt, daß nämlich ein religiöser Mensch ein solcher ist, der über Gott nachdenkt, dann bin ich auch einer. Ich denke über Gott nach. Allerdings so, wie ich über andere vom Menschen gemachte Dinge auch nachdenke. Wenn es eines fernen Tages kein menschliches Gehirn mehr geben wird, das den Gedanken *Gott* denkt, wird es auch Gott nicht mehr geben. Das würde ich fast glauben wollen. Das wäre dann mein Glaube. Der Mensch schuf Gott nach seinem Bild von ihm.

Lese eine Zeitungsmeldung, daß Scouts der James-Bond-Filmfirma zur Zeit an verschiedenen Orten in Tschechien auftauchen, um geeignete »Settings« für den neuen Film zu finden. Unter anderem seien sie auch in Horní Plana gewesen, wo sie sich für ein leerstehendes Krankenhaus interessierten. James Bond meets Adalbert Stifter. Als ob es in einem der Bücher von Jiří Kratochvil stünde! Oder auch: Was hätte Bohumil

Hrabal für eine herrliche Erzählung daraus gemacht. Kann's ja für ihn übernehmen.
Bin jetzt eh nach 200 Seiten an einer entscheidenden Stelle im »Seltsamen Land« angelangt. Gestern die Idee, die ganze Erzählung zweizuteilen. Nachdem Lober in Teil eins mit dem Titel »Gegen den Herbst kömmt eine freiere Zeit« sich tatsächlich nicht nur eine Freizeit, sondern eine freiere Zeit verschafft hat von seinem bisherigen Vertreterleben, indem er sich von Stifter an die Hand nehmen und führen ließ, ist er nun offen und bereit für eine Reise ins »seltsame Land«. Das liegt natürlich in Böhmen beziehungsweise noch östlicher. Teil zwei trägt die Überschrift »Hierauf zog er mit ihr durch das Land Böhmen«. Ton und Perspektive sind auf einmal ganz leicht verschoben. Ins Unwirklichere, Poetischere. Wer wird es bemerken?

René Char sagt: Die Wörter, die aus uns kommen, wissen mehr über uns als wir selber.

»Weit darf man in das deutsche Publikum nicht hineinhorchen, wenn man den Mut weiterzuarbeiten behalten mag.« Der gealterte Goethe.

Gestern sind wir wieder einmal die Donau hinuntergefahren, auf Ton- und Wortwellen, Norbert, Mike und ich. Ein Abend im Rahmen der Ingolstädter Literaturtage. Am Nachmittag haben wir uns zur Vorbereitung bei Mike getroffen, in Buch, diesem herrlich zwischen Altmühltal und Schambachtal gelegenen Höhenort.
Mikes Schwiegervater ist wenige Tage zuvor gestorben. Erst also einmal Gespräch darüber, über sein langes und langsames

Sterben. Er hatte Parkinson. Wahrscheinlich ausgelöst durch die Medikamente wurde er von wilden Visionen heimgesucht, die er Mike in aller Ausführlichkeit erzählt hat. Ich frage: Welche Visionen denn? Mike zögert und deutet schließlich nur an, das seien Sachen gewesen, wie man sie früher Frauen in Hexenprozessen als erzwungene Aussagen abgepreßt habe.
Dann aber Wendung hin ins barock Fidelere. Schnell sind wir uns einig, daß man in Altbayern nicht über den Tod reden kann – speziell auch den Tod auf dem Land (Mikes Schwiegervater war Bauer) –, ohne bald bei solchen Geschichten zu landen, wie Mike dann auch eine erzählt: Trauergemeinde am Grab. Ein alter Kriegskamerad ist gestorben. Einer seiner Freunde setzt an zur Grabrede und sagt: Lieber Hans, deine drei Schuß kann ich dir leider nicht gä-äben, indem daß die Kanona beim Reparieren ist. – Tatsächlich so vorgefallen!

Das Episkopat des Frühlings: Der noch junge Farn richtet seine Bischofsstäbe auf …

Jedes neue Buch, das man schreibt, sollte eine bestimmte Aufgabe darstellen, an deren Lösung man sich erstmals versucht. Andernfalls braucht man mit der Arbeit gar nicht erst anzufangen. Im Fall von »Ein seltsames Land« lautete die Aufgabe … *meine* Aufgabe: Jetzt möchte ich einmal ein Buch schreiben, bei dem der Leser sich mit zunehmender Dauer der Lektüre immer verwunderter die Augen reibt und sich fragt: Wo bin ich eigentlich?

In letzter Zeit ständig Träume, in denen irgend jemand hinter mir her ist. Im Sinne sehr bedrohlicher Verfolgungsjagden. – Auch im »Seltsamen Land« bin ich gerade bei einer Traumsequenz.

Mann und Frau, beide um die fünfzig, auf der Zugfahrt nach Schwandorf. Er: an jedem Finger beider Hände je einen Ring mit einem gefaßten Stein in der Größe nahezu eines Tischtennisballs. Um das rechte Handgelenk zirka acht Goldketten. Natürlich auch um den Hals eine Kette mit Anhänger (Anhänger klingt zwar etwas lkw-mäßig, man muß aber auch sagen, er war schwer beladen). An den Ohrläppchen ebenfalls Gehänge. Ansonsten alles andere als elegant gekleidet. Weiße Tennissocken. Den Schnauzbart hatte er besonders extravagant hincoiffeuriert: in der Oberlippenkerbe unter der Nase hat er ihn stehenlassen, ansonsten aber zu einem schmalen Strich rasiert. Sie: orange-farbener Faltenrock, Doppelkinn, Sonnenbrille. Die ganze Fahrt über hielten sie Händchen. Das heißt eigentlich hielten sie Ringchen.
Aus was für einer Welt die wohl kommen?

Im Osten zieht die schwarze Gewitterwand ab, im Westen klart der Himmel bereits wieder auf, die Sonne schlüpft unter die Wolkendeck', und irgendwo schmettert hellauf befreit eine Amsel ihren Ruf. Sie erhält als Antwort ein fernes Donnergrollen.

Der junge Bursch im Getränkeladen, der hier zur Aushilfe arbeitet und beim Ausfahren der Bier- und Limotragln hilft. Angesprochen auf seine wenig sportliche Statur gibt er freudestrahlend und stolz heraus: »Ois Bierfahrer muaßt scho a weng a Bierfaßl hom!« Diese Art von Stolz laß ich mir eingehen. (Schöne Formulierung, dieses bayerische ›sich etwas eingehen lassen‹.)

Gestern abend bei *Beckmann* eine der üblichen Sich-gegenseitig-ins-Wort-fall-Runden, ich weiß nicht, wie man auf die

Idee kommen kann, solche Veranstaltungen auch noch »Gesprächs«-Runden zu nennen. Ungeheures Gockelgespreize von Gregor Gysi und Matthias Matussek, dessen Neuerscheinung »Wir Deutschen. Warum uns die anderen gern haben können« den Themen-Anlaß hergibt. Diskutiert werden soll: Haben/brauchen wir einen neuen Patriotismus, ein neues Nationalgefühl? Mir fällt dazu wieder einmal nur ein Osteuropäer ein, Norman Manea, rumänischer Jude aus der Bukowina, der als Fünfjähriger in ein KZ kam. Der sagt: »Wer sein Heimatland liebt, ist noch ein zarter Anfänger; derjenige, dem jeder Fleck Erde soviel gilt, wie der, auf dem er selbst geboren wurde, hat es schon weit gebracht; reif aber ist erst der, dem die ganze Welt zu einem fremden Ort geworden ist.« (Schön, wie der Übersetzer die überraschende Volte ganz bis ans Ende der Satzkonstruktion hinauszögert.)

Die meisten Ratschläge zielen gar nicht darauf ab, daß man sie sich »zu Herzen nimmt«, sondern allenfalls zu Verstand. Oder auch ins Kalkül. In die Berechnung hinein. Ist das Herz überhaupt mit Ratschlägen zu erreichen? Ich glaube nicht.

Gestern Besprechung mit Intendant Matthias Winter und Schauspieler Christian Hofmann von der Stadtbühne Vohenstrauß wegen Auftragsarbeit für das kommende Jahr, in dem das 25jährige Jubiläum des Laientheaters ansteht, das, was Anzahl der Spielorte und Aufführungen angeht, die größte Laienbühne Deutschlands sein dürfte. Sie bespielen die Burg Leuchtenberg, einen Raum in der Regionalbibliothek in Weiden sowie Schloß Friedrichsburg und die Stadthalle in Vohenstrauß – und zwar gleichzeitig!
Als Stoff für unser Stück diskutieren wir schon seit einer Weile die Lebensgeschichte des letzten bayerischen Scharfrichters,

Johann Reichhart. Seitdem ich vor drei, vier Wochen das einzige über ihn geschriebene Buch von Johann Dachs gelesen habe, »Tod unterm Fallbeil«, bin ich »angefixt« von diesem Thema und im Grunde schon gedanklich beinahe fertig mit dem Stück. Während unseres Spaziergangs durch das idyllische Bachtal bei Leuchtenberg – so gehören Verhandlungen geführt, nicht in irgendwelchen Intendantenbüros oder Verlagshochhäusern, sondern wanderschuh-bewehrt den rechten Weg suchend durch sumpfiges Flußauengebiet – diskutieren wir sehr schnell keine grundsätzlichen Fragen mehr, sondern bereits ins Inszenierungsdetail gehende. Mit anderen Worten: daß wir das Stück machen, ist klar, nur noch nicht wo und wie. Im Gespräch stellt sich aber heraus, daß von den beiden Optionen – freilichtig auf Burg Leuchtenberg oder geschlossen in der Regionalbibliothek – die zweite die passendere ist. Und das nicht nur deshalb, weil dieser Ort einen direkten Bezug zu Reichhart hat: Die Regionalbibliothek befindet sich im Gebäude des ehemaligen Bezirksgefängnisses und in dessen Innenhof waltete – Anfang der dreißiger Jahre – Reichhart noch seines Amtes und richtete einen durch Indizienprozeß verurteilten Mörder hin. Das Blut ist gewissermaßen noch da, im Boden, und bestimmt den genius loci.
Dieser Spielort allerdings würde, ganz anders als die Burg, eine »kleine Lösung« verlangen – die jedoch in unserem beiderseitigen Interesse ist. Während ich bereits in den letzten Tagen in Richtung Einpersonenstück gedacht habe, merke ich, daß das den anderen beiden sehr gelegen käme, vor allem Christian, der sich intensiv mit Reichhart beschäftigt hat und sich anscheinend schon ganz in dessen Rolle sieht. Matthias führt noch ins Feld, daß es auch für mich als Autor gar nicht verkehrt sein dürfe, einmal ein Einpersonenstück anzubieten. Das sei nämlich für kleine Theater viel attraktiver als Riesenproduktionen. Da hat er natürlich recht. Einpersonenstücke sind sogar der Renner. Auch

denkt Matthias daran, die Sache sehr reduziert zu inszenieren: minimales Bühnenbild (die Guillotine, Tisch, Stuhl, vielleicht noch eine Zellentür, durch deren Spion sich Reichhart am Vorabend der Exekution immer seine Delinquenten ansieht), alles Übrige sollen Lichtregie und Musik dazutun. Ja, sehr einverstanden! Und schon während unseres Waldspaziergangs stehen mir die Bilder immer klarer vor Augen. Erst recht, als wir gleich anschließend noch nach Weiden fahren, um uns vor Ort in der Regionalbibliothek umzuschauen. Ich sehe in Christians scharfrichterlich spitzem Gesicht finstere Entschlossenheit. Obwohl ich ihn heute das erste Mal sehe und kennenlerne, bereits das Gefühl einer verschworenen Gemeinschaft. Ähnlich mit Matthias. – So müssen künstlerische Absprachen aussehen. Nur so!

Lese spät nachts noch in Christine Brückners Aufzeichnungen, und zwar *Zungenkuß* statt … *Zuganschluß*. Ich glaube, es wird Zeit, ins Bett zu gehen. Vielleicht warten ja süße Träume.

Miroslav Tichý, der Anarcho-Fotograf aus Tschechien, Sandler und Künstler in einem, sagt: Wenn du berühmt sein willst, mußt du etwas schlecht machen. So schlecht wie sonst keiner auf der Welt. Er selbst baut Fotoapparate aus Konservenbüchsen und Zwirnrollen (ein Abflußrohr als Objektiv) und macht so abgrund-falsche Fotos, daß sie heute Tausende von Dollars kosten bei den Sammlern in New York und wo auch immer. Natürlich ist er eine Figur in meinem »Seltsamen Land«. (Später wird mir die Übersetzerin meiner »Grünen Jungfer«, Lenka Šedova aus Brünn, erzählen, daß Miroslav Tichý eine berühmt-berüchtigte Figur in Tschechien war und ist. Zu Kommunistenzeiten wurde er immer wieder vor Gericht gestellt. Einmal hieß es in einem

Vernehmungsprotokoll, in seiner Kleidung seien zwei Läuse und eine Küchenschabe gefunden worden, woraufhin Tichý meinte, er beantrage, die Tiere in den Zeugenstand zu berufen.)

»Lesezeichen«, die Büchersendung des Bayerischen Fernsehens. Wer hat nur diese Marotte aufgebracht, Passanten mit der Kamera aufzulauern und nach ihrer derzeitigen Lieblingslektüre zu fragen? Die meisten der Angesprochenen können gerade noch einen Buchtitel zusammenstottern, ansonsten heißt es, »den Autor habe ich vergessen«. Ein Herr kann sich an fast gar nichts erinnern. Nur daß der Verfasser … Paul Ze … Ze …, der Reporter, schon freudig erregt, endlich einen wahren Leser gefunden zu haben, hilft nach: Paul Celan? Nein, Paul Ze … O, oder Ko … zusammen, Passant und Reporter, würgen sie es schließlich heraus: Paulo Coelho! Ein schönes Büchlein sei das. Oh, sancta simplicitas!

Sitze draußen an unserem Gartentisch neben dem Komposthaufen, im Rücken Forsythien und Stachelbeeren, und korrigiere das »Seltsame Land«. Vor zwei Wochen den Schlußpunkt gemacht. Jetzt heißt es glätten und streichen … jetzt hätt' ich doch beinahe streicheln geschrieben. Schön ist das, so im Garten zu sitzen, mit dem Bleistift in der Hand, und den Änderungswünschen zu lauschen, die mir die Vögel einzwitschern. Manchmal regnet's auch auf das Papier, ganz kurz nur, so feine Spritzer bei halb-blauem Himmel noch. Mehr bekommen wir im Osten momentan nicht ab, als diese sprühregnenden Restausläufer irgendwelcher Unwetter weiter im Westen. Und so wischt dann die Natur aus, was nicht gut ist und nicht ins Buch soll. Ich versteh' ihn schon, den Wink … (Das war am 8. Juli.)

Heute das fertige Romanmanuskript zu Hubert nach Viechtach gebracht. Und zwar zu Fuß! Von Miltach aus. Wäre zwar gerne die ganze Strecke gegangen, hätte dann aber zwei Tage gebraucht, und die Zeit habe ich momentan leider nicht. War aber auch so eine denkwürdige Fußwallfahrt zum Verleger, der mir auf halbem Wege entgegengekommen ist. Das erste Stück, am Blaibacher See entlang, ging ich alleine in der größten Mittagshitze – wir haben zur Zeit ja wieder Hitze»katastrophe« in Deutschland, weil es mal drei Wochen warm ist. Ich genieße es, durch die wabernde heiße Luft zu gehen. Kann nicht verstehen, wie Leute behaupten, eine solch herrliche Sommerhitze könne »brüllend heiß« sein. Brüllen tut gar nichts. Bloß die Grillen zirpen. Ich gehe wie auf Trip, sanft und wohltuend benebelt. Alles ist gedämpft, abgefedert, nicht ganz von dieser Welt. Vor allem auch das Dutzend Kohlweißlinge nicht, das sich am Rand des Fußpfades auf irgendetwas niedergelassen hat (ein kleines Stückchen Tieraas, kann das sein?) und, als ich an ihnen vorbeikomme, aufflattert und um mich herumtänzelt, so daß ich für eine kurzen Augenblick mitten in einer Wolke aus Schmetterlingen stehe.
Hubert treffe ich am Höllensteinsee. Wir essen erst einmal zu Mittag, in dem Restaurant hoch über dem See auf einem Felsen. Herrlicher Blick, herrliches Beisammensein von Verleger und Autor, die sich dann gemeinsam auf den Weg machen. Geraten allerdings bald auf Abwege und finden uns plötzlich auf einem nicht mehr weiter begehbaren Pfad hoch über dem Wasser am Steilufer. Jetzt ein falscher Tritt und das Manuskript des Romans, das ich wirklich mit mir im Rucksack trage – nix Diskette oder CD – würde Autor und Verleger mit in die Tiefe reißen. Wir machen kehrt, suchen den richtigen Weg, gehen noch einmal irr, querfeldein durch ein hüfthohes Weizenfeld. Schließlich finden wir den Weg nach Viechtach doch noch. So muß es sein. So möchte ich alle Tage meine Arbeit in die Hände

eines mitwandernden, mit mir mitgehenden Freundes legen, der zufällig auch noch Verleger ist! (Das war am 25. Juli …)

Endlich nach wochenlanger Vorbereitung werden Harald, Friedrich und ich morgen unsere Wanderung starten. Wir wollen die Goldene Straße, diesen alten, Nürnberg mit Prag verbindenden Handelsweg Kaiser Karls IV., zu Fuß abgehen. Als erste Etappe haben wir Pilsen–Amberg festgelegt, Pilsen deshalb, weil hier vor gut einem halben Jahr in einer kalten Winternacht in einer Bierkneipe die Idee zu dem Ganzen aufkam. Wir wollen einmal gemeinsam etwas machen. Nicht immer nur reden. Und so sind wir jetzt die »Drei Autoren unterwegs«. Unter diesem Label werden wir die nächsten zwei Wochen durch die bayerisch-böhmischen Grenzlande ziehen. Uns beschleichen leise Zweifel, ob wir die Sache nicht vielleicht doch etwas weniger vollmundig hätten ankündigen sollen, ohne die Einladung an jedermann, sich uns nach Lust und Laune etappenweise anzuschließen. Hoffentlich artet das Ganze nicht aus zu einem schnatternden Flurumgang im Gänsemarsch.

Symptomatisches Bild für die Papst-Reise durch den bairischen Kreis: Alle drängen zu ihm hin (sogar Leute, von denen ich's nie erwartet hätte), alle wollen ihm so nahe sein wie möglich, ihn »von Angesicht zu Angesicht« sehen, und dann wenn man aber schaut, was sie tun, wenn sie beispielsweise in vorderster Reihe an der Polizeiabsperrung stehen an irgendeiner dieser Papstrouten, ob jetzt in München oder Altötting, Marktl oder Regensburg, dann schauen sie im sekundenkurzen Moment SEiner Vorbeifahrt im Papamobil gerade nicht auf ihn, sondern auf ihre hochgehaltenen Handys, und nachdem er vorbei ist gleich nach, wie das Foto geworden ist des Momentes, von dem sie alle in die hingehaltenen

Mikrofone des Bayerischen Radios Vatikan sagen, er sei einmalig gewesen, unvergeßlich ein Leben lang.

Peter Sloterdijk im BR-Kulturjournal: Gott leidet an seniler Bettsucht, nicht -flucht, Bettsucht. Dauernd in den Kissen. Kümmert sich um nichts mehr. Eigentlich weiß man nicht recht, schläft er noch oder ist er schon tot. – Selbiges hat Paul Wühr schon vor Jahren zu uns gesagt: Gott schläft nur, und wir halten ihn für tot.

Wissen eigentlich die vielen, mehr von einer Mode denn von tatsächlicher Spiritualität angetriebenen Jakobswegpilger (so vermute ich zumindest), daß sie zum Grab eines Massenmörders pilgern? Jakobus, der Maurentöter. »Matamoros«, wie sie ihn in Spanien nennen. Auf seinem Schimmel ist er den spanischen Truppen zu Hilfe geeilt, die gerade dabei waren, die iberische Halbinsel von den Heiden und Muselmännern leerzufegen. 70.000 hat er mit seinem Säbel vom Pferd herunter zerstükkelt, so die Heiligenlegende. Die vielen bräuchten ja bloß die Augen aufzumachen, wenn sie am vorgeblichen Ziel ihrer Pilgerreise angekommen sind: in der Kathedrale von Santiago de Compostela. Da thront er nämlich im Sternenfeld über den Köpfen der Pilger, auf seinem aufsteigenden Schimmel, den Säbel überm Kopf schwingend, und unter ihm die zerhackten Leiber der Feinde. – Warum hat Papst Benedikt nicht Jakobus als warnendes Beispiel genommen für den Kernsatz seiner Vorlesung an der Universität Regensburg, vonwegen: »wer jemanden zum Glauben führen will, braucht die Fähigkeit zur guten Rede und ein rechtes Denken, nicht aber Gewalt und Drohung«. Das hätte er gar nicht nur an die Adresse der Muslime sagen brauchen, wie er es getan hat. Da könnte man durchaus auch vor der eigenen Türe kehren. Allerdings müßte man dazu einen Besen dabei haben. Gute Katholiken haben aber nie einen Besen dabei. Hernach fiele es ihnen nämlich noch ein, darauf zu fliegen.

Kathrin Passig, diesjährige Ingeborg-Bachmann-Preisträgerin – gewitztes Bürschchen, die –, sagt in einem PNP-Interview, sie verstehe nicht, was einige Autoren gegen das Prozedere in Klagenfurt einzuwenden hätten. Vielleicht ja dies: Daß man Äpfel nicht mit Birnen vergleichen sollte. Obwohl: Äpfel lassen sich ja noch mit Birnen vergleichen, durchaus. Aber was in Klagenfurt stattfindet, ist ja das Vergleichen eines Dosenöffners mit einer … sagen wir: Schirmqualle.

Der Fünfjährige, der mit seinen Freunden von der Straße das alte Abwerf-Ballspiel spielt und dabei armerudernd (nur so kann er seine Freude aushalten) marktschreit: »Ich habe zwei Leben! Ich habe zwei Leben!« Bis plötzlich der scharfe Ruf der hinter einer Gartenhecke verborgenen Muttergöttin ertönt: »Obacht, Auto!«

Heute nacht träumte mir, ich stehe in unserem Heizungskeller und plötzlich fängt die Betonplatte des Fußbodens sich zu bewegen an. Wie ein Maulwurfshügel werfen sich immer mehr Brocken und Erde auf, bis eine Spatenspitze erscheint. Nach und nach entsteht ein Loch und ich kann hinunterschauen in einen Gang. Heraus kommt allerdings niemand aus diesem Stollen. Mir ist aber sofort klar, es handelt sich um einen Fluchttunnel, wie ihn DDR-Bürger in Berlin unter der Mauer hindurchgegraben haben. Daß Ostberlin ziemlich weit weg ist von unserem Haus hier in Waldmünchen beziehungsweise daß es Ostberlin seit 17

Jahren gar nicht mehr gibt, interessiert den Traum naturgemäß nicht. Ich denke mir, wie ich so vor diesem Loch stehe, die haben sich aber sauber vergraben, wenn sie hier bei uns herauskommen statt in Westberlin. Und wie lang dieser Tunnel sein muß? Ich stelle mir vor, wie Menschen durch ihn hindurchkriechen. Die ganze Angelegenheit fasziniert mich so, daß ich, schon halb wach, sämtliche technischen Aspekte gedanklich durchgehe. Wie stellt man zum Beispiel die Luftzufuhr in einem so langen Tunnel sicher? Ich sehe einen Menschen am anderen Ende des Tunnels, der mit Luftbälgen Sauerstoff in die Erdröhre pumpt.

Fahre zu Dieter Distl nach Karlshuld im Donaumoos und mit ihm in seinem Auto weiter nach Schrobenhausen. Eigenartige Landschaft, irgendwie holländisch. Distl hat mich schon vor Jahren darauf aufmerksam gemacht, daß das titelgebende Waisenhaus in Hubert Fichtes Roman dasjenige von Schrobenhausen sei. Dort sei er nämlich in den Kriegsjahren '42/'43 … man kann sagen: versteckt gewesen. Nach den Rassegesetzen der Nazis war Hubert Fichte Halbjude. Wo versteckt man einen Halbjuden am besten? In einem katholischen Kinderheim natürlich! Dort wollten sie ihn auch gleich katholisch machen und redeten ihm ein, wenn er recht fleißig bete – Mitzöglinge, fürsorgliche Mädchen natürlich, erzählten gar, sie wüßten ein »Umwandlungsgebet« –, dann würde er nicht nur katholisch werden, sondern vielleicht eines Tages sogar noch Bischof.
Habe vor, im kommenden Frühjahr eine Rundfunksendung über die Geschichte zu machen. Dieter Distl führt mich zu diversen Schauplätzen des Romans: Waisenhaus natürlich, Stadtpfarrkirche, Rathaus, wo die Mutter arbeitete und wo man von außen durch die Kellerfenster sehen konnte, wie dort unten Juden, Polen, Russen von den Nazis mißhandelt wurden. Dann Leichenschauhaus auf dem alten Schrobenhausener Friedhof. Das

steht aber schon lang nicht mehr, wie wir feststellen. Distl bringt mich auch noch zu Zeitzeugen. Zu seiner Tante Franziska Lenk. (Nette Nebenbei-Anekdote: Franziska ist gar nicht ihr richtiger Vorname laut den dafür maßgeblichen Urkunden. Weil: Als sie zur Welt kam und ihre Mutter ihren Vater aufs Rathaus schickte, damit er den Namen Franziska in die Geburtsurkunde eintragen lasse, ist der in den diversen Wirtshäusern auf dem Weg dorthin so dermaßen versackt, daß er im Rathaus nicht mehr wußte, welcher Name ihm von der Frau aufgetragen worden war. Sagte er halt irgendeinen anderen. Wieder daheim verlor er natürlich kein Wort über die Angelegenheit. Erst bei der Einschulung flog der ganze Schwindel auf. – Das sind so Geschichten, die liest man normalerweise bei Flann O'Brien oder anderen Iren. Beleg für unser unter dem Kanal und der Irischen See hindurchreichendes keltisches Verwandtschaftsmyzel.)
Einen weiteren Zeitzeugen besuchen wir im Ortsteil Steingriff, Hans Haas. Bei seinen Eltern, Kolonialwarenhändlern, hatte Dora Fichte mit ihrem Sohn als erstes Quartier gefunden. Hans Haas besitzt sogar noch Fotos aus der Zeit, aufgenommen von Frau Fichte. Auf einem stehen die beiden sechs-, siebenjährigen Buben auf einem Kartoffelacker, wo sie anscheinend den Haas-Eltern beim Erdäpfelgrasen helfen. Hubert Fichte hat eine kurze Hose an, ob Stoff oder Leder läßt sich auf dem kleinen Foto nicht entscheiden, jedenfalls hält die beiden Hosenträger vorne auf der Brust ein großer Schmetterling zusammen. »Da Preiß«, sagt Hans Haas, »mia hom halt oiwei da Preiß zu ihm g'sagt. Weil mir 'n am Anfang ned verstanden hom«. Fichte wiederum schreibt, daß er den süddeutschen Tonfall so schnell angenommen habe, daß ihn bei einem Urlaub in Hamburg die Verwandten nicht mehr verstanden hätten. – Ich, der dreimal im Kindes- und Jugendlichenalter die Bundesländer Wechselnde, habe ähnliche Erinnerungen, wie schnell man sich in jungen Jahren sprachlich assimiliert.

Im Zuge meiner Fichte-Recherchen lese ich sein erst dieses Jahr aus dem Nachlaß erschienenes Buch »Die zweite Schuld«. Da geht's um seine Zeit am Literarischen Colloquium in Berlin, 1963 oder '64. Initiiert von Walter Höllerer fand zum ersten Mal eine Art Schreibkurs statt. Teilnehmer dieses Kurses waren neben Fichte unter anderem noch Elfriede Gerstl und Joachim Neugröschel aus Wien, Hermann Peter Piwitt, Hans Christoph Buch, Peter Bichsel, Nicolas Born. »Lehrer« waren Grass, Hans Werner Richter, Peter Weiß, Peter Rühmkorf, Höllerer selbst. Fichte macht in diesem Buch, was er oft gemacht hat: Er führt sehr lange, sehr genaue Interviews. Mit Elfriede Gerstl, Neugröschel und das längste, 150 Seiten, mit Walter Höllerer.
Interessant ist, was Fichte herausarbeitet über die sehr zweifelhaften Praktiken der Gruppe 47-Clique. Denn die hatte ja komplett die Regie inne bei dieser Schreibwerkstatt, alle Aufpasser und Lehrer waren gleichzeitig auch Gruppe 47-Mitglieder, und zwar solche aus dem innersten Kreis. Was ich da lese, deckt sich nahtlos mit dem, was ich 2003 beim Döblinpreis im Literarischen Colloquium in Berlin erlebt habe. Dieses angebliche Werkstattgespräch und dieser Schreibkurs Anfang der Sechziger, beides gründet auf einer nachgerade Schauprozessen abgeschauten Grundkonstellation: Da ist einer, der zur Abschlachtung vorgesehen ist, der einen Text vorzulesen hat (sein Geständnis), weder vorher noch nachher darf er irgendein Wort dazu sagen, und auf der anderen Seite gibt es das Tribunal, das in Sekundenschnelle sein Urteil fällt. Elfriede Gerstl nennt das im Interview mit Fichte übrigens auch ein »Gerichtsverfahren, auf das man keinen Einfluß hatte«.
Selbst Höllerer sagt über das Prozedere der Gruppe 47: »Dieses nicht reden dürfen von den Leuten oben. Sitzen und nichts dagegen sagen dürfen und da unten reden die Leute. Das hielt ich immer für depravierend [= verderbt!]. Das hielt ich immer für falsch.« Genauso war es beim Döblinpreis auch. Und die

konnten da unten den größten Scheiß erzählen, vonwegen daß das Richtung Ludwig Thoma gehe, was ich schreibe, man mußte alles über sich ergehen lassen. Als ich zu einem Widerwort, einem einzigen Widersatz anheben wollte, fiel mir Janetzki, der als Oberaufseher mit auf dem Podium saß, in den Arm. »Sie sagen jetzt nichts mehr.«

Am meisten tat sich natürlich Günter Grass hervor bei den Ad-hoc-Kritiken. Das war damals im Schreibkurs schon genauso. Und er muß es auf eine Art und Weise getan haben, die bei Neugröschel und anderen so in Erinnerung geblieben ist, daß sie sagen, Grass sei ein Grobian und Diktator. Und die Gerstl sagt auf die Frage Fichtes, wie sie Grass als Lehrer in Erinnerung habe: »Nicht als Lehrer, sondern als Verurteiler. Ich denke vor allem an seine Launenhaftigkeit und Ungerechtigkeit, [...] an einen sehr arroganten und autoritären Typen, den ich mir wirklich nie als Lehrer gewünscht hätte.« Genauso war er auch beim Döblinpreis. Er kannte die Texte natürlich nur aufgrund dessen, was er da zwanzig Minuten lang vorgelesen hörte. Das hinderte ihn aber nicht, Bausch-und-Bogen-Urteile abzugeben und die Autoren anzuspringen wie ein Pitbull. Zu Thomas Glavinic – er las aus dem ein Jahr später sehr erfolgreich publizierten »Wie man leben soll« – sagte Grass, er solle doch das ganze Manuskript wegschmeißen, so mißlungen sei es, und man könne es auch durch Überarbeiten nicht mehr retten. Man muß sich das vorstellen: Man wird eingeladen mit der Aussage, man sei aus 600 Manuskripten in die engere Endauswahl gekommen und solle, als Anerkennung und Auszeichnung, sein Manuskript im LCB vorstellen, und dann erlebt man eine solche Abschlachtung.

Bei mir versuchte er es ähnlich, der Grass. Und der Helmut Böttiger auch (der war das mit dem Thoma-Vergleich). Gott sei Dank hatte ich vehemente Verteidiger: Katja Langen-Müller von der Jury sagte Grass durch die Blume, daß er über etwas rede, wovon er keine Ahnung habe. Delius sprang ihr bei. An-

deren ging es schlimmer. Da war ein Autor aus Stuttgart, den machten sie komplett fertig. Beim anschließenden geselligen Beisammensein – Grillparty im Garten – ging der arme Kerl ganz alleine unten am Seeufer der Villa auf und ab. Ursula und ich waren die einzigen, die zu ihm hingingen. Die anderen schnitten ihn demonstrativ, hatte ich den Eindruck. Wahrscheinlich weil er gegen einen Grundsatz des Verhaltenskodexes verstieß. Fichte zitiert in seinem Gespräch mit Höllerer Hans Werner Richter, der in Bezug auf die Gruppe 47 gesagt hat: »Wer also auch die schärfste und vernichtendste Kritik hinnehmen konnte, ohne emotionale Reaktionen zu zeigen, der konnte gewiß sein, auch dann wieder eingeladen zu werden.« Ein Sadistenhaufen war das, diese Kings von der Gruppe 47. Und wie es mit der Fähigkeit bestellt ist, emotionale Reaktionen zu zeigen, sah man ja die letzten Wochen an Grass' Verhalten in der ganzen SS-Geschichte.
Ich hab' bayerisch reagiert … mit einem (allerdings nur gedachten) Leckts-mich-doch-am-Arsch bin ich gruß- und wortlos gegangen. Seitdem habe ich nie mehr ein Sterbenswörtchen aus Berlin gehört. Fühl mich im Nachhinein durch das bestätigt, was Neugröschel im Gespräch zu Fichte sagte. Seine Urteile über Höllerer (»größenwahnsinnig«) sowie Grass und die ganze Gruppe 47 sind übrigens vernichtend: undemokratische Kulturbonzen seien das gewesen. Und über den einladenden Gruppe 47-Präsidenten Richter: »Er hatte nicht die geringste Ahnung von Literatur und Schreiben.« Ja, und zusammenfassend sagte Neugröschel noch: »Man muß ihnen den Rücken kehren, aber schon sehr früh, nicht erst Jahre später.« Genau das hab ich getan!

Wahlspruch Hans-Jürgen von der Wenses: »Sehen, nicht gesehen werden!« That's it!!

Und noch ein Satz von ihm, der während der Nazizeit jahrelang ohne festen Wohnsitz lebte, als Streuner und Wanderer in den deutschen Mittelgebirgen unterwegs war: »Niemand lebt so lebendig und wirklich wie ich, aber ich bin nicht vorhanden.«

Heute nacht habe ich von einem Verlagsfest bei Albert Völkmann im A 1 Verlag geträumt. Sehr detailliert und ausführlich. Es kam mir kurz nach dem Erwachen so vor, als ob der Traum Stunden gedauert hätte. Wahrscheinlich waren es nur zehn Minuten. Als ob ich es nicht geträumt, sondern erlebt hätte. Auch kamen keine traumtypischen »Absurditäten« vor. Es war ein ganz normales, wenig aufregendes Fest. Ich unterhielt mich mit Leuten, die ich nicht kannte und von denen ich jetzt schon wieder vergessen habe, wer sie waren.
Neulich im Fernsehen Frau Noelle-Neumann, die Meinungsforscherin. Einen Tag vor ihrem 90. Geburtstag. Beckmann fragte sie, was sie als Vorteil des Alters empfinde, ob es da was gebe. Sie sagte ohne viel Nachdenken, daß sie immer intensiver träume. Und daß sie oft nicht mehr unterscheiden könne, was sie erlebt und was sie »nur« geträumt habe.
Geht ja bei mir schon früh los!
Als besondere Kuriosität ist mir noch in Erinnerung, daß ich – im Traum! – jemandem etwas erzählen wollte und es mit der Vorbemerkung einleitete: »Ich weiß gar nicht mehr, wo ich das gehört habe … vielleicht hab ich's auch nur geträumt.«

Oh!, da wüßte ich auch den ein oder anderen, dem man einmal in die Visage schleudern müßte, was Robert Walser Hugo von Hofmannsthal nach einem Gläschen zuviel entgegengezischt haben soll: »Können Sie nicht einmal eine Minute lang vergessen, daß Sie berühmt sind!« (Eklatantester Fall, was das betrifft: Grass!)

Meine Lektüre für die Tage zwischen den Jahren: Carl Seeligs »Wanderungen mit Robert Walser«. Seelig war der von den Schwestern Walsers eingesetzte Vormund, seit der Dichter in der Irrenanstalt von Herisau Patient war. Allerdings ein Patient mit weitestgehenden Freiheiten: Zusammen mit Seelig jedenfalls konnte er jederzeit die Anstalt verlassen zu oft sehr weiten, sehr ausgedehnten Wanderungen.
Besonders gefallen mir die Adjektivbildungen, die Walser immer wieder neu einfallen. »Giftscheißerisch« etwa oder – auf einen Teil der Schweizer Literatur gemünzt – »hirtenbübelig«. Seelig schildert Walser als einen extrem leutscheuen Menschen, der sich ihm auch nur sehr langsam und eben dank vieler ausgedehnter gemeinsamer Spaziergänge geöffnet habe. Dann aber herrliche Gespräche zwischen den beiden, die immer auch wieder den feinen Humor des angeblich an Schizophrenie Erkrankten zeigen. Einmal sagt Walser zu Seelig: »Haben Sie bemerkt, daß fast alle Geizhälse steinalt werden. Es ist, als grauste selbst dem Tod vor ihnen.«
Während der Lektüre immer wieder Erinnerungen an unsere eigene Wanderung im Sommer. Etwa das für Wanderer sehr bedeutsame Thema »Hunde«. Sie sind der natürliche Feind des Wanderers. Mit Harald und Friedrich habe ich auch einmal einen Vormittag lang alle Verhaltens- und Verfahrensweisen besprochen, die bei den unvermeidlichen Begegnungen ratsam sind. Auf das, was Robert Walser gemacht hat, sind wir allerdings nie gekommen. Einmal ist der nämlich einem Hund, der aus einem Gehöft herausgeschossen kam – immer kommen sie aus einsam und allein gelegenen Gehöften herausgeschossen –, seinereits hinterhergerannt und hat ihn ausgeschimpft: »Du kleiner Teufel du, willst du uns bald in Ruhe lassen!« Es hat gewirkt.

2007

Quälender Traum heute Nacht: Ich werde zu einer Guillotine geführt, und mir ist klar, ich werde jetzt gleich einen Kopf kürzer gemacht werden. Da hat sich wieder einmal im Traum fortgeschrieben, was mir tagsüber unablässig im Kopf herumging. Schreibe seit zwei Wochen an dem Theaterstück über Johann Reichhart, den letzten Scharfrichter Bayerns. Gestern an der Szene, wo sich Reichhart an die Hinrichtung Sophie Scholls erinnert. Sie soll ja ohne die geringste Regung zum Schafott gegangen sein.

Lese Homepage statt Hommage. Wäre einem vor zehn Jahren auch noch nicht passiert.
Und vor Tagen auf einem Einladungsschreiben des TV Waldmünchen: statt Vereinsehrennadel Versehrtennadel.

Die beiden Dorfbuben, die mir entgegenkommen auf ihren Mopeds … plötzlich sehe ich sie als mittelalterliche Turnierritter, das Gesicht verborgen hinter ihren schwarzen Helmen, auch sonst in schwarzen Rüstungen, und sie geben ihren wenig edlen Rössern die Sporen, indem sie den Gasgriff bis zum Anschlag aufdrehen, was ihre Handgelenke unnatürlich abknicken läßt …

»Wir Kritiker übersehen keinen, der's wert ist.« Sagt eine unserer Großkritikerinnen, die sich anscheinend sehr sicher ist. Ich wünsche mir nur das eine, daß dieser unverschämte Satz, von dem man nicht recht weiß, entspringt er grenzenloser Arroganz oder Dummheit, nicht übersehen wird beim Jüngsten Literarischen Gericht, und daß ihr dann für jeden, den sie übersehen hat, eine neue Höllenqual zugedacht wird … ich mein allweil, die Dame würde ganz schön rumkommen, von Höllenkreis zu Höllenkreis.

Manchmal dann doch anfallsweise die Lust, sich an der Gurgel des ein oder anderen eine einstweilige Vergnügung zu erwürgen!

Bei der Fahrt von Tännesberg nach Böhmischbruck: Jedesmal das plötzliche Auftauchen des Steinbruchwerkes mit seinen silohohen Gebäuden und den langen Förderbändern wie irgendso ein unheimliches Drachentier im dunklen Wald ...

Ein Satz von denkbar größtem Geheimnis: *Mir hat geträumt, daß* ... Wann wohl dem ersten Menschen bewußt geworden ist, eines Morgens nach dem Erwachen: Heute Nacht, während ich schlief (das also war Schlaf!), da hat mir geträumt ...
George Steiner spricht davon, welch fundamentalen, entscheidenden Erkenntnisschritt es dargestellt haben muß, als der Mensch das erste Mal erkannte, es lassen sich Sätze bilden, die drücken einen Möglichkeitssinn aus (Konditional). Oder eine Zukunftsform (Futurum). Wahrscheinlich ist die Fähigkeit, solche Sätze zu bilden und zu verstehen, viel entscheidender für die menschliche Kulturentwicklung als das Auftreten erster rudimentärer Formen von Sprache. Meint zumindest Steiner. – Aber was ist erst mit einem Satz wie: *Mir hat geträumt, daß ...*

Im übrigen scheint mir, daß das Unglück mit dem Menschen unter anderem damit begonnen hat, daß er dieses *Mir hat geträumt, daß* … deuten wollte und will (im Sinne von Freuds Traumdeutung). Laßt es einfach das sein, was es ist: ein Erzählanfang!

Ich hasse nichts so sehr wie die Psychologisiererei. Sie ist der natürliche Feind der Poesie. Wo die eine ist, kann die andere nicht sein. So einfach ist das.

Empfehlung für Wolfgang Schäuble: Meister Flohs Gedankenmikroskop. Damit ließe sich selbst der klitzekleinste Anfangsverdacht einer nicht einmal dem Träger solcher Gedanken bewußten terroristischen Planung erhärten. (Manchmal wäre es wirklich gut, wenn man sich über die Jahrhunderte hinweg verständigen und austauschen könnte: die beiden Gespensterseher E.T.A. Hoffmann und Wolfgang Schäuble jedenfalls hätten sich sicherlich einiges zu sagen. Bei mir gibt es solche Begegnungen! Angestiftet dazu hat mich, schon vor Jahren, Michael Mathias Prechtl. Wir sollten Texte zu seinen Bildern schreiben, anläßlich der Ausstellung im November 2001 im Amberger Stadtmuseum. Damals saßen bei mir Otto Schily und E.T.A. Hoffmann bei der Christiansen, und Schily meinte über den auffälligen Aufzug des ihm gegenübersitzenden Herrn – langer Gehrock, hoch aufragender Zylinder –: »Wir haben den Trick doch längst durchschaut. Da kommen welche daher, so ganz offensichtlich auffällig, so daß sich jeder denkt, das kann gar kein verdächtig Unauffälliger sein, so wie der auffällt, aber dabei ist das nur Tarnung. So wie sich auch manche betont schläfrig geben, damit jeder denkt, ein richtiger Schläfer kann der nicht sein, denn ein Schläfer würde sich niemals schläfrig geben, der würde beispielsweise eifrig studieren, eigentlich schon wieder auffällig eifrig. Ich glaube, ich werde ein weiteres

Sicherheitspaket einbringen, das jedem Bürger der Bundesrepublik Deutschland verbietet, auch nur in irgendeiner Weise sich weder auffällig noch unauffällig zu kleiden, zu geben, zu benehmen. Da müßte doch dann sofort jeder, der sich daran nicht hält, auffallen? – Sie sehen, die Bundesregierung denkt an alles!«)

Bild der jungen Frau, die am Ende eines langen Tages in der Abendsonne müde und abgekämpft auf einem Erdhügel sitzt, vor sich den zum Richtfest fertigen Rohbau des lang erträumten, endlich unter Mithilfe der eigenen Hände Arbeit erstellten Einfamilienhauses. Und wie sie so dasitzt, ist es, als säße sie: vor den Trümmern ihrer ganzen Existenz.

Die Siebenschläfer im Klosterhof von Schloß Hirschberg (über Beilngries, im Altmühltal): Sie zetern und schreien und protestieren, über die Menscheneindringlinge in ihr Reich, das vor allem aus den Gipfeln der Apfelbäume besteht. Ob es die verzauberten Erzbischöfe von Eichstätt sind, die noch immer um ihre Sommerresidenz kämpfen, die zum Kloster umgebaute ehemalige Burg? Der Leiter der jetzt hier residierenden Fortbildungsstätte erzählt, daß wenn ihnen der nächtliche Lärm der unter ihren Apfelbäumen beim Wein schwatzenden Tagungsteilnehmer gar zu groß werde, daß sie dann anfingen, mit Äpfeln zu schmeißen …

Jusuf Naoum, Stegreif- und Mythenerzähler aus dem Nahen Osten (auch er Gast und Referent im Exerzitienhaus Schloß Hirschberg), erzählt von seiner Heimat Libanon, wo es Brauch ist, an Ostern in der Kirche – aus Freude über die Wiederauf-

stehung Christi – ein regelrechtes Feuerwerk zu veranstalten. Den Startschuß im wahrsten Sinne des Wortes dazu gibt der Pope, der unter seiner Kutte einen Revolver hervorzieht und in die Luft schießt. Es folgen die übrigen Gläubigen, unter ihnen auch einige Fischer, die, so Jusuf Naoum, es sich angewöhnt haben, mit Dynamit zu fischen. An Ostern bringen sie kleine Gaben des Sprengstoffes in die Messe mit, zünden sie hier und werfen sie durch die Gegend, über die Köpfe der Gemeinde. So manche Kirche trage Sprenglöcher in ihren Mauern.
Wir verstehen: Die Lust am Krachen-Lassen ist keine rein bayerische.

In Beilngries das Eiscafé, in dem wie selbstverständlich die Spatzen hereingeflogen kommen, durch die offene Ladenfront zur Straße hin. Halbmeterhoch über dem Boden drehen sie ihre Runden, setzen kurz auf, um hier und da ein Eiswaffelkrümel vom Boden aufzupicken, und fliegen flugs wieder davon. Sie sind die einzigen Gäste in jenem Portofino …

Die Klosterkirche im Benediktinerkonvent Plankstetten: Schon von weitem hört man die laute, fröhliche Schar von Behinderten, die mit einem Bus hierher gebracht worden sind und am Portal zur Kirche von einem der Klosterbrüder ebenso laut und fröhlich begrüßt werden. Dann geht's hinein in die Kirche und plötzlich ist eine himmlische Heiterkeit dort, ein, wie mir scheint, gottgefälliges Zungenreden unartikulierter Jauchzer und verrutschter Laller in diesem Kirchenschiff voller kindlicher Narren.

Das alte, mit den Schieferplatten des Altmühltals gedeckte Bauernhaus, daran angebaut der Backofen und an der Mauer dieses Backofens drei Kaugummiautomaten: wie Heilige Drei Könige aus dem Morgenland des Lebens, der Kindheit nämlich, so ziehen sie vorbei.

In Tirol: Der Bauer beim Heuen und sein vielleicht 8jähriger Sohn, der ihn dabei umschwirrt wie ein bösartiger, nur auf die Gelegenheit zum Zustechen wartender Weps. Und zwar umschwirrt auf einer Art Liliputaner-Motorrad. Es ist ganz offensichtlich ein Kinderspielzeug, macht aber mit seinem kleinen Benzinmotor den typisch sägenden, nervensägenden Lärm eines richtigen Erwachsenen-Motorrads. Mit Wonne dreht der Bub den Gasgriff am Lenker auf bis zum Anschlag und »schießt« dann, allerdings im Tempo eines Kindertretrollers, an uns vorbei. Plötzlich die Ahnung: Der übt für seinen frühen Tod auf irgendeiner dieser Bergstraßen hier, aus der Kurve und aus dem Leben getragen von seinem ersten »richtigen«, großen Motorrad.

Die Hornissen: Immer wieder verfliegen sie sich durchs offene Fenster herein zu mir in mein Zimmer. Schauen nach mir und meiner ihnen eigentümlich erscheinenden Arbeit am Schreibtisch. Ihr gutmütiges, tiefes Brummen schließlich. Sie haben sich überzeugt. Es klingt wie: Recht so! Weiter so! Dann lassen sie sich mit sanft wedelnder Hand wieder gerne und ohne Widerstand hinausführen zum Fenster.

Gestern unterwegs mit W. rund um Teunz. Auf dem Wildstein, einer verlassenen Felskuppe im Wald. Reste eines Burgstalls, die auf eine prächtige, große Anlage schließen lassen. Nichts davon ist übrig geblieben. Wahrscheinlich gibt es überhaupt

keine Darstellungen der Burganlage. Pläne wurden ja keine gemacht, Zeichnungen, Bilddarstellungen sind aus dieser Zeit keinesfalls die Regel (d.h. aus der Erbauungszeit sowieso nicht und später kam auch nicht überall ein Merian vorbei …).
Zuvor fahren wir durch den kleinen Weiler Kühried. W. bereitet uns schon vor, wir kämen jetzt an einem Anwesen vorbei, das man wohl als das älteste »alt-oberpfälzische Hauswesen« im ganzen Gäu bezeichnen könne. Und die Lebensweise der dort wohnenden zwei einschichtigen Brüder müsse man ebenso als sehr »alt-oberpfälzisch« bezeichnen. Nach der Ortseinfahrt muß uns W. gar nicht näher ein- und hinweisen, wir machen das betreffende Haus sofort aus. Ein unglaublicher Verhau ist es, ein altes Bauernhaus mit angelehnten Holzstadeln, Plumpsklo im Hof, überall Holz, Gerümpel, angelehnte Bretter und Stangen, die Hausmauern hängen voller Säcke mit zum Trocknen aufgehängten Zwiebeln, ein Bild wie aus dem Irland des 19. Jahrhunderts, das Ganze kommt mir vor wie arrangiert zu einer Illustration, gedacht für Flann O'Briens »Irischen Lebenslauf«. Die beiden Bewohner stehen am Hanickel-Gartenzaun, der eine mit verwegenem Backenbart (wer trägt heute noch Backenbart), sie lachen und winken uns zu, wirklich und tatsächlich aus einem anderen Jahrhundert …

Im Fond des eigenen Wagens sich als der allermeist selbst Fahrende einmal ganz dem Chauffiertwerden überlassen und mit der Welt da draußen nichts weiter mehr zu tun haben, als sie im Fahrtwind des geöffneten Autofensters vorbeiziehen zu sehen.

-

Unterwegs im Bayerwald lese ich am Straßenrand statt Kettenanlegeplatz … Keltenanlegeplatz (und erinnere mich des

Samhain-Tages im vergangenen Oktober, als Ursula und ich unversehens im Museumsdorf Gabreta nahe Ringelai in das Treffen verschiedener Keltenstämme aus Tschechien, Österreich und Bayern gerieten, und alle hatten sie ihr Wochenend-Keltentum prächtigst angelegt).

Immer wieder verblüfft von der für mich stärker und stärker hervortretenden Komik in Kafkas Texten, zumal in seinen Briefen und Tagebüchern. Manchmal denke ich mir: Beinahe alles ist Komik. Slapstick-Komik. Sein Schreiben ist ein einziger … nicht DARF-gelacht-werden-Film, sondern MUSS-gelacht-werden-Film. (Kafka soll auf das meiste, was man ihm tadelnd vorhielt, mit einem undurchdringlichen Lächeln geantwortet haben … nebst dem, daß er sofort in alle Kritikpunkte an seiner Person und seinem Verhalten einstimmte und sie noch ins Groteske vergrößerte; sehr wirkungsvolle Verteidigungsstrategie!)

Die alte Traditionsgaststätte in Waldkirchen, wo wir schon beim Betreten des reichlich überfüllten Biergartens von einer fluchenden, Leber und Galle versprühspuckenden Bedienung beinahe über den Haufen gerannt werden und wo wir zu all unserem Unglück uns auch noch ausgerechnet in deren »Zuständigkeitsbereich« setzen. Wir warten eine halbe Stunde, bis sie zum Aufnehmen der Getränkebestellung endlich unseren Tisch ansteuert, auf unsere leise Nachfrage hin, ob sie zu uns nicht auch einmal kommen möge. Ja, vonwegen, belfert sie uns gleich an, das Gegenteil könne leicht sein, daß sie nämlich jetzt gleich alles fallen lasse und nach Hause gehe, wenn das kein Ende nehme. Und so geht das weiter, über die Essensbestellung und das Servieren bis zum Abkassieren und abschiedslosen Davonrauschen. Jedesmal wenn sie sich uns nähert, ziehe ich den Kopf ein und erwarte ein jüngstgerichtliches Donnerwetter. – Und heute lese ich in Handkes »Felsfenster« den einzig abschließenden Kommentar dazu: »Ein Kellner, der nicht lächeln kann, hätte ebenso gut Gast werden können.«

Die schwärzeste Vision für alle Schwarzseher: Die Apokalypse bleibt aus. Alles bleibt beim unentschiedenen Alten.

Lese Hermann Peter Piwitts »Notate zur Nacht«. Hauptsächlich eigentlich aus Solidarität und weil ich erfahren habe, wie dreckig es ihm geht. Seine Schriftstellerei bringt ihm mittlerweile nur mehr einen Betrag ein, der liegt unter dem Sozialhilfesatz. Nie fand ich die ein Euro vierzig lächerlicher und unangemessener, die ich ihm mit meinem Buchkauf zukommen lassen kann.

Er nennt die Berufsschriftstellerei eine Absurdität und das Leben einen Dreck. Das Totsein allerdings auch. Totsein ist auch Dreck.
Mundtot gemachte Schriftsteller sind ebenfalls Dreck, weil sie sind ja, wie das Wort schon sagt, tot. Das hat der Markt und die sich »geänderte Nachfrage« erledigt ... oder sagen wir besser: geregelt. Weil das sind die Regeln des Marktes. Und die haben überhaupt nichts mit Totalitarismus zu tun. Wenn ein totalitärer Staat einen Autor mundtot macht, ist das etwas ganz etwas anderes als wenn das der freie Markt macht. (So Piwitt in seinem grabfinsteren Sarkasmus. Ich referiere das deshalb etwas ausführlicher, weil sein kleines Nachtbüchlein aus dem Jahre 2003 natürlich 2010 nirgendwo mehr präsent sein wird: in keinem Gedächtnis, in keiner Buchhandlung, in keinem Privatregal mehr.)

Lena, die soeben ein neues Wort in einer von ihr beherrschten »Fremd«sprache gelernt hat, freudestrahlend: »Und das ist jetzt das Wort für diesen Tag!« Solches wenn man auch mit und in der Muttersprache öfters sagen könnte. Und überhaupt auch diese Notate hier, vor allem die kurzen, die ein-, zweizeiligen, sie sind im Grunde: das Wort für den Tag.

Lenas Freunde aus Schweden erzählen von den Wintern in ihrer Heimat. Morgendämmerung sei dann um elf Uhr, Abenddämmerung um 14 bis 15 Uhr. Und dann die Begeisterung bei dem Satz: Aber der Frühling! Von dem einen auf den anderen Tag sind plötzlich alle glücklich. Wie befreit!

Forscher entdecken im Weltall ein gigantisches Loch – Durchmesser vier Milliarden Lichtjahre –, das buchstäblich aus Nichts besteht. Es gibt dort weder Sterne noch Galaxien noch Gas noch die sogenannte Dunkle Materie, von der gesagt wird, sie sei unsichtbar. – Bei meinen häufigen Anflügen von Weltverdrossenheit denke ich mir diesen Un-Ort als das für mich passendste Eckerl im Universum. Dort könnt' ich es aushalten.
Gilt aber eben nur für diese Weltverdrossenheitsmomente; dann schlägt es sofort wieder um in eine sehnsüchtige Liebe für all die fastnichtigen Augenblicke, von denen ich hier, mühsam genug und scheiternd nur allzu oft, zu erzählen versuche. Dann kann jedes Fleckerl im Garten, jeder Feldweg und jedes Waldschattenstück zu einem vier Milliarden Lichtjahre durchmessenden »Gegenstück« werden, voll der hellsten Materie. Und es ließe sich von diesem »Gegenstück« selbiges sagen, was die Forscher von dem gigantischen Loch, ihrer Entdeckung, gesagt haben: Wir haben es gesehen. Wir wissen, es ist da, können es aber nicht erklären. Etwas ist nicht normal. Genau!! Etwas ist nicht normal.

Das ist es: statt dunkler Materie helle Materie. An guten Tagen fühle ich mich in helle Materie getaucht, und sonst nichts. (Das erklärt auch meine Liebe, ja Verfallenheit an den Sommer … genauer noch ans Sommerlicht … wenn alles helle Materie ist. Wie letzten Juli, als ich am heißesten Tag des Jahres durchs Regental nach Viechtach ging, Hubert und seinem Verlag entgegen. Ach, war das schön!)

Der Bub, der von seiner Mutter minutenlang ausgeschimpft wird, sie zu ihm heruntergebeugt, er den Kopf gesenkt, bloß nicht die Mutter anschauen müssen. Dann aber urplötzlich reißt ihn etwas aus dieser Dulderhaltung heraus. Mit einem jähen Ruck dreht er sich um und läuft davon. Dann noch einmal ein kurzes Zögern vor dem Abbiegen ums Hauseck herum. – Soll ich noch einmal zurückschauen? Nein!, er geht, ohne Blick zurück und ohne ein einziges Wort tritt er ab, und es ist wirklich ein sehr effektvoller Abgang wie von großer Bühne. Er ist der Held des Nicht-länger-mehr-Zuhörens und des Kein-Wort-mehr-Sagens zur Mutter.

Ironie als Krankheit. Freilich keine Kinderkrankheit – Kinder kennen keine Ironie, die Glücklichen! –, sondern eine Erwachsenenkrankheit. Auch Krankheit der Lebenserfahrenen, allzu Abgeklärten. Die alles nur mehr mit einem maliziösen Überlegenheitslächeln quittieren können.
Und das schreibe ausgerechnet ich, der für eine besonders ironische Schreibart Bekannte … ja, oft genug Gelobte. (Jetzt gerade im Moment kommt es mir vor: Verhöhnte!) Und doch spüre ich: Dieses ironische Wort muß, ja darf nicht das letzte sein. (Die Mühen des Ablegens einer Erwachsenenkrankheit. Wer weiß, vielleicht ist man dafür wenigstens den Rest des Lebens immun dagegen.)

Der alte, vielgebrauchte Fäustel eines Steinmetzes: beide Aufschlagflächen des Hammerkopfes – Bahn genannt – haben jeweils ein mindestens ein Zentimeter tiefes Loch vom jahrelangen Einhämmern auf den Meißel. Ein Bild, das plötzlich aufscheinen läßt, was »Arbeit« heißt. – Könnte ich doch nur am Ende meines Erwerbslebens auch etwas vorweisen, was diesem Steinmetz-Fäustel ähnlich wäre. (Die mehreren Computertastaturen, die ich so verbraucht haben werde, daß man die aufgedruckten Buchstaben nicht mehr wird lesen können, zählen ja wohl nicht.)

Das junge Tschechenmädchen, Tochter des Pensionsbesitzers, das von ihm herbeigeholt wird, um mit uns zu verhandeln, sie nämlich spricht, anders als der Vater, ein paar Brocken deutsch, und ihr helles, ungläubiges Auflachen dann, ihr sichtliches Amüsiert-sein über uns drei alte Zausel, als wir ihr erklären, wir bräuchten ein Zimmer auf unserer Fußwanderung von Pilsen nach Prag. Wie? Tatsächlich? Von Pilsen nach Prag … zu Fuß?! (Das war am 1. September, während wir die Route für unsere zweite Goldene-Straßen-Wanderung abfuhren, um Quartier zu machen …)

Es empört mich aufs heftigste, wenn behauptet wird, es sei ja nur Neid, der mich die strikte Weigerung aussprechen läßt, Bücher zu lesen, die auf den ersten fünf Plätzen der Bestsellerliste stehen. Nein, das ist lediglich Gerechtigkeitssinn. Ja, ich will wenigstens mit meinem Lesen wieder ein Stück Gerechtigkeit herstellen!

Mögliches Motto für einen der nächsten Tagwerk-Bände: »Ein Buch aus Anmerkungen. Der Text kommt nach.« (Elias Canetti)

Der Wiener Psychotherapeut Viktor Frankl, Überlebender der KZs von Auschwitz und Türkheim, wartet mit einer verblüffenden Maxime auf, die er sowohl seinen Patienten, in der Mehrzahl Suizidgefährdeten, als auch sich selbst immer wieder vorhielt. Sie lautet schlicht: Was muß ich mir eigentlich noch alles gefallen lassen … von mir? Muß ich mir meine Angst gefallen lassen? Nein! Er selbst, Frankl, begann als Auflehnung gegen seine ureigenen Ängste die alpine Bergkletterei. Würde das, angewandt auf mich, bedeuten: Mach' endlich den Pilotenschein?

Zwei Elstern vertikutieren für uns den gesamten Garten, indem sie mit ihren Schnäbeln kleine Moosbäuschchen ausrupfen, um nachzusehen, ob sich darunter nicht ein Wurm verberge. Das ausgerissene Moos werfen sie neben sich, gehen ein, zwei Schritte weiter, wiederholen den Vorgang. So arbeiten sie sich nach und nach über die gesamte Rasenfläche, die zum Großteil eh nur mehr aus Moos besteht. Nachdem sie mit ihrem Werk fertig sind, ist der Garten übersät mit den ausgerissenen Bäuschchen. Wie ein Noppenteppich sieht er jetzt aus.

»Zuerst gehst du ins Altersheim, wirst rausgeschmissen, wenn du zu jung wirst, spielst danach ein paar Jahre Golf, kriegst eine goldene Uhr und beginnst zu arbeiten. Anschließend geht es auf die Uni. Du hast inzwischen Erfahrung, das Studentenleben richtig zu genießen, nimmst Drogen, säufst. Nach der Schule spielst du fünf, sechs Jahre, dümpelst neun Monate in einer Gebärmutter und beendest dein Leben als Orgasmus.« Kein schlechter Vorschlag. Von Donald Sutherland.

Nach langem Gehen bei einer Rast den Rucksack abgenommen und an eine Mauer gelehnt, und er fällt nach einer Weile, vollbepackt wie er ist, um: wie vor Erschöpfung.

Der Professor lädt ein zu Kaffee und Kuchen. Nach Guben in der Niederlausitz, genauer in sein »Plastinarium« in den ehemaligen Fabrikationshallen der »Gubener Wolle«. Von jeglicher »Wolle« befreit sind die dortigen Ausstellungsstücke, es sind nämlich tatsächliche menschliche Leichen, denen der Herr Professor die Haut abgezogen hat, damit sich der Betrachter der Faszination eines echten menschlichen Innenlebens rückhaltlos hingeben kann. Eines der Ganzkörperplastinate des Herrn Professor hält seine abgezogene Haut weit von sich gestreckt in der rechten Hand … gräulich-farblos, wie einen alten Mantel. Der Herr Professor ist ein freundlicher Mensch. Wie selbstverständlich heißt es bei ihm: Treten Sie ein und legen Sie ab!
Wen er einzutreten eingeladen hat an diesem Tag, sind seine zukünftigen Werkstücke. Noch bewegen sie sich, sind lebendig, nach seiner Behandlung werden sie ein hartes, unverwüstliches Stück Plastik sein. Der Herr Professor und seine Lehrlinge – er habe das beste Verhältnis zur Gubener Bevölkerung, sagt er – werden die Werkstücke enthäuten, werden Formalin in die Arterien pumpen, um sämtliche Bakterien abzutöten, werden das »Präparat« in ein Azetonbad legen, um ihm das Körperwasser zu entziehen, und anschließend wird dann in einem Austauschprozeß in einer Vakuumkammer selbst in die letzte Körperzelle eine Silikonkautschukmischung gepreßt. Das fertige Präparat ist vollkommen trocken, geruchlos und unbegrenzt haltbar.
Die Gäste, 700 Körperspender aus Deutschland, Österreich und der Schweiz, dürfen an diesem Tag ihre Haut noch anbe-

halten, denn offensichtlich sind sie noch lebendig und dazu in der Lage, sich Kaffee und Kuchen einzuverleiben. Es schmeckt ihnen. Denn die Aussicht auf ihr Leben und vor allem darüber hinaus ist glänzend. So glänzend wie die angestrahlten Körper-Leporellos, die der Herr Professor so kunstvoll aufzublättern weiß: Da schälen sich Muskelpartien ab, Schädel sind säuberlich entzweigeschnitten, Arterien und Venen hängen wie noch nicht angeschlossene Stromkabel von den Armen. Niemandem wird schlecht, allen wird gut. Die Gäste des Herrn Professors freuen sich darauf, nicht in der Erde vermodern zu müssen. Mensch bedenke, daß du nicht mehr länger dazu verdammt bist, aus Staub gemacht zu sein und zu Staub zu werden, du kannst dich auch dafür entscheiden, ein abstaubbares Stück Plastik zu werden. Und zwar bis in alle Ewigkeit. Das alles hat man dem Herrn Professor zu verdanken. Wer würde sich nicht lieber ihm hingeben als den Würmern? Eine entzückte Spenderin ihres eigenen Körpers aus Österreich bringt es auf den Punkt. Sie hat eigens ein Gedicht mitgebracht, ein Lobgedicht für den Herrn Professor. »Möchtest du dich den Würmern hingeben / oder fein säuberlich verpackt sympathisch weiterleben?«

Was ich bislang auch nicht wußte: Die katholische Kirche hat jahrhundertelang – vorwiegend in ihren Klöstern – ein Verbot aufrechterhalten, daß bei Tische keine Gabeln benutzt werden durften. Die drei Zinken der Gabel wären nämlich ein Zeichen des Teufels. Das ist der Grund, warum die Menschen im Mittelalter oft nur mit Holzlöffeln und Messern gegessen haben. Freilich: Mit dem Löffel ließ sich so manches faßrunde Bäuchlein von einem Mönchsbruder leichter und schneller füllen, rutscht nicht soviel durch wie bei einer Gabel. Wieso ist man in klerikalen Kreisen noch nie darauf gekommen, daß eigentlich auch dies Bild als unbedingt teuflisch gelten muß:

Während Jesus das Kreuz auf dem Rücken trug, bei seinem letzten Weg hinauf nach Golgatha, tragen es seine angeblichen Statthalter hienieden auf dem bis zum Zerreißen gespannten Ranzen! (Letzteres stammt, es sei verraten, von Herbert Müller-Guttenbrunn. Sein »Alphabet des anarchistischen Amateurs« ist – dank sei dem Matthes & Seitz Verlag – wieder verfügbar. Man darf also einen Polemiker und Freigeist wieder entdecken, der seiner boshaften Attacken auf Kirche und Staat wegen nicht nur einmal mehrmonatige Haftstrafen verbüßte. Das war während der 1920er Jahre.)

Leichenbegängnis auf dem Land: die Gruppen lachender Männer in ihrem hemdsärmeligen Schwarz heraußen vor der Kirche, während drinnen noch der Trauergottesdienst abgehalten wird. Sie halten sich fest an ihren Fahnenstangen und Blechblasinstrumenten. Sie lassen den Pfarrer reden, was er anscheinend zu reden hat. Ihr letzter Gruß dann ist die arg verbeulte Version eines beim Hinausgehen auf den Friedhof gespielten Trauermarsches.

Harald, Friedrich und ich, wir sind auf der Heimfahrt mit dem Zug vom Prager Hauptbahnhof nach Cham. Waren wieder gut eine Woche unterwegs auf der zweiten Etappe unserer Wanderung entlang der Goldenen Straße, diesmal von Pilsen nach Prag. Haben es klüger angestellt als auf unserer ersten Etappe und das Groß-an-die-Glocke-Hängen und Einladen von jedermann zum Mitwandern tunlichst unterlassen. Waren die ganze Zeit also nur zu dritt, das heißt einmal begleitete uns ein kleines Stück lang eine Schulklasse aus Rokycany mit ihrer Deutschlehrerin … das war lustig, vor allem wie sich die Buben, 10, 11 Jahre alt, darum rissen, unsere großen, schweren

Rucksäcke tragen zu dürfen. Ansonsten zeitigte das Ganz-unter-uns-Bleiben ein noch tieferes Erleben und Aufnehmen der vielen Eindrücke, sei es des herrlichen Karsttales der Berounka, des schauderhaften Unterwelt-Hotels in Černošice oder des vormittaglangen Gehens entlang der Moldau durch den Stadtrandgürtel Prags. Was ist das doch für ein ganz anderes Annähern und Ankommen, allerdings stundenlang auch durch Areale, die ganz von Zufußgehern gesäubert scheinen. Bis auf uns! Einmal fragten wir unterwegs einen tschechischen Angler nach dem Weg. Er wollte uns zur nächsten Trambahn-Station lotsen. Wir bedeuteten ihm: Nein, zu Fuß wollen wir bis zur Karlsbrücke gehen. Er schüttelte nur den Kopf.
Jetzt also die Rückfahrt, bei der im Halbstundentakt die Stationen vorbeihuschen, für die wir die Woche zuvor je eine Tagesetappe brauchten. Eben fuhren wir durch den ehemaligen Arbeitervorort Prag-Smíchov, wo mitten auf dem Bahnsteig neben dem Trafikstanderl, angebracht an einem der Stahlträger, die das Dach des Perron stützen, ein hoher Vogelkäfig hing, und darin, auf seiner Stange sitzend, ein herrlicher Papagei, nein, ohne Spielzeugschaffnermütze auf dem Kopf, aber doch so etwas wie der Bahnhofsvorstand mit seiner krächzenden Kommandostimme (ob er die Lautsprecherdurchsagen nachahmt, nachsagt?). Wir schauten uns an und waren uns einig: Das wäre der rechte Titel für ein Tagebuch dieser Wanderung, nämlich »Der Papagei vom Bahnhof Smíchov«.

Eine Meise verfliegt sich durch die offene Balkontüre herein in unser Wohnzimmer. Findet nicht mehr hinaus. Gerät in Panik. (Kennen Tiere Panik?) Jedenfalls scheißt der Vogel bei seinen wiederholten, verzweifelten (kennen Tiere Verzweiflung?) Versuchen, die helle Öffnung des Fensters als Fluchtweg zu nutzen, die dann aber von Glas versperrt ist, Fensterglas und Wände an, ehe er Zuflucht im Bücherregal findet. Auf dem obersten Regal versteckt er sich hinter den dort stehenden Büchern. Dort bleibt er erst einmal verschwunden, für eine Stunde und mehr. Dann taucht er wieder auf, völlig verändert. Als ob er sich Mut und Ratschläge geholt hätte, dort oben in den Büchern. Er springt auf eines der besonders hoch herausstehenden, weil großformatigen Bücher, »überblickt« die Lage, stürzt sich in einen Flug quer durchs Zimmer und findet auf Anhieb die offenstehende Balkontüre.

Wär noch ein schönes Motto gewesen, zusätzlich zu dem stifter'schen, für mein »Seltsames Land«, nämlich aus Martin Walsers Roman »Halbzeit«, dessen »Held«, Anselm Kristlein, ebenfalls Vertreter ist. Da sagt eine Figur zu ihm und seinen Kollegen: »Ihr seid Gottes letzter Würgeengel, er erfand den Vertreter und starb.« (Übrigens passagenweise die grandioseste Anverwandlung jean-paul'scher Erzählweise ins Heutige, dieser Walser-Roman, die perfekte Exemplifizierung dessen, was Doderer meinte mit dem Herunterbremsen des Erzähltempos auf nahezu Null, nur so sei es höchste Prosakunst, und das ist hier, wie gesagt, passagenweise aufs eindrucksvollste und amüsement-bringendste gelungen. Allerdings fragt man sich schon manchmal, nachdem man 50 Seiten Aneinanderreihung eines Aperçus an das andere, eines Bonmots an das nächste, gelesen hat … and so for what? – Für die Gehirnhauterheiterung natürlich, und für sonst weiter nichts!)

Wieder Schullesung. Diesmal in Eschenbach, in der Nähe von Pressath (das ist am Rande des Truppenübungsplatzes Grafenwöhr; als ich am Bahnhof ankomme, steht dort ein elendslanger Güterzug mit aufgeladenen Panzern der US-Army).

Wieder schauen sie mich groß und klein an, die meistenteils Schülerinnen. Während der Lesung allerdings gelingt es mir, ein Lächeln auf das ein oder andere Gesicht zu zaubern. Wie gerne würde ich wissen, ob jemals einer oder eine von ihnen ein Buch von mir lesen wird. So sehr ihr momentanes Interesse, ausgedrückt durch eifriges Nachfragen, echt wirkt: Ich kann's mir gar nicht vorstellen.

Walter Kempowski, der arme, der große. Seit drei Wochen ist er tot. Was an ihm gutzumachen wäre, ist nicht mehr gutzumachen. An ihm hat sich der Literaturbetrieb versündigt wie an nur wenigen. Er war der Jean Paul unserer Tage. Und er wird dasselbe Schicksal erleiden wie Jean Paul. Abgedrängt in irgendeine Fußnote der Literaturgeschichte. Im Schatten von Grass/Walser/Siegfried Lenz ist ihm die undankbare Rolle des »sonderbaren Kauzes« zugeteilt worden. Dabei steckt er sie alle in die Tasche. Wie ja auch der Provinzler und Kauz Jean Paul locker all die Olympier aus Weimar in die Tasche gesteckt hat. Schaut halt mal nach. Hallo, ihr da! Schaut mal in Jean Pauls Taschen nach, wer da drinsteckt.

Der Redakteur, dessen Lieblingsredewendung ist: Das nehme ich Ihnen ab. Er meint: den vorgeschlagenen Beitrag. Es klingt aber wie: die Lüge. Diese Lüge nehme ich Ihnen ab.

Das erste Mal bei den Proben zu »3165 – Monolog eines Henkers« dabei. Vorab führen sie mich in die Montagehalle eines Metallbetriebes in Vohenstrauß, wo gerade das einzige Requisit des Stückes gefertigt wird … die Guillotine. Und zwar nach den Konstruktionszeichnungen jener Maschine, die Reichharts

Onkel benutzte und die vor kurzem in der StaBi wiedergefunden worden sind. Karin Dütsch hat sie in ihrer Beilage »Unser Bayern« reproduziert – da fielen sie mir auf.
Der Nachbau sieht verblüffend echt und recht furchteinflößend aus. Man fordert mich auf, das Fallbeil doch einmal auszulösen. Mit einem kalten metallischen Rrritsch!!! saust es herunter. Ich muß sofort an die Szene denken, die ich ins Stück hineingeschrieben habe, wo sich der Henker in selbstmörderischer Absicht unter sein eigenes Fallbeil legt. Es gelingt ihm nur deshalb nicht, sich selbst zu köpfen, weil sein Arm nicht zum Auslösemechanismus hinreicht. Ich frage Christian, der die Rolle spielen wird: »Und du legst dich da wirklich drunter.« »Selbstverständlich! Ich bin schließlich ein harter Hund.« Er begutachtet mein Staunen. Erst dann zeigt er mir den »Trick«: Das Messer bremst schon über der für den Hals ausgeschnittenen Öffnung der Lünette. Von vorne, durch das Brett verdeckt, sieht man das nicht, und erst einmal stutzt man auch nicht. Da kann nichts passieren, sagt Christian. Und dennoch habe jeder ein mulmiges Gefühl und keiner traue sich zum Beispiel, den Arm durch die Lünette zu stecken, während ein anderer das Fallbeil auslöst. – Es wird noch viel herumgealbert, vor dem Hinrichtungsinstrument und später dann auch während der Proben. Wahrscheinlich ist das ein Abwehrmechanismus gegen das monströs Grausliche, was hier eigentlich zur Darstellung kommen soll: ein Mann, der 3165 Leben ausgelöscht hat. (Immer wieder rutscht mir, wenn ich erzählen soll, worum es in dem Stück gehen wird, heraus, Reichhart habe 3165 Menschen »umgebracht« … streng genommen müßte ich sagen, hingerichtet. Im Stück selber lasse ich ihn mehrfach sagen: Hinrichten und umbringen, da ist ein Unterschied. Ist es das? Ist es nicht vielmehr einfach Mord? Nach den Gesetzen natürlich nicht. Obwohl … Mord wird definiert als »vorsätzliche Tötung eines anderen Menschen mit einem besonderen Motiv«. Hier ist das Motiv Vergeltung und

Rache für eine begangene schwere Straftat. Aber Juristen würden mir sicher eine spitzfindige Unterscheidung vorlegen. Soldaten sind ja ihrer Auffassung nach auch keine Mörder!)

Lesung in Amberg. Anschließend hält mir eine sehr ladyisch aussehende Blondine mittleren Alters ein Exemplar meines Buches hin und meint, »schreiben Sie bitte ›für meine Freundin Renate‹.« Stahlkaltes Lächeln. Sie meint natürlich ihre Freundin Renate. Dumm und brav wie ich bin, erledige ich das mir Aufgetragene. Noch während ich unterschreibe und das Buch zuklappe, dämmert mir, jetzt kann sich in Zukunft irgendeine wildfremde Dame irgendwo in Amberg oder Umgebung damit brüsten, sie sei meine Freundin.

Wieder einen motto-tauglichen Satz gefunden: »Die Gattung Tagebuch wird es länger geben als den Roman.« Helmut Krausser. Und wahrscheinlich hat er sogar recht.

Gestern der erste Schnee des Jahres. Ein pappig-nasser und gleich in Massen. Mußte aber trotzdem unbedingt in den Wald hinaus, mich bewegen. Nichts schien mir unaufschiebbarer jetzt als ein ausgedehntes Gehen. Spüre, wie es manchmal meine einzige Rettung zu sein scheint. Draußen das Bild eines nebelverhangenen, tief verschneiten Winterwaldes. Kein Mensch unterwegs. Ich stapfe durch den hohen Schnee, in dem Abdrücke riesiger Hundepfoten zu sehen sind. Plötzlich ein lautes Knacken. Ungefähr 20 Meter vor mir stürzt direkt auf den Wanderweg ein vom nassen Schnee abgebrochener Ast herunter. Dichter von Ast im Wald erschlagen! Doch nicht einmal mit einem solch furiosen Ende hätte ich Anspruch auf Originalität. Ist ja bereits dem Ödön von Horvath passiert: Der wurde tatsächlich von einem Ast erschlagen. Und noch dazu mitten in Paris! (10. November)

Der Fasching geht wieder los. Und ich schlage – zufällig – im Bayerischen Wörterbuch, welches eine unerschöpfliche Fundgrube ist, das Stichwort »Ball« nach, im Sinne von Tanzveranstaltung. Was es nicht alles für Bälle gibt/gab, Turnerball, Dienstbotenball, Kriegerball, Lumpenball, Weiberball, Wurstball. Am besten aber gefällt mir, der ich doch durch und durch ein Ballmuffel bin, die Redewendung ›i gäih iatz auf 'n Federnball‹, was nichts anders bedeutet als ›ich geh jetzt ins Bett‹.

Im Stadtmuseum von Amberg Ausstellung einer Auswahl von Rembrandts Druckgraphiken. Wie schon zwei-, dreimal in der Vergangenheit – unter anderem bei einer Michael-Mathias-Prechtl-Schau – fragt uns die Museumsleitung, ob wir nicht einen literarisch-musikalischen Abend zu den Ausstellungsstükken machen wollen. Nach anfänglichem Zögern meinerseits bin ich jetzt doch ganz lustigen Sinnes bei der Sache. Schreibe kleine Szenen/Monologe, in denen einige Figuren, die auf Rembrandts Blättern zu sehen sind, Stimme und Geschichte bekommen. Zum Beispiel die Pfannkuchenbäckerin. Der Abend mit Friedrich und Karl als Mitlesende und Norbert und Anka als unsere musikalischen Weg- … nicht -begleiter, sondern Wegbereiter wird ein recht amüsanter, mit viel Publikumsgelächter. (Auch meine Textreihe außergewöhnlicher Zusammentreffen kann ich fortsetzen, bin ich doch bei meinen Recherchen darauf gestoßen, daß unser Sulzbacher Christian Knorr von Rosenroth zumindest dem Möglichkeitssinn nach Rembrandt in Amsterdam getroffen haben könnte.)

Bekanntlich reiste der 27jährige Christian Knorr von Rosenroth im Jahre 1663 – zum Zwecke diverser Privatstudien – unter anderem nach Amsterdam. Unbekanntlich suchte er dort auch den Maler Rembrandt auf. Er hatte von dessen Kupferradierung gehört, auf der einem Gelehrten eine kabbalistische Buchstabenkombination erscheint – in seiner dunklen Stube eine hell leuchtende Buchstabenkombination. Überhaupt: diese Verteilung von Hell und Dunkel, von Nacht und Licht ... das war doch genau das Geheimnis, dem der junge Magister auf der Spur zu sein glaubte. Er hatte schon mit Mennoniten und Theosophen, mit Kabbalisten und Alchemisten gesprochen, ganz Amsterdam summte von deren geheimnisvoll raunenden Stimmen wie ein Bienenstock Gottes. Alle sagten sie im Grunde dasselbe: Es ist alles eine Frage der Ausschüttung des göttlichen Lichts.

Genau so hatte es auch Christian Knorr von Rosenroth zu Rembrandt gesagt, nachdem er Einlaß bei ihm gefunden hatte.

»Sind Sie nicht auch der Meinung, Meister, daß alles eine Frage der Ausschüttung des göttlichen Lichts ist? Man muß im Grunde nur auf Ihre Bilder schauen, Ihre wundervollen Bilder und auch auf diese unglaublich meisterhaften Radierungen, manche sind ja völlig schwarz ... und auf einmal wird von irgendwoher ein Strahl göttlichen Lichts ausgeschüttet ... wie machen Sie das nur, Meister Rembrandt?«

Solche Fragen liebte Rembrandt gar nicht. Aus Schreck verschüttete er einen Schwall Weißwein, den er sich eben in sein Glas eingeschenkt hatte. Es war die reinste Ausschüttung göttlichen Lichts, so wie dieser herrliche Weißwein von der Mosel funkelte. Dem Gast bot er nichts an. Das war nämlich sein Wein. Und außerdem brauchte er den dringend. Es war nämlich alles so furchtbar schrecklich. Das Leben und überhaupt, seit ihm seine Saskia weggestorben war.

»Sie sind doch sicher auch der Meinung, daß am Anfang von allem das unendliche En-Sof war?« wollte Knorr von Rosenroth in seiner kabbalistischen Gelehrtendiskussion fortfahren.
»Wer soff?« fragte der Meister nach.
»En-Sof. Und dann folgte der Rückzug Gottes aus seiner eigenen Schöpfung. Er hat den Zimzum gemacht. Durch den Zimzum beschränkte sich das En-Sof und es entstand der Ur-Raum. Und in den hinein konnte dann Adam Kadmon treten, der ursprünglichste Mensch.«
»Und was war um den Ur-Raum zimzum-zerum?« fragte Rembrandt, der sich jetzt sehr anstrengen mußte, um der Unterhaltung auch etwas Substantielles beizusteuern. Er nahm einen Schluck. »Um den herum muß doch auch was gewesen sein, um diesen Ur-Raum. – Wo kommen Sie eigentlich her?«
»Ursprünglich aus Alt-Raudten bei Wohlau. Schlesien.«
»So, so, aus Schlesien«, wiederholte Rembrandt. »Und wo wollen Sie anschließend hin, ich meine, wenn Sie hier in Amsterdam fertig sind?«
»Man ist mir sehr behilflich. Man stellt mir in Aussicht, zum Pfalzgrafen Christian August nach Sulzbach zu gehen, in die Kanzlei dort.«
»Sulzbach?« fragte Rembrandt nach.
»Ja, Sulzbach!«
»Wo liegt denn das?« Man kannte Sulzbach in Amsterdam nicht.
Der junge Magister schien die Frage nicht gehört zu haben und ließ nicht locker.
»Aber es gibt doch diese Radierung von Ihnen.«
»Welche Radierung? Ich hab fast 400 gemacht!«
»Die mit dem Gelehrten, dem in seiner Stube plötzlich eine geheime Buchstabenkombination vor Augen steht … eine Lufterscheinung … Lichterscheinung.«

»Ach die!« sagte Rembrandt, überlegte kurz, fing dann an zu suchen in dem ungeheuren Durcheinander seines Ateliers. Schließlich fand er in einem der Regale unter Stößen von Papieren einen Abdruck.

Er hielt ihn dem jungen Magister hin. Der nahm ihn, als ob ihm von Moses die Bundeslade hingehalten würde. Vorsichtig drehte er das Blatt in den Händen, um die in zwei Kreisen angeordneten Buchstaben entziffern zu können.

»A L G A S T N A, A M R T E T, A L G A R, D A G L R A M, A D A M«, las er mit höchster Ehrfurcht.

Rembrandt mußte grinsen. Er schien sich an etwas zu erinnern.

»Dat rar Aar lag taglang am Amstel Dam.«

»Wie bitte!«

»Ja, das hab ich für Titus gemacht, damals, wie er anfing die Buchstaben zu lernen. Anfangen tut man ja mit dem ›A‹. Dat rar Aar lag taglang am Amstel Dam.«

»Was soll das heißen?«

»Ein Anagramm. Da ist ein bißchen niederrheinische Mundart mit dabei. Ich stamm ja aus Leiden, wissen Sie. ›Dat rar Aar‹, der seltene Greifvogel … lag tagelang am Damm der Amstel! Gut, was?!«

Christian Knorr von Rosenroth sah den Meister völlig entgeistert an. Der schenkte sich noch einmal nach. Vom guten Moselwein. Seine Stimmung stieg. Zu seinem Gast sagte er: »Möchten Sie auch ein Gläschen?«

Heimfahrt in der Nebelnacht von einer grauenhaft danebengegangenen Lesung in Auerbach, und das einzige, was leuchtet in dieser Nacht, ist die runde Bahnsteiguhr eines verlassenen Haltepunktes der Deutschen Bundesbahn, wie eine Mondscheibe hinterm Nebel …

Gestern (24. 11.) in Traunstein, Treffen mit Willi Schwenkmeier, den ich für meine Sendung »Die Thomasbernhardorteaufsuchkrankheit« interviewe. Er zeigt mir alle Plätze, die in Thomas Bernhards Buch »Ein Kind« eine wichtige Rolle spielen. Also das Wohnhaus der Familie Fabjan in den Jahren 1938 bis '44, Schaumburgerstraße Ecke Taubenmarkt, dann die Dentistenstiege hinunter an die Traun, den Weg zum Eisenbahnviadukt, dann über die Weinleite hinauf nach Ettendorf, wo der geliebte Großvaterschriftsteller, Johannes Freumbichler, zusammen mit Anna Bernhard im Strohmayerhaus, einem alten Bauernhof, im ersten Stock eine kleine Wohnung bezogen hatte. 1938 sollten die beiden heiraten, nachdem sie über 30 Jahre lang in sogenannter wilder Ehe gelebt hatten. Der Straßerhof, so genannt nach seinem letzten Besitzer, steht seit Ende der 70er Jahre nicht mehr. Er soll genau in jenen Tagen abgerissen worden sein, als Thomas Bernhard, wahrscheinlich aus Recherchegründen für »Ein Kind«, zusammen mit einer Tante noch einmal die alten Örtlichkeiten nachschauen wollte. Sie standen davor, wie die Abrißbirne gerade zuschlug, hätt' eine Nachbarin berichtet, erzählt Schwenkmeier.
Wir gehen auf eine sehr markante Hügelerhebung hinauf, auf der eine Georgskapelle steht. Von hier aus würde man die Stelle sehen, wo der Straßerhof nur zwei-, dreihundert Meter entfernt gestanden hat, wenn nicht so eine Nebelsuppe wäre. Und dann erzählt mir Schwenkmeier eine Fußnote aus der Dichterbiographie, die noch in der ganzen Thomas-Bernhard-Forschung meines Wissens nirgendwo erwähnt worden ist: daß es nämlich sein könnte, daß sich Thomas Bernhard und Joseph Ratzinger, der jetzige Papst Benedikt XVI., als Kinder gekannt haben. Nein, eigentlich ist es nahezu auszuschließen, daß sie sich nicht begegnet sind. Joseph Ratzingers Vater, bekanntlich Gendarmeriemeister an wechselnden Orten im Chiemgau, hat sich in den 1930er Jahren in Hufschlag, einem Ortsteil von Ettendorf, ein Häuschen gekauft. Dorthin ist die Ratzingerfamilie wohl 1937 gezogen, nur wenige hundert Meter

entfernt vom Straßerhof. Die beiden Ratzingerbuben, Georg und Joseph, wurden ins Priesterseminar St. Michael nach Traunstein geschickt. Auch wenn man berücksichtigt, daß sie nur an wenigen Wochenenden nach Hause zu ihren Eltern durften, wäre es dennoch äußerst unwahrscheinlich, wenn sie dort nie mit dem Enkel ihres Nachbarn, des etwas kauzigen, schriftstellernden Eremiten, in Kontakt gekommen wären. Ja, vielleicht haben sie sogar zusammen jene Art von Lausbubenstreichen ausgeheckt, die Thomas Bernhard in »Ein Kind« beschreibt. Nämlich Äste und Steine auf die nahbei entlangführenden Eisenbahnschienen zu legen, in der Absicht, Zugwaggons aus den Gleisen zu hebeln, »aber die Züge dachten nicht daran zu entgleisen«, heißt es in »Ein Kind«. Willi Schwenkmeier jedenfalls breitet jedesmal genüßlich bei seinen Führungen diese seine Spekulationen aus und erntet meist Gelächter. Doch einmal bekam er anschließend ein Protestschreiben, er möge diese Verunglimpfungen des Heiligen Vaters unterlassen.

Sehr angenehmer, sehr bairischer Mensch, dieser Willi Schwenkmeier. Er erzählt mir noch so manches, hie und da vermerkt er, ich möge das bitte »off records« behandeln. So weiß er zum Beispiel zu berichten, daß ihn Gerda Maleta verläßlich darüber aufgeklärt habe, aufgrund welchen Vorfalles es zum endgültigen Zerwürfnis zwischen Karl Ignaz Hennetmair und Thomas Bernhard gekommen sei. Ich laß es mir genau erzählen. Sehr erhellend auch eine Episode, die ihm Susanne Kuhn, die Halbschwester Thomas Bernhards, die ja ganz in der Nähe von Traunstein lebt, erzählt hat, als Antwort auf die Frage, wie das Verhältnis von Emil Fabjan, dem Vormund, zu Thomas Bernhard gewesen sei. Er hat ihn ja nie an Sohnes Statt angenommen. Und einmal, als er auf Fronturlaub nach Hause gekommen sei, sei die ganze Familie ihm am Bahnhof entgegengelaufen, zufälligerweise Thomas Bernhard als erster voran. Da sei Emil Fabjan einfach an ihm vorbeigegangen, ohne die geringste Beachtung, um gleich darauf seine leiblichen Kinder in den Arm zu nehmen und hochzuheben. – Letzten Endes hat Thomas Bernhard in seinem späteren Leben genau die Rolle angenommen, die ihm seit der frühesten Kindheit mit brachialer Unerbittlichkeit zugewiesen wurde: ein *Unruhestifter* und *Nichtsnutz* zu sein. Und Willi Schwenkmeier meint, genau das wiederum sei es, was die doch beträchtliche Gemeinde der Bernhardianer wiederum zwinge, ihn so bedingungslos in Schutz zu nehmen. Eine vertrackte Wechselwirkung, die Bernhard, das alte Schlitzohr, doch auch gespürt und forciert haben wird.

Vor einigen Tagen stand in der »Passauer Neuen Presse« etwas über den Fall eines Selbstmörders aus Mühldorf. Der Mann hatte sich aus Verzweiflung über den Krebstod seiner Frau selbst entleibt, indem er ungebremst gegen einen Baum am Straßenrand gerast war.
Nun ist bekannt geworden, daß beide, sowohl der Ehemann als auch die Frau, schon geraume Zeit vorher Gunther von Hagens und seinem »Institut für Plastination« ihre Leichen vertraglich zugesichert hatten. Ja, der Selbstmörder soll sogar noch kurz vor seiner Tat in dem Institut angerufen und erklärt haben, er sei jetzt soweit und alles sei geregelt. Sein bescheidenes kleines Restvermögen sowie den Unfallwagen, einen roten VW Golf, werde er dem Institut vermachen. Zwischen von Hagens und ihm war ausgehandelt worden, daß der Selbstmörder – unter Nennung seines Namens, so war es sein Wunsch – vom Professor zusammen mit seiner Frau in eine ganz bestimmte »Installation« gestellt werde, die schließlich im Plastinarium in Guben/Brandenburg ihren Platz finden solle. Und zwar solle er, der Mann, dabei im Unfallauto, dem roten Golf, sitzen, bei enthäutetem und geöffnetem Leib, und seine Unfallwunden

zeigen, an denen er schließlich verstorben ist. Direkt neben der Unfallszenerie solle seine Frau stehen, wahrscheinlich auch sie aufgeklappten Leibes, denn wer wird nicht aufgeklappt vom Leichenprofessor und Herrn des Plastinationsverfahrens. Vielleicht legt er ja ihr krebszerfressenes Innenleben unserem immer interessierten Auge gut sichtbar vor. Im übrigen gab Gunther von Hagens frank und frei zu, daß der Mann bei seinem Anruf im Institut drei Tage vor dem ausgeführten Suizid in keinster Weise von seinen Selbstmordabsichten zurückgehalten worden sei. Warum auch? Der Professor hatte sicher schon das Azetonbad angerichtet.
»Schicksalsanatomie« soll übrigens der Titel der Schau sein, in der der Mühldorfer Selbstmörder ausgestellt wird. Die Zurschaustellung der Sterblichkeit möge man bitte als mahnenden Beitrag zur Verkehrssicherheit betrachtet sehen, so der Professor.

Letzten Samstag in Traunstein, als noch etwas Zeit blieb bis zur Verabredung mit Willi Schwenkmeier, bin ich in den Buchladen am Hauptplatz gegangen. Das Sortiment dort eigentlich nur ärgerlich. Allein schon diese immer öfter anzutreffende Unsitte, Bücher nicht mehr alphabetisch zu ordnen, wer kennt denn schon noch Autorennamen, sondern nach so abscheulichen Kategorien wie »Frauenromane«, »Fantasy«, »Krimis«. Im aktuellen Angebot nicht ein Buch, das mich interessiert hätte. Wollte schon frustriert den Laden verlassen, als ich noch an der Raschkiste hängen blieb. Hier waren die erfreulichsten Entdeckungen zu machen. Schließlich fiel mir das Buch von Landolf Scherzer in die Hand, »Grenzgänger«, eine Reportage über seine Wanderung entlang der ehemals innerdeutschen Grenze, 15 Jahre nach der Wende. Tolles Buch!
Habe Landolf 19… ich glaube '93 kennengelernt, als der VS Thüringen und der VS Ostbayern eine gemeinsame Wanderung

unternahmen im ehemaligen Grenzgebiet. Sehr rustikaler, nahezu bäurischer Typ. Eine Art thüringischer Oskar Maria Graf. Sehr sympathisch. Lebt irgendwo auf dem Land, wohin keine Straße führt, wo es kein Telefon und keinen Strom gibt (vielleicht übertreibe ich, wenn ja aber nur ein bißchen). Hab diese Wanderung sehr angenehm in Erinnerung. Auch wenn ich zum Schluß eine solche Schleimbeutelentzündung im Knie hatte, daß ich es nicht mehr abknicken konnte. Wir kamen durch thüringische Dörfer mit schieferverkleideten Häusern, schliefen nachts verteilt bei Privatfamilien, Pensionen gab's nämlich nicht, lasen auf einer Burg, machten Brotzeit im Innenhof eines Bauernhauses. Wir wollten das alles fortsetzen, vielleicht zu einem regelmäßigen Jahrestreffen machen. Es blieb bei dieser einmaligen Zusammenkunft. Warum diese gescheiterte Wiedervereinigung der Autoren? Ich weiß es nicht.

Traum: Bin auf der Vernissage einer Ausstellung, in der eine mir unbekannte Künstlerin Porträtzeichnungen heutiger Schriftsteller zeigt. Eine Bleistiftzeichnung stellt W. G. Sebald dar, seine Brust hat an der Stelle, wo das Herz sitzt, eine Öffnung. Man sieht ein kleines Maschinchen im Brustkasten sitzen, eine Art Herzschrittmacher, allerdings in Form eines Miniatur-Ottomotors mit einem auf- und abgehenden Kolben.

»Darüber müßte man einmal ein Buch schreiben!« Wie oft ich diesen Satz schon gehört habe. Und zwar meist von mir völlig fremden Menschen, die auf mich zustürzen, mir ungefragt ihre mäßig interessante Lebensgeschichte vor die Füße kippen, um dann eben mit jenem Satz abzuschließen: »Darüber müßte man einmal ein Buch schreiben!« Meist mit Betonung auf *darüber*. Also nicht über all das uninteressante, langweilige Zeug, über das ich sonst schreibe. Wenn ich dann meist, sehr höflich, wie es meine Art ist, Unzuständigkeit signalisiere, ernte ich einen Gesichtsausdruck des perplexen Unverständnisses: Wie kann sich dieser unmögliche Mensch nur eine solche Chance entgehen lassen?!

Oft ist es mir auch so ergangen wie D. H. Lawrence, daß ich auf Reisen – vor allem wenn sie an Orte führten, die pflichtprogrammhaft von den Touristen aller Herren Länder (und aller Herrenländer) heimgesucht wurden – das Gefühl hatte: »Nichts ist mehr da, das man sich ansehen könnte, alles ist zu Tode geglotzt worden.« Erst das Wandern hat mir gezeigt, daß zwischen all diesen totgeglotzten Orten noch Landstriche darauf warten würden, daß sie von jemandem angesehen werden. Vielleicht ist Wandern gar nicht das richtige Wort dafür. Das klingt so nach markierten Panoramawegen. Mir geht's aber ums Streichen: die Landstriche durchstreichen. Was ich tue, sind eigentlich nichts als Landstreichereien. (Wär auch mal ein schöner Buchtitel: Landstreiche!) Zum Beispiel entlang der Müllkippe nahe Hořovice. Oder über den alten jüdischen Friedhof bei Praskolesky, zu dem kein Hinweisschild hinführte, keine Markierung, nichts. Den wer weiß wie lange schon kein Fuß mehr berührt hat. Und kein Auge, das die umgestürzten, zum Teil aber auch wieder aufgerichteten alten Grabsteine ansah. Wir begegneten so vielem auf unserer Wanderung, das beileibe alles andere als zu Tode geglotzt war, eher schon zu Tode vergessen.

»Wer gröbere Augen hat, möge weiter wegfahren.« Theodor Fontane in den »Wanderungen durch die Mark Brandenburg«. Er hat's wahrscheinlich noch als gutmeinenden Rat geäußert, ich würd's eher als Schimpf verwenden: Schleicht's Euch doch, ihr

Grobäuglinge, weg mit Euch in ferne, exotische Reisewelten. Hier habt Ihr nichts verloren und folglich auch nichts zu finden.

Der Premierenabend eines uraufgeführten Theaterstückes nennt sich im Englischen »First Night«. Das klingt doch direkt anzüglich und nach »Recht der ersten Nacht«. (Doch wer nimmt es sich gegenüber wem, dieses Recht? Der Zuschauer gegenüber dem Autor oder doch umgekehrt?)

Es gibt nur wenige Dinge, die ich wirklich gerne besser können würde. Um nicht falsch verstanden zu werden: Selbstverständlich gäbe es vieles, was ›an mir‹ verbesserungswürdig wäre, oh ja, aber ich lasse es, es soll ruhig so fehlerhaft sein, wie es ist … Nachsicht mit seinen eigenen Mängeln. Nein, was ich meine: Es gibt nur weniges, wo mich meine Fehlerhaftigkeit wirklich schmerzt. Und eines davon ist: Ich wäre gern ein besserer Freund. Oder gar: überhaupt ein Freund. Manchmal das Gefühl: Was das Freundsein anlangt, habe ich völlig versagt. Dabei wäre mir das wirklich wie weniges wichtig gewesen: ein Freund zu sein. Und ich war ganz und gar nicht dazu in der Lage.

Sprachbehandlung … dieses meist lobend gebrauchte Wort – »seine kultivierte Sprachbehandlung fällt auf« – hat eigentlich einen sehr unangenehmen aseptischen Klang. Fast wie Zahnwurzelbehandlung. Was aber statt dessen? Sprachhandhabung? Auch nicht recht viel besser. Klingt nach »bei sachgemäßer Handhabung …«. Und erst recht: Sprachvollzug. Obwohl … bei so manchem muß man schon sagen: wie da die Sprache behandelt wird, kommt es einem Strafvollzug gleich. Verschärfter Sprachvollzug.

2008

Wie eigenartig doch das Geräusch, wenn nach wochenlanger Frostkälte und Eisesstarre plötzlich wieder das Glucksern, Tröpfeln, Gurgeln des Tauwassers in den Regenrinnen zu hören ist, und das noch dazu einsetzend spät abends, wenn draußen schon alles dunkel ist, weil Dunkelheit war doch eben noch die letzten Tage gleichbedeutend mit zehn, fünfzehn Minusgrad Kälte, es mußte nur draußen dunkel werden, und schon fror man, und jetzt dieses Rinnen und noch ganz leise Plätschern, und es ist, als ob die Welt sich wieder verflüssige.

In der Vorbeifahrt an einem Einfamilienhaus das Bild des in der Hofeinfahrt sitzenden vielleicht fünf- oder sechsjährigen Buben, in der Hand ein Spielzeug-Maschinengewehr. Dazu passend sein Kinder-Tarnanzug und der ebenfalls kinderkleine Stahlhelm, der zwar wie ein Stahlhelm aussieht, aber sicher aus Plastik ist. Wahrscheinlich im Set zu erwerben, diese Rundum-Verkleidung des zukünftigen Afghanistan-Kämpfers.

Stoßseufzer aus tiefster Brust eines Dichterkindes zu einem Altersgenossen: »Stell dir bloß vor: Mein Vater schreibt Gedichte!« Bei allen anderen Absonderlichkeiten oder »Hobbys« könnte man ja vielleicht noch Nachsicht üben, aber … Gedichte schreiben?! Und noch dazu in dem Alter? Bei dem Status? Als Elternteil! Ein Gedichte schreibendes Elternteil (man muß hier unbedingt zum Neutrum wechseln): was für eine Verfehlung der Natur!

Im Untergeschoß des Hauptbahnhofes in München: zwei Tauben im Tiefflug schießen jagdfliegergleich über die Passanten hinweg. Die ziehen schreckhaft ihre Köpfe ein.

Im »Alex« von München nach Schwandorf. Was mir immer wieder auffällt, wenn ich in die »große Stadt« komme, auf den Bahnhöfen, den U- und S-Bahn-Stationen: daß du kaum mehr einen allein stehenden Unterzwanzigjährigen siehst, der nicht ein Handy in der Hand hält und daran herumfingert, noch nie gab es ein dermaßen mitteilungsbedürftiges Zeitalter. Und jetzt also im Zugabteil mit mir drei junge Menschen, alle via Ohrstöpseln mit ihren Handys verbunden, die ja mittlerweile längst alle gleichzeitig auch iPods sind, aus dreierlei Richtungen wummern mir Salven von Elektroschlagzeugschlägen entgegen. Plötzlich reißt ein Jugendlicher die Abteiltüre auf, fragt: »Fährt der Zug nach Weiden?« Drei Gesichter wenden sich ihm zu. Keinerlei Reaktion. Sie haben seine Frage nicht verstehen können. Ihnen dröhnt anderes im Ohr. Der Frager »checkt« kurz die Situation, winkt dann gleichsam resigniert ab und reißt die Abteiltür wieder zu. – Inbild heutiger Kommunikation.

Auch in die Müdigkeit, ja sogar in den Schlaf läßt es sich hineinspringen wie in ein kaltes Wasser. Trauen muß man sich halt.

Jäher Gedanke letzte Nacht, als mir wieder einmal, wie so oft in letzter Zeit, die linke Hand eingeschlafen war und ich das gefühllose, »taube« Stück Ding da wachzuschütteln versuchte: einzelne Körperteile üben sich schon ein ins Totsein!

Wer findet, der hat nur nicht richtig gesucht.

Gestern der Mann im Wald, 76 wie er uns erzählt, beim Holzmachen. Bis Mittag sei er auf dem Kanapee gelegen, was ihm schließlich unerträglich geworden sei. Er habe »aussi« müssen, etwas tun, jetzt zerschneidet er mit der Motorsäge ungefähr handgelenk-dicke Buchenäste. Man merkt ihm die Freude an, daß wir daherkommen und er ein wenig rasten darf. Er erzählt uns aus seinem Leben. Daß er auf dem Bau gearbeitet habe. Nebenbei habe er Musik gemacht, für die Touristen, in Hotels. Anfänglich auf der Zither oder mit der Gitarre, früher habe man ja all diesen technischen Schnickschnack gar nicht gekannt, Gitarre untern Arm und los ging's. Bis nach Bodenmais sei er da hinuntergefahren, im Sommer oft. Manchmal sechs Tage in der Woche. Und das nach der Arbeit tagsüber auf dem Bau. Heimgekommen in der Nacht, um ein, zwei Uhr. Morgens wieder auf und hinaus auf die Baustelle. Habe er natürlich niemandem erzählen dürfen, was er da neben dem Maurern noch treibe. Man hätt' ihn auf dem Bau für einen Faulenzer und Drückeberger gehalten, weil er am Abend anscheinend noch nicht sterbensmüd gewesen sei. Schüchtern erzählt er uns, daß er auch schon eigene Stücke komponiert habe, »so Reißer«. Aber das behalte er streng für sich. Ursula fragt warum. Er schnaubt nur durch die Nase. Nicht einmal hier in Waldmünchen könne er das irgendjemandem erzählen. Ursula fragt ein zweites Mal: warum. Komponieren!? Die würden einen ja reif fürs Irrenhaus halten. Ein Maurer komponiert nicht.

Dann erzählt er uns noch weiter aus seinem Arbeitsleben. Daß er eigentlich nie etwas anderes gekannt habe als 16, 18 Stunden Werkeln am Tag. Er sagt es mit Stolz und … ja, geradezu glücklich. Und schließlich mit einem Lachen: »Ich war einmal nicht müßig auf der Welt.« (»Mäißi« in der Mundart, was nicht nur »müßig« im Sinne von müßiggängerisch, sondern auch »umsonst« bedeutet. Ich war nicht umsonst auf der Welt.)

Schon vor Wochen hat mich ein »Bild« aufgesucht (ja, es hat anscheinend nach mir gesucht). Ich saß so in meinem Lesesessel und plötzlich hatte ich es vor Augen. Es ist sicher über 25 Jahre her, daß ich es gesehen habe. Es ist überhaupt nichts sogenannt Spektakuläres an dem Bild. Ich denke, es ist eine Straßenansicht, irgendwo in Belgien an der Grenze zu Frankreich. Damals waren Ursula und ich in Ostfriesland im Urlaub. Es schüttete ununterbrochen, tagelang. Von einer Stunde auf die andere entschlossen wir uns, diesem scheußlichen Ostfrieslandregen davonzufahren. Wir setzen uns ins Auto und fuhren, ich weiß nicht mehr, achtzehn Stunden Richtung Südfrankreich. Atlantikküste. Und auf dieser Fahrt kamen wir eben durch dieses belgische Straßendorf. Die langgezogene Straße führte den einen Hügel bergab und auf der anderen Seite wieder bergauf. Links und rechts Einfamilienhäuser, alle rundherum verkleidet mit schwarzem Schiefer. Von Hausdach zu Hausdach spannten sich Telefon- und Stromleitungen. Es war ein grauer, verregneter Spätnachmittag.
25 Jahre lang war dieses Bild … weg. Das ist der Ausdruck, der mir der passende scheint. Einfach weg. Dann hab' ich es »gesehen«, vor vielleicht sechs, sieben Wochen. Und seitdem verläßt es mich nicht mehr. Diese schwarzen Schieferhäuser mit dem von Oberlandleitungen linierten grauen Regenhimmel. Ich weiß nicht, was es mir sagen will. Ob es überhaupt etwas sagen will.

In der mittelalterlichen Welt war derjenige, der zu Fuß ging, der geringste, nichtswürdigste. Ein Berittener, ein Ritter (das eine Wort kommt ja aus dem anderen), konnte ihn jederzeit von seinem hohen Roß herunter in den Dreck stoßen, wo nicht gar mit dem Schwert in Stücke hauen, wenn es ihm gefiel. Und dennoch erscheint mir das ein erstrebenswertes Ideal: ein solcher Zu-Fuß-Geher zu werden.

Ursula und ich, wir haben ein Vorhaben: Wollen das Schwarzachtal in Gänze »abgehen«, jeden Flußkilometer, angefangen bei den beiden Quellflüssen, Bayerische und Böhmische Schwarzach, bis zu ihrem Zusammenfluß bei Kritzenast und dann immer weiter bis zur Mündung in die Naab bei Schwarzenfeld. (Leider ist die Mündungsstelle total verschandelt, sie liegt genaugenommen unter der Autobahn Regensburg–Hof.)
Große Teile davon haben wir schon. Und so, keinen Meter auslassend, entdecken wir unsere allernäheste Umgebung überraschend neu. Neulich war Neunburg vorm Wald und Umgebung dran. Wir folgten der Schwarzach flußabwärts, stapften durch Wiesen, auf denen knöchelhohes Schmelzwasser stand. Und schon im Drauf-Zugehen fiel mir der Ort Katzdorf auf. Vor allem die auf einer Anhöhe liegende Kirche mit einer auffälligen Kuppel, die aus dem Längsschiff herausragte. Dort angekommen waren wir überwältigt von dem an diesem Ort völlig unerwarteten Kleinod. Es handelt sich um die Wallfahrtskapelle St. Maria Dolorosa, eine der ältesten Wallfahrten im Bistum Regensburg überhaupt. In den Altar integriert eine sehr schöne Pietà-Darstellung, die – das alles erzählt uns ein hervorragender Kirchenführer, der ausliegt – eine erstaunliche Ähnlichkeit mit der Pietà aus der Schloßkapelle von Blutenburg in München aufweist. Das Erstaunlichste allerdings ist das Ortswappen am Rand der Kuppel. Im Wappenfeld selbst eine langgestreckte Katze und zusätzlich noch eine schwarz-weiße, die in Lebensgröße auf dem Wappen sitzt und herunterschaut.
Ich kann's kaum glauben. Zwei Katzen in einer katholischen Kirche! Ich verwette mein Hemd, daß es keine zweite in ganz Bayern gibt, die so etwas aufzuweisen hat. Warum? Ganz einfach. Katzen galten seit dem Mittelalter als Gestalt gewordener Luzifer. Satan verwandele sich in dieses geheimnisvolle, letzten Endes unzähmbare Tier, um des Nachts in die Häuser der Menschen zu gelangen. So stellte man sich das vor. Katzen

wurden regelrecht verfolgt und zum Beispiel bei Hexenverbrennungen mit auf den Scheiterhaufen geworfen. Und hier in St. Maria Dolorosa schauen sie frech vom Plafond herunter auf die kopfeinziehenden Beter. Kurios!

Nicht weniger kurios ein Detail in der alten romanischen St. Jakobskirche im Neunburger Stadtteil Aign. Ein trutziger Bau, der weitgehend unverändert auf uns gekommen ist aus dem frühen 12. Jahrhundert. (Eine der ältesten romanischen Chorturmkirchen Bayerns, lese ich daheim im Dehio, älter noch als St. Andreas in Regensburg. Früher war sie einmal die »Alte Pfarre« Neunburgs, ehe St. Josef dazugekommen ist, oben auf der Anhöhe des Schloßberges.) Zur Innenausstattung gehört eine absolute Rarität, europaweit!, nämlich eine Holzfigur der Heiligen Kümmernis. Wie Christus am Kreuz, allerdings bekleidet mit einem bodenlangen Gewand und einer Krone auf dem Kopf. Ganz anders also als der Schmerzensmann für gewöhnlich dargestellt wird. Es ist ja auch nicht Jesus, sondern eine Frau. Eine Frau mit Bartwuchs! So jedenfalls die volkstümliche Version einer Heiligenlegende, die offiziell von der Kirche nie kanonisiert worden ist. Es soll sich dabei um eine Königstochter gehandelt haben, gelegentlich ist die Rede davon, sie habe in Portugal gelebt. Der Vater habe vorgehabt, sie an einen Heiden zu verheiraten, und da habe die strenggläubige Christin so sehr ihren Herrgott angefehlt, er möge das verhindern, daß der Herr bei der Jungfrau die Barthaare sprießen ließ. Daraufhin sei der Vater so fuchsteufelswild geworden, daß er die Tochter ans Kreuz nageln ließ.
Tatsächlich, so erklären uns die Kunstgeschichtler, die allzu prosaischen, für die Poesie des Volksglaubens unempfänglichen, handele es sich um eine Fehldeutung. Byzantinische Christusdarstellungen kannten schon immer das Bild des

Himmelsfürsten im langen, prachtvollen Gewand. Als die zum ersten Mal nördlich der Alpen auftauchten, führten sie zu dieser Fehldeutung, es handele sich um eine Frau. Angeblich soll das Zentrum der Kümmernis-Verehrung in Deutschland im Gebiet um Freising und Neufahrn liegen. Und eben hier in Neunburg gibt es auch eine solche Figur. Die Heilige Kümmernis hat eine Art Generalhilfsmacht gehabt, vor allem bei Frauen, alle Herzens-, Leibes- und Seelennöte betreffend. Man nennt sie daher auch den Weiberleonhard.

Man muß mit mir nur einen Lokaltermin vereinbaren, und ich bin ... nicht gerade willenlos, aber doch einspruchslos. Ich habe keinen Einspruch mehr. Der lokale Augenschein und das Begehen vor allem schlagen mir meine Vorbehalte aus der Hand. Seit Ursula und ich zum Beispiel in Nußdorf waren, dort im Strandbad gesessen sind, seit wir vor seinem Haus standen und »seinen« Blick auf den Bodensee erlebten, kann ich nichts mehr gegen Martin Walser haben. So dumm wie einfach ist das.

Der Bayer geht stillschweigend davon aus, dem Menschen sei es möglich, sich selbst zu erkennen. Und das sogar in heikelsten Momenten. Er muß sich nur besinnen. Zur Räson kommen, wie es so schön heißt. Jedenfalls ruft ein Bayer dem anderen Bayer zu, wenn der völlig außer sich gerät, zum Beispiel in einer ungeheuren Anbrandung des Zorns, der Furie oder was auch immer: No, jetza aba ... kenn di nur wieda! Ist das nicht herrlich: Kenn dich nur wieder!

Das Mädchenpaar auf der Straße, übermütig-vergnügt, einander am Arm unterhakend. Und mit der freien Hand wedeln sie ihre kleinen Handtäschchen an langen Lederträgern wie junge ganz und gar verspielte Hündinnen ihren Schweif. (Auch das ein B. v. Ll.)

Man trägt immer zu wenig Sorge für das, was man schreibt. Andererseits: Bei allumfassender Sorge bliebe einem nur, gar nicht mehr zu schreiben und völlig zu verstummen. Wer schreibt, verletzt. Darüber muß man sich im Klaren sein. Das müssen beide Seiten, Autor wie Leser, aushalten und respektieren. Aber mittlerweile verlangen sie sogar schon Schmerzensgeld, die Leser. Und bekommen es. Siehe den Fall von Maxim Billers Roman »Esra«. Wohin soll das führen? Welche Art von Büchern wollen solche Schmerzens-Entschädigten eigentlich lesen? Das würde ich sie gerne fragen. Von Kafkas beherzigenswertem ›ein Buch soll die Axt sein für das gefrorene Meer in uns‹ entfernen wir uns jedenfalls immer weiter.

Mitten in den Wald hinein haben sie einen Seilgarten mit schwankenden Brücken und Kletternetzen gebaut. Und damit jegliches Abenteuer aus ihm vertrieben.

Plötzlich der lang anhaltende Ton der Feuerwehrsirene während der Abenddämmerung, und die Waldhügel rund um den Ort verwandeln sich in ein Rudel Wölfe, das die nach und nach sich anknipsenden Fensterquadrate unten im Tal anheulen.

Der Parkplatz am See: Treffpunkt der Dorfjugend. In ihren schwarz-lackierten VW Golfs fahren sie vor. Sie steigen nicht einmal aus zum Gespräch, sondern stellen ihre Autos so, daß Fahrerseite neben Fahrerseite zu stehen kommen. Dazwischen ungefähr 30 Zentimeter Abstand. Sie kurbeln die Seitenfenster herunter und unterhalten sich stundenlang: als unterleibslose Auto-Zentauren, unlösbar verschmolzen mit ihren Pferdestärken unter der Haube. (= B. v. Ll.)

Die Samenwürstel der Haselnußsträucher: wie sie die Landschaft schraffieren, grad als sei's ein Bild von Paul Flora.

Der norwegische Erfolgsautor, sehr gut deutsch sprechend, mit nur einem kleinen, liebenswerten Akzent, antwortet auf die Frage, wie er mit seinem überraschenden Bestsellererfolg umgegangen sei: Man dürfe eben nicht … »hochnasig« werden. Eigentlich das schönere Wort im Vergleich zu hochnäsig. (Neues Schimpfwort: Ihr Hochnasen, ihr!)

Ein Gedicht hat recht eigentlich nicht mehr zu sein als einer dieser Weidenkörbe, die wir vergangenen September im Wald bei Holoubkov sahen, untergehakt von rosigen Frauenarmen und bis zum Rand gefüllt mit Parasol-Pilzen, tellergroß die Hüte.

Ich öffne die letzte Flasche »Ungsteiner Honigsäckel«, ein furztrockener Riesling, wie die Pfälzer sagen, vom Weingut Richard Bauer aus Bad Dürkheim. Ich solle ihn mit Andacht trinken, wurde mir gesagt, weil es wird diesen Wein nie mehr wieder geben. Das Familienunternehmen gibt die eigene Weinkelterei auf und wird in Zukunft seine Trauben in das Massengrab der Genossenschaftspresse kippen, zusammen mit so vielen anderen Kleinwinzern.

Natürlich war es kein Spitzenwein. Aber ein besonderer. Die Familie Bauer hat nie viel gespritzt, so wenig Chemie eingesetzt wie nur möglich. Nicht weil sie Öko-Winzer waren, sondern weil sie von dem neumodischen Zeug ganz offensichtlich nichts hielten. Ein ehrlicher, kerniger Wein. Der Kurt Tucholsky schrieb einmal über einen ganz bestimmten Frankenwein, den er auf seiner Spessartreise getrunken hatte: »Wie schade, daß man Wein nicht streicheln kann.« Was den »Honigsäckel« vom Bauer betrifft, müßte es heißen … oder geheißen haben: Wie schade, daß man Wein nicht auf die Schulter klopfen kann. Ja, das war ein Wein zum Schulterklopfen und Na-alter-Kumpel-Sagen.
Seit 20 oder noch mehr Jahren haben wir unsere Flaschen dort gekauft. Es war jedesmal, als ob man in einen Roman von Anna Croissant-Rust einträte: das alte, aus Sandstein gemauerte Weingut in der engen Gaustraße. Die schon stark eingedunkelten Mauern von Reben überwachsen, der Keltergeruch in Hof und Haus, die etikettenlosen Flaschen, weil der Bauer-Vater – lang schon lebt er nicht mehr – mal wieder nicht zum Etikettieren gekommen war. Er war ganz offensichtlich sein bester eigener Kunde. Der Wein schmeckte ihm halt gar so gut. Bei der Weinprobe im Wohnzimmer – reinster croissant-rust'scher Biedermeier – wurde nicht genippt, sondern aus jeder neuen Flasche ein ganzes Dubbenglas vollgeschenkt. Und Dubbengläser sind in der Pfalz Halblitergefäße, wohlgemerkt. Allerdings besteht auch der Brauch, daß alle aus einem Glas trinken, zumindest bei den Weinfesten.
Und das alles soll es nicht mehr geben, demnächst? Einfach verschwunden sein, für immer und ewig. Unsere jugendlichen Bacchanalien waren eigentlich immer Bauerwein-durchtränkt. (Fünf Mark die Flasche …)

Im Dachgestühl des Regensburger Justizgebäudes findet die Präsentation der Hör-CD von »3165« statt. Beim anschließenden Glas Wein oder Wasser stellen sich zwei Frauen vor, die sich als Verwandte von Johann Reichhart zu erkennen geben. Die ältere hat ihn noch als junges Mädchen selbst gesehen und erlebt. Besonders vorsichtige Nachfragen von Matthias und mir wischt sie etwas unwirsch zur Seite: Ob das jetzt hier eine »Familienaufstellung« werden solle. Sie seien eine ganz normale Familie gewesen und selbstverständlich habe sie schon immer gewußt, welches Amt ihr Verwandter früher ausgeführt habe. Ihre Erinnerung an ihn sei die an einen stillen, liebenswürdigen Mann, dessen ständiges Zittern und nervöses Zucken allerdings schon dem Kind seinerzeit aufgefallen sei.

Die Reporterin der Lokalpresse, die mich vor der Lesung fragt: »Lesen Sie bloß vor oder erklären Sie auch?« Und ihre ganze Hoffnung liegt auf dem zweiten Teil des Satzes.

Momente der Augen, dann Blicke: Augenblicke.

Immer noch gibt es neue Einträge auf der nach oben hin offenen Peinlichkeitsskala, was Begrüßungen und Eröffnungen sogenannter Dichterlesungen anlangt. Neulich ließ der neben mir stehende Veranstalter verlauten, er wolle sich kurz fassen und auch schon zum Ende kommen, denn alle würden ja gespannt darauf warten, »die Ergüsse des Herrn Setzwein über sich ergehen zu lassen«. Was soll man da sagen/machen? Süß-sauer lächeln? – Vielleicht wäre es das für beide Seiten Zweckmäßigste, die Begrüßungsworte stammelnden Eröffnungsredner würden es bei einem schlichten »Lies!« belassen … so ungefähr wie man einem Hund zuruft: »Faß!«

Traum: Ein großer Konzertsaal. Das erwartungsvolle Publikum hat schon Platz genommen. Gleich wird ein Streichquartett auftreten. Und ich soll das Cello spielen. Bin in einen Frack gekleidet. Man trägt mir mein Instrument auf die Bühne, behandelt mich auch sonst wie einen bedeutenden klassischen Bühnenkünstler. Auch die übrigen drei Kollegen vom Quartett. Alle sind voller Konzentration und Spannung. Gleichzeitig aber auch ganz ruhig. Dabei steht doch eines fest: Ich kann überhaupt nicht Cello spielen. Ja, ich habe so ein Instrument in meinem Leben noch nicht in der Hand gehabt. Ich kann nicht einmal Noten lesen. Mir ist das ganz und gar bewußt. Auch daß alle nur warten, daß ich mit meinen drei Kollegen jetzt »raus« gehe und anfange. Der erste Ton von mir wird ein fürchterlicher Kratzlaut sein. Was soll ich nur tun? Pantomimisch stumm spielen? (Das alles nachdem ich vor fünf Tagen mit Matthias Winter die Regensburger Inszenierung von Thomas Bernhards »Macht der Gewohnheit« gesehen habe. Kam mir allerdings im Traum gar nicht wie der Spaßmacher in Bernhards Stück vor.)

Der diesjährige Christus-Darsteller bei den Kemnather Passionsspielen, ein 23jähriger Motorradfan in Cowboystiefeln, sagt in einem Zeitungsinterview den Satz: »Vom Grundprinzip her bin ich eigentlich gar nicht wie Jesus.« Bert Brechts Dramentheorien scheinen demnach bis Kemnath durchgesickert zu sein.

Müssen wir es nicht, jetzt da das Brockhaus-Unternehmen mitteilt, in Zukunft werde es keine gedruckte Buchausgabe des Lexikons mehr geben, sondern nur noch die Online-Ausgabe im Internet, als das traurige Eingeständnis der Tatsache ansehen, daß die Gutenbergära tatsächlich auf ganzer Linie verloren hat? Das mag zwar *noch* als abwegig erscheinen, weil jedes

Jahr mehrere zehntausend Neuerscheinungen nach wie vor als altmodisches, bereits anachronistisches Buch in gebundener Form erscheinen. Aber das ist wahrscheinlich nichts anderes wie das Phänomen der »Angstblüte« in der Natur: Uralte Bäume beispielsweise, die sich bereits im Stadium des Absterbens befinden, entwickeln noch einmal eine letzte, besonders üppige Frühjahrsblüte.

Lesung in der völlig gesichtslosen Stadt Wetzikon im Züricher Oberland, auf Einladung von Freddy Nadler, der vor einem halben Jahr plötzlich als Leser meiner Bücher vor mir stand, ganz aus dem Heiteren … solche Mails wie das von ihm sind wahre Geschenke des Himmels. Das Publikum dort ist sehr herzlich und nimmt mich auf die freundlichste Art auf, in der ehemaligen Weberei Streif im Ustertal. Das war einmal eine frühindustrielle Zone nordöstlich des Züricher Sees: eine Weberei an der anderen reihte sich hier entlang des Flusses. Was davon übrig geblieben ist, ist ein Industrielehrpfad. Und eben die mittlerweile zweckumgewandelte Streif'sche Weberei. Auf dem Fabrikschornstein nistet ein Storchenpaar. Dabei ist es erst der 16. März. Die zwei zerklappern aufs idyllischste den Anfang meiner Lesung. Ich revanchiere mich, auf besonderen Wunsch eines Herrn aus dem Publikum, mit einem bayerischen Mundartgedicht, das ich an die Klapperstörche adressiere. Es ist an die 30 Jahre alt, stammt also aus der Zeit meines juvenilen Frühwerks, das fast ausnahmslos aus Mundartgedichterln wie diesem bestand (nein, stimmt gar nicht, »Brandwunden«, diese bös verletzte und verletzende Erzählung, schrieb ich ja auch schon damals, siebzehn-, achtzehnjährig):

A kloane Rast

Woaßt wos
A Fliang mechad i sei
nacha daad i üwa dei Nosn fuaßln
a wengal an deim schneeweißn
Hois zuzln
nacha no weida owe mi schleicha
auf deim Bauch mi a wenig ausruahn
und nacha no weida owe
di mid meine sex Fiaß kitzln
und schnäi weggafliagn
weisd mi sunst vileicht
mid deim liabn Batschihande
dabaadzn daazd

Zur Meldung des Brockhaus interessante neue Entwicklung: Die Ankündigung, demnächst nur mehr im Internet verfügbar zu sein, hat einen regelrechten Run auf die noch lieferbare letzte Buchausgabe ausgelöst. Und jetzt überlegt der Verlag, vielleicht doch wieder eine Druckausgabe auf den Markt zu bringen. War mein Kassandraruf also verfrüht?

Nutze den frühlingshaft warmen Tag zu einem ausgedehnten Waldspaziergang. Steige dabei immer höher hinauf, dem Čerchov entgegen. Dutzende von Zitronenfaltern umtänzeln mich. Je höher ich komme, desto mehr schließen sich die noch verstreut umherliegenden Schneereste zu einer geschlossenen Decke. Aber weiterhin die Zitronenfalter als Begleiter. Welch seltsames, mir irgendwie japanisch vorkommendes Bild: das tänzelnde Gelb über dem gleißenden Weiß des sonnenbeschienenen Schnees.

Mit Matthias verabredet zu einem unser jetzt schon legendären Gesprächsspaziergänge. Jedesmal folgenschwere Projekte und Entschlüsse dabei ausgeheckt. Und beide können wir uns dann später genau daran erinnern, an welcher Weggabelung wir uns was in die Hand hinein versprochen haben. Schriftliche Vertragsabschlüsse oder dergleichen hat es bei uns noch nie gebraucht.
Eigentlich wollten wir auf dem Höhenzug über der Donau nördlich von Regensburg wandern. Doch dann schlägt Matthias spontan vor, doch nach Wörth zu fahren. Wörth an der Donau. Denn nur ein, zwei Kilometer flußabwärts liegt links von der Straße der Einödhof Wichenbach, jenes Anwesen, aus dem Johann Reichhart abstammt. Es steht noch heute. Eine Schar Hühner stakst herum, Schafe weiden. Noch immer das Sachl eines typischen oberpfälzischen Selbstversorgerhofs, allerdings paßt das Allerweltserscheinungsbild des Wohnhausneubaues so gar nicht dazu. Als Filmkulisse ungeeignet. Ja, wir sind nämlich schon auf der Suche nach passenden Sets für jene Verfilmung unseres Henkerstoffes, die seit ein paar Tagen nicht mehr nur Wunschdenken zu sein scheint. Es gibt da einen Bekannten von Matthias, der just in diesen Wochen eine Filmproduktionsfirma gegründet hat und auf der Suche nach Stoffen ist. Man wird sehen.
Den weitaus größeren Teil des Nachmittags widmen wir schon wieder neuen Plänen. Wir entfernen uns nicht nur räumlich vom Henker, indem wir von Wichenbach aus den ehemaligen Donauweinberg entlang Richtung Wörth losmarschieren, sondern auch gesprächs- und gedankenweise. Wir planen ein neues Stück. Wieder wird es eine regionale Anbindung haben, wieder fußt es auf realen Geschehnissen. Es soll um die »Happy Boys« gehen, jene Jazzkapelle, die ein, zwei Jahre lang in Cham lebte und auftrat, vorwiegend in amerikanischen GI-Clubs, und deren sieben Musiker alle Überlebende des Flossenbürger Todesmarsches waren.

Ich glaube, Matthias ist der Mensch, auf den ich 15 Jahre lang gewartet habe. Zunächst erfolglos. Jetzt aber ist er da. Einer, mit dem man diejenigen Pferde stehlen kann, die 's braucht, um sie vor den Thespiskarren zu spannen.

Was mir Matthias unter anderem auch noch erzählt hat: daß ihm der Kulturreferent von Wörth, der unser Stück unbedingt im Keller vom Schloß im Herbst aufgeführt sehen möchte, berichtet habe, er kenne die Familie, wo noch immer ein großes Einmachglas voll mit jener Birkenwassertinktur stehe, die der gealterte Reichhart als Zuverdienst in seiner wohnküchenmäßigen Haarwasserfabrikation hergestellt habe. Bei dem Interesse, das unser Stück momentan erregt, könnte man damit wahrscheinlich einen regelrechten Devotionalienhandel anfangen. Treibt schon kuriose Blüten, das Ganze. – Und wie sagte Matthias: Hätt' er auch nie gedacht, daß ihm ausgerechnet ein Henker einmal aus tiefer persönlicher Krise heraushelfen würde.

In Sommern mit besonders vielen Maikäfern – alle vier Jahre treten die auf – haben früher die armen Leut' aus den Insekten eine Suppe gekocht. Zuerst wurden Flügel und Beine ausgerissen, sodann die Tierkörper im Mörser zerstampft und anschließend geröstet. Mit Brühe aufgegossen und eventuell mit Mehlschwitze angedickt. Das Ganze soll nach Krebssuppe geschmeckt haben. Verfeinert mit Morcheln zum Beispiel und einem Schuß Sherry muß das die reinste Feinschmeckermahlzeit sein.

Gärtner im Niemandsland, das bin ich.

Eines Tages stand Fräulein Melancholia im Atelier Albrecht Dürers und hätte gerne ein Porträtfoto von sich machen lassen. Der Meister aber saß völlig versunken inmitten seines Trödels und bemerkte sie nicht einmal. (Den Kopf hatte er auf den linken Arm gestützt, in der rechten Hand drehte er gedankenverloren einen Zirkel. Zu seinen Füßen schlief der Hund.)

Wie sieht's denn hier aus, dachte das Fräulein Melancholia und öffnete erst einmal die Lederriemen, mit denen sie sich die großen Flügel auf den Rücken geschnallt hatte – sie war schon gleich in voller Kostümierung erschienen vonwegen dem Porträtfoto. Jetzt aber sah sie, daß man hier erst einmal aufräumen mußte und krempelte die Ärmel hoch.

»Hallo, Meister, ich bin's!« rief sie Dürer zu, der sie immer noch nicht bemerkt hatte.

Jetzt erst blickte er auf.

»Wie? Was?«

»Wir hatten doch vereinbart, daß Sie mich heute porträtieren!«

»Keine Lust. Kommen Sie morgen wieder.«

»Aber was ist denn mit Ihnen los?«

»Sie sehen doch, daß ich heute nicht in der rechten Stimmung bin!«

»In welcher Stimmung sind Sie denn?« trällerte Fräulein Melancholia unbekümmert und bückte sich nach den Gerätschaften, die über den Boden verstreut waren.

»Muß man Ihnen alles erklären?« blaffte Dürer sie an. Fräulein Melancholia ließ sich aber nicht einschüchtern. Sie räumte weiter auf.

»Sie werden sehen, wenn hier wieder etwas Ordnung ist, geht es Ihnen gleich besser. Wissen Sie, daß das eine Krankheit ist, wenn man seine eigene Wohnung so vermüllen läßt. Ich hab's neulich gelesen.«

»Lassen Sie das! Sie bringen mein kreatives Chaos durcheinander. Außerdem bin ich trübsinnig wegen ganz etwas anderem.«

»Nämlich?«

»Ich denk über die Zeit nach mir nach.«

»Wie ›nach Ihnen‹?«

»Na, was ist, wenn ich mal nicht mehr bin.«

»Was soll schon sein?« sagte Fräulein Melancholia wenig taktvoll.

»Da, bitte, jetzt sagen Sie es selber: Was soll schon sein! Ist das nicht grauenhaft, diese Vorstellung. Daß nichts mehr ist. Man stirbt und wird vergessen. Ich bin mir sicher, in zwanzig Jahren weiß kein Aas mehr, was diese Signatur A. D. bedeuten soll. – Wissen Sie überhaupt, wie es in mir ausschaut, Fräulein Melancholia? Soll ich Ihnen das sagen? Soll ich Ihnen das zeigen?«

Was regt er sich denn so auf, dachte sich Fräulein Melancholia. Jetzt hüpfte der Meister wie ein Irrer durch die Werkstatt, schaute da unter riesige Stapel von Papier, suchte dort zwischen Büchern, Kupferplatten und mit Druckerschwärze verdreckten Lappen nach irgend etwas.

Jetzt hatte er es. Mit einem Blatt in der Hand trat er auf das Fräulein Melancholia zu. Hielt es ihr hin. Sie nahm es, blickte darauf und erschrak.

»So schaut's aus«, sagte Dürer. »Das bin ich.«

Es war eine hastig und unvollständig hingeworfene Zeichnung auf einem kleinen Stück Papier. Man sah einen völlig nackten Mann in Leidenspose.

»Allmäächd!« entfuhr es dem Fräulein Melancholia. Sie war natürlich Nürnbergerin.

»Geben Sie schon her!« sagte Dürer unwirsch, so als sei ihm das Ganze plötzlich unangenehm. Warum nur hatte er sich so hinreißen lassen? Hektisch suchte er irgendwelche Utensilien zusammen. »Wir fangen jetzt an. Ich meine mit dem Porträt. Wenn Sie sich da hinsetzen.«

»Neben den Hund?« fragte Fräulein Melancholia ängstlich.
»Natürlich neben den Hund.«
»Tut der auch nichts?«
»Der schläft doch! Sehen Sie das nicht?«
Fräulein Melancholia nahm ihre Flügel und schnallte sie wieder an.
»Sie werden sehen, Herr Dürer, Sie schaffen das schon. Ganz bestimmt!«
Dürer blickte zu ihr hinüber. Wie gerne hätte er ihr geglaubt.

Katzen sollen angeblich nur »miauen«, wenn sie sich mit Menschen unterhalten. Untereinander verständigen sie sich mit anderen Lauten. Interessante Theorie, die ich mit Beobachtungen an unserem Mikka nur untermauern kann. Wahrscheinlich halten uns die Katzen für etwas beschränkt, und ihre manchmal übertrieben wirkende Miau-Sprache ist vergleichbar unserem Baby-Sprech mit Kleinkindern.

Lese in einem Artikel statt fünfmanualige Orgel »fünfmaulige Orgel«.

Bei so manchem Künstler, der entschieden der Meinung ist, verkannt zu sein, beschleicht einen hin und wieder das Gefühl, er würde sich am liebsten nicht einfach nur ins rechte Licht gerückt sehen, sondern, wenn's geht, am besten gleich ins ewige Licht.

Während der letzten Tage schrieb ich für Hubert Ettls geplantes Zukunftsbuch eine Art Bayerwald-Science-fiction und zwar in

Form – wie könnt's anders sein – eines Tagebuches aus dem Jahre 2056. Eine meiner »Vorhersagen«, die ich dort treffe, ist, daß es in nicht allzu ferner Zukunft kein Papier mehr geben wird. Niemand wird mehr auf Papier schreiben, »gelesen« werden wird zwar nach wie vor enorm viel, wahrscheinlich weitaus mehr als heute, aber vielleicht in völlig neuen Formen: ohne jegliches Trägermedium zum Beispiel, sondern direkt in die Nervenbahnen hineingesendet. Tagebuch wird immer noch und immer noch mehr geschrieben werden, das läßt sich ja schon heute feststellen anhand der gewaltigen Zunahme von Internet-Blogs. Helmut Kraussers Satz, daß es das Tagebuch auf alle Fälle länger geben wird als den Roman, kann ich nur zustimmen. Aber niemand wird eben mehr auf Papier schreiben. Oder nur mehr ganz wenige Exquisite. Vielleicht kehren wir wieder zurück in eine dem Zeitalter vor dem Buchdruck ähnliche Phase, in der Handschriften auf Pergament ja auch eine Kostbarkeit waren.

All das im Gedankenspiel durchgehend sah ich dann gestern die Aufzeichnung des Gespräches zwischen Volker Panzer vom »Nachtstudio« und Peter Handke. Geradezu putzig war Panzers völliges Aus-dem-Häusl-Geraten, als er Handke danach fragte, ob er denn jetzt in diesem Augenblick, im ZDF-Fernsehstudio in Paris, wo das Gespräch aufgezeichnet wurde, auch eines seiner berühmten Notizhefte dabei habe (wohlgemerkt, sie sind bereits eine Berühmtheit, die papierenen Notizhefte des Peter Handke). Ja, natürlich, sagte Handke, »so ein ganz kümmerliches«, und kramte ein kleines, unscheinbares Heftchen aus seiner Hosentasche, »mit einer schönen Frau vorne drauf«, einem Cover-Girl nämlich. Panzer geriet in Verzückung, »oh ja, das ist ja ...«, unglaublich, hätte er wahrscheinlich sagen wollen, »und da schreiben Sie also immer mit dem Bleistift« – die berühmten Handke-Bleistifte! – »Ihre Beobachtungen hinein.« Handke trocken: nein, mit allem, Kugelschreibern,

Stiften, was er gerade zur Hand habe. Panzer verfiel in eine Bewunderungsstarre, als ob Handke gerade den lang gesuchten Gral aus seiner Hosentasche genestelt hätte.

»Schon als Kind hatte ich mir gewünscht, einmal ein ganzes Jahr lang das Regen der Natur zu verfolgen, vom Aufspringen der Knospen bis zum Fallen der Blätter, ohne auch nur eine einzige Bewegung zu verpassen.« Béla Hamvas, aus seinem Essayband »Silentium«, wo es um die einzig wichtigen Dinge geht: Lautlosigkeit, Stillsein, Ruhe, Untätigkeit, Schweigen …

In der FAZ, die immer mehr und mehr zum Krawallorgan mutiert, mal wieder einer dieser periodisch auftretenden Feuilleton-Kopperer, man möge doch bitte das ganze System der Autorenförderung abschaffen, also all diese Preise, Stipendien, Stadtschreiberstellen, Poetikprofessuren. Überschrift »Hungert sie aus!« Weil nur dann entstünde eine Literatur, deren wahre Natur nicht die des Haustieres sei, sondern die der Bestie.
So brüllen mit Piepsstimme die Haustiere des Feuilletons, unsere wohlbestallten, mit Rentenansprüchen bestens versorgten, festangestellten Redaktions-Papiertiger. Eins war uns schon immer klar: Nichts hassen Literaturkritiker mehr, als daß sie gezwungen sind, dauernd lesen zu müssen. Deshalb haben sie auch nur ein Sinnen und Trachten: denen den Hahn abzudrehen, die ihrer Meinung nach für diese Bücherschwemme verantwortlich sind, den Autoren. Daher diese Auslöschungsphantasien vom Aushungern und diese Rufe nach Abschaffung sämtlicher Preisjurys, in denen natürlich wer als Juroren drinsitzt? Na, unsere Feuilletonredakteure natürlich! Lustige Gesellen sind das. Und vor allem: so was von ernst zu nehmen.

Stichwort »Bücherschwemme«: In Gaienhofen auf der Halbinsel Höri am Bodensee bezog Hermann Hesse 1907 das einzige Haus seines Lebens, bei dem er selbst der Bauherr war. Es entstand also ganz nach seinen Vorstellungen und Plänen. Ebenso der Garten. Hesse legte unter anderem einen kleinen Kastanienhain auf dem Weg von der Grundstücksgrenze bis zum Haus an, er sollte ihn an seinen Heimatort Calw im Schwarzwald erinnern, wo es den Brühl-Park gab, kastanienblätter-überdacht. Als Rollierung für den Kiesweg seiner Mini-Kastanienallee verwendete er Hunderte von Rezensionsexemplaren, die er damals, er war ja schon ein berühmter Bestsellerautor, körbeweise von den Verlagen geschickt bekommen hat. Mittlerweile dürften sie längst Humus sein. (Erinnere mich an das walisische Bücherdorf Hay-On-Wye, wo es ein Schloß gibt, das außen mit Regalen verkleidet ist, und die Bücher darin trotzen das ganze Jahr über Wind und Wetter. – Aber wehe es wären die eigenen Bücher, die so mißbraucht würden. Das gäb ein Geschrei. Andererseits: so erfüllten sie wenigstens einen Sinn …)

Lehne mich zum Gaubenfenster meines Arbeitszimmers in die heraufgezogene Abenddämmerung hinaus. Unter dem Fenster unser Gartenteich. Zaghaftes Gurren einer Kröte tönt von dort unten herauf. Groak, groak! Kröten groaken nämlich und quaken nicht. Vor allem ist ihr »Gesang« viel leiser als der der Frösche.

Daß sich in unserem Garten Kröten aufhalten, habe ich schon die letzten Jahre über festgestellt. Dann nämlich, wenn es galt, wieder eine von ihnen aus dem Lichtschacht des Kellerfensters zu befreien, wo sie hineingeplumpst war und nicht mehr herauskam. Oder aber auch, wenn ich an einem heißen Hochsommertag die in den Boden eingelassene Regenabflußrinne vor unserem Gartentor säuberte und dabei die Steinplatte über

dem Abflußstutzen hochhob und darunter saß dann eine solch erdfarbene Kröte in ihrem warzenübersäten Kleid und sah mich mit großen Augen starr an.
Heute aber ist es zum allerersten Mal, daß ich sie groaken höre. Anscheinend fühlen sie sich mittlerweile so heimisch und sicher, daß sie Laut geben. Und das alles am Abend des 30. April, also der beginnenden Walpurgisnacht!

Alban Nicolai Herbst schreibt in seinem Tagebuch-Blog, Walpurgis sei tatsächlich und trotz allem eine heilige Nacht, wir sollten sie weder den Neurechten noch der sogenannten Kulturindustrie überlassen, beider Interessen und Strategien seien reaktionär.

Maria Gebhardt ruft mich an und beglückwünscht mich zu dem Radioporträt ihres verstorbenen Ehemanns Eugen Oker. Wie gepflegt Bairisch in dieser Sendung gesprochen worden sei. (Werde in letzter Zeit immer wieder darauf aufmerksam gemacht, teilweise auch unbeabsichtigt, daß ich wahrscheinlich einer der letzten Lordsiegelbewahrer des Bairischen bin; hätte ich mir auch nie träumen lassen.) Besonders hat der Gebhardtin das Vorkommen des Wortes »Schnirpfel« gefallen. »Mei, wieviel Jahre habe ich das schon nicht mehr gehört.« Auch im Rundfunk der mich betreuende Redakteur Ulrich Klenner, ein Allgäuer, meinte nach dem ersten Durchlesen, zwar kenne er das Wort »Schnirpfel« nicht, ihm sei aber sofort klar gewesen, was es sein müsse. In der betreffenden Textstelle geht es um das kleidungstechnische Markenzeichen Eugen Okers, das er eigentlich immer trug, ein Halstuch nämlich, und es heißt dort, »… Knoten unterm Kinn, frech stechen die Schnirpfel aus dem Hemdkragen heraus«. Man hat's, meinte Klenner, direkt vor Augen.

Was um Himmelswillen nimmt man zum Rendezvous mit einer jungen Gärtnereibesitzerin mit? Einen Blumenstrauß?

Werde dereinst in den Literaturgeschichten, wenn's gut geht, vielleicht mit einem Halbsatz Erwähnung finden, und zwar als der bayerische Lordschnirpfelbewahrer. (Einziger, allerdings gehörig schwächelnder Trost: Einige, die sich heute wer weiß wie großartig vorkommen, werden nicht einmal das zuwege bringen.)

Johanna, die junge kaschubische Köchin aus einem Vorort von Danzig, erzählt, wie es war, als in ihrem Dorf der erste Fernseher aufgestellt wurde. Farbfernseher wohlgemerkt. Es war ihr Vater, der ihn sich anschaffte. Zuvor aber mußte erst eine Kuh verkauft werden. Dann aber war man die einzige Familie mit Farbfernseher. Nicht einmal Johannas Schullehrer hatte einen. Natürlich kam das ganze Dorf zum Fernsehschauen. Den ein oder anderen Schwarzweißfernseher gab es auch noch. Deren Besitzer waren aber eindeutig im Nachteil. Johanna erzählt, daß es damals schon Vorabendserien gab, natürlich ging es um glückliche und unglückliche Lieben. Es konnte passieren, daß am nächsten Tag die Schwarzweißfernseh-Seher zu Johannas Vater kamen, um zu fragen, ob das Kleid dieser und jener Schauspielerin denn auch wirklich weiß sei oder vielleicht doch rosa.
Bei solchen Erzählungen kommt mir der Gedanke, man müßte einmal ein Interviewprojekt machen, eine Oral-History, und Menschen ungefähr gleichen Alters nach ihren Kindheitserinnerungen fragen, und zwar Menschen, die westlich des Eisernen Vorhangs aufgewachsen sind und solche die östlich. Ich vermute, es würde sich zeigen, daß es da viel Gemeinsa-

mes gibt, allenfalls um zwei, drei Jahrzehnte zeitverschoben. Jedenfalls gibt es zu Johannas Fernsehgeschichte, die ich im Polen der frühen achtziger Jahre ansiedeln würde, eine auffällig parallele Geschichte von Ursula über den ersten Fernseher in der Heimkehrerstraße. Das allerdings war Anfang der sechziger Jahre.

Böhmen hat mich wieder zum Lyriker gemacht. Hatte fast schon vergessen, daß ich einer sein kann ... wenn ich es nur entschieden genug *nicht* will.
Nichtwollen ist überhaupt das Schwierigste.

Das Rebhuhn, das neben dem fahrenden Zug her-... ja -rennt, sein Flugflattern ist wie ein Nebenherrennen, ein plötzlich angenommener Wettkampf, wie ihn sich Kinder manchmal liefern, aus einer spielerischen Balgerei heraus. Und dann, genauso abrupt, das Abdrehen und Aufgeben, beinahe beleidigt. Ob es seine hoffnungslose Unterlegenheit mit einem Mal einsah, das Rebhuhn?

Vonwegen »schreiendes Unrecht«, wer sagt denn, daß das Unrecht auch noch schreit, und zwar, wie es im Sprachgebrauch heißt, bis zum Himmel! Im Gegenteil: Oft ist es, daß das Unrecht flüstert, es flüstert dir was ins Ohr, leise, böse und zischend. Das wäre ein Satz für eine Geschichte (vielleicht sogar ein erster Satz): »Ihm war ein flüsterndes Unrecht widerfahren.« Manchmal flüstert es so leise und unverständlich, das Unrecht, daß man es gar nicht versteht und sich fragt: Wer spricht denn da? (Ich bin's, das Unrecht.)

»Sprachgebrauch«, auch so eine Vokabel, bei der das Wort »Mißbrauch« mitschwingt/anklingt, und zwar »Mißbrauch einer Abhängigen«.

Was beim Gehen erdacht und ersonnen wird, ist von Wert und Dauer, weil es durch die Bewegung in Fleisch und Blut übergeht. Nicht von ungefähr heißt es im Bairischen über Ansichten, die mir sogleich als einsichtig und einer höheren Ordnung folgend erscheinen: Das laß ich mir eingehen. Und auch das ist richtig: Bei dem erwandert Erdachten von Ansichten zu sprechen. Als Gehender hat man Ansichten, zum Beispiel von Hügeln, Tälern, Dörfern und Waldsäumen, aber keine Meinungen.

Würdest du statt »Sie sprechen mir aus dem Herzen« genauso offen einräumen »Sie sprechen mir aus dem Verstand«?

Mir wird jetzt langsam klar: Thomas Bernhard ist eigentlich ein durch und durch psychologischer Schriftsteller. Alles bei ihm ist Seelenwühlerei. Peter Handke dagegen ist ein durch und durch realistischer Schriftsteller, alles bei ihm ist Beschreibung der Realien. Das eine ist so viel leichter zu haben und herzustellen als das andere. Im Handumdrehen ist das im Grunde gemacht. Bezeichnend in diesem Zusammenhang auch, wieviele Nachahmer und Parodisten des thomasbernhardschen Schreibstils es gibt, aber so gar niemanden, der wenigstens mal bis hinter die nächste Kurve nachschauen würde, ob der Weg, den Handke vorgespurt hat, nicht doch ein nicht nur gangbarerer, sondern vielleicht sogar interessanterer, abenteuerlicherer wäre.

Sitze mit einer Jungbäuerin aus der Nähe von Wernberg im Zugabteil. Sie hat eine 35-Liter-Aluminiumkanne dabei, ich frage sie, ob sie etwa auf eine Milchbauern-Demo fahre, in den Zeitungen stand angekündigt, daß der Protest demnächst weitergehe, weil die Bauern natürlich von den Molkereien und Handelsketten gelinkt worden seien mit angeblichem Entgegenkommen. Nein, sie hole bloß Zuchtkarpfen aus München. Lustige, an ein Ludwig-Thoma-Stückl erinnernde Vorstellung, wie sie mit ihrer Fischfracht wieder nach Hause schunkeln wird. Vielleicht passiert ja nahe Schwandorf wieder ein Zugunglück, wie schon einmal 1906, Thomas Mann hat es zu der Novelle »Das Eisenbahnunglück« verarbeitet. Es muß ja nicht gleich schlimm sein, nur daß die Milchkanne umfiele, das wär mir schon recht, ich sähe einfach gerne den Schwall aus der Kanne schießen zusammen mit den kleinen Karpfenleibern, länger als zehn Zentimeter sind sie nicht, wie mir die Bäuerin mit den Fingern zeigt. Und wie sie dann zwischen den Beinen der übrigen Reisenden herumfitschen und den bauchnabelfreien Froleins mit den Hörstöpseln ihrer mp3-Player in den Ohren spitze Schreie entlocken! Da würde ich vielleicht auch eine Novelle schreiben.

Hat mir dann noch erzählt, wie's ihr so ergangen ist, anfänglich in der Oberpfalz, sie stammt nämlich aus Ostfriesland, die Dirn. Jetzt lebt sie auf dem Hof ihres Freundes, winziges 150-Seelen-Dorf in der Nähe von Trausnitz. Anfänglich habe sie kein einziges Wort verstanden von dem, was ihre Schwiegereltern und Nachbarn redeten. Nach und nach habe sie mitbekommen, wie über ihren Freund gelästert wurde: ob der etwa keine andere abbekommen habe und sich deshalb eine von den Fischköppen dort droben habe angeln müssen. Mittlerweile habe sie sich schon etwas eingelebt, nur dieser Stockkatholizismus, der mache sie immer noch allergisch. Dieses dauernde Kirchgehen, allmittägliche Tischgebet, diese Weihwasserbehälter an jedem Türstock, dieses Ausräuchern der Stallungen an Heilig Drei König mit Weihrauch, ihr werde jedesmal schlecht von dem Gestank. Während sie das alles so erzählt, wird mir klar, wie ureinwohnerstammhaft das alles einer aus stockevangelischer Gegend Hereingeschneiten vorkommen muß, ein atavistischer Hokospokus aus ferner Aberglaubenszeit.

Und wieder einmal ein Bild vom Landleben: Das gelbe Postauto, das sich langsam die Straße entlangarbeitet. Früher wurde nur die Paketpost mit dem Auto ausgefahren, seit einiger Zeit alle Postsendungen. Da fast jedes Haus zumindest einen Brief oder eine Werbesendung bekommt, muß die Postbotin alle zehn Meter bremsen, aussteigen, wieder einsteigen, neu anfahren. Ein ganz charakteristisches Geräusch, diese zuckelnde, stotternde Fahrt. Und dazu das tiefe Brummen des Dieselmotors. Schon von weitem ist es erkennbar und identifizierbar. So auch für den Nachbarbuben, den vier- oder fünfjährigen vielleicht. Kaum war heute das Postauto zu hören, noch ganz am Ende unserer Straße, schon ging die Haustüre beim Nachbarn auf. Durch den Spalt linste der Bub heraus. Er sah in Richtung des sein Gelb noch nicht zeigenden Postautos. Er wartete, bis es, sechs-, siebenmal neu anfahrend, endlich auf Höhe seines Gartentores erneut anhielt, bei laufendem Motor. Dann sprang er zur Fahrertüre hin. Die öffnete sich und zwei Hände fuhren heraus. Ich nahm an, der Bub würde die Post entgegennehmen. Aber nein! Er hielt seine kleinen unter die eine Schale bildenden Postbotinnenhände, die sich jetzt öffneten und ein Strahl von einpapierlten Gutzeln träufelte in seine nun ebenfalls eine Schale bildenden Hände. Er schloß sie zur Kugel, sah kurz auf, drehte sich um und lief in sein Haus. Das alles dauerte nur wenige Sekunden, es wurde kein einziges Wort dabei gesprochen, schon schlug die Postautotüre wieder zu und der Wagen fuhr erneut an, um nach wenigen Metern zu bremsen, diesmal stieg die Postbotin wieder gewisser Briefe wegen aus. Und ich dachte mir: Sag mir bloß niemand mehr etwas gegen die Deutsche Post AG.

Lese statt »die üblichsten Wege« die »übelsten Wege« und das stimmt ja auch … üblicher- und üblerweise.

»Vor den Häusern die Vormittage und hinter den Häusern die Nachmittage und in den Häusern Porträts.« Heute ist Gerhard Meier gestorben, der Amrainer. Immer wollte ich ihn lesen, immer habe ich es aufgeschoben. Und auch wenn ich das jetzt schleunigst nachholen werde, bleibt das Gefühl einer nicht wieder gutzumachenden Verfehlung. (Bin fest davon überzeugt, daß ein Autor das spürt: Da gäbe es einen Leser, einen mir ganz und gar unbekannten Leser, Hunderte Kilometer von mir entfernt lebend, der wäre wie für mich gemacht und dennoch tut er mir das an und liest mich nicht.)

Das Elend an Veranstaltungen wie diesem unsäglichen alljährlichen Tribunal in Klagenfurt beruht unter anderem auf der Tatsache, daß dort Menschen in der Jury sitzen, die sind als Berufsleser schon so sehr von der Literatur angewidert, daß sie sich bei ihrer krank- und krampfhaften Suche nach Einwänden nicht einmal entblöden, gegen einen Text als Argument anzuführen, er sei zu perfekt gebaut.

Lese im »Räuber«-Roman von Robert Walser, der ganz und gar einzigartig ist, ein Buch wie kein zweites. Was für einen Grad an Autarkie muß ein Autor erreicht haben, um sich so von jeglicher Lesererwartung frei gemacht zu haben? »Geschichte« und »Aussage«, die unvermeidliche Frage Um-wasgeht-es?, die keinem Roman erspart bleibt – dabei hat doch schon Heimito von Doderer unmißverständlich klargestellt, dem idealen Roman werde niemand nachweisen können, daß er überhaupt irgend etwas gesagt habe –, all das also zielt am »Räuber«-Buch von Robert Walser auf geradezu skandalöse Weise vorbei. Oder genauer noch: Sie zielten vielleicht schon aufs Buch, diese Fragen, aber Robert Walser läßt sie aufs eleganteste und zugleich schroffste ins Leere laufen. Schon gleich die Eröffnungssätze machen das klar: »Edith liebt ihn. Hievon nachher mehr.« Dieses Nachher kommt natürlich nie. Obwohl es durchaus nicht einfach vergessen wird. Nach 140 Seiten heißt es nochmals: »Wir kommen passenden Platzes noch ausdrücklich hierauf sorgsam zurück.« Allein: Das Buch hat keinen passenden Platz für das, was man gemeinhin von einem Roman verlangt. Es breitet einfach nur seinen Sprachteppich aus, der wie ein Mooslager ist, hellgrün leuchtend, weich und von Scharen insektenkleiner Einfälle durchkrabbelt. Wenn es den vegetativen Roman geben sollte, hier ist er.

Ich lese also in diesem Buch und stoße auf den Satz: »Der Räuber war eines Tages beim Baden nahe dem schönsten Ertrinkungstod. Infolge wackern Schaffens mit Wellen usw. blieb er als flotter Herausarbeiter aus Näßlichkeitsmächten am Leben, d.h. kam wieder ans sichere Trockene.« Und gleich muß ich mein Badetuch packen, an unseren Perlsee eilen und mich in die Näßlichkeitsmächte stürzen. Wieder heraußen auf der Wiese, das Wasser auf der Haut trocknen lassend, lese ich weiter (und fühle mich, so müßiggehend, ungeheuer räuberhaft): »Die Schwäne dort im Schloßteich, die Renaissancefassade. An

Stämmen von alten Bäumen herauf führten Treppen. Ganze Teegesellschaften konnten da heraufgehen, um unter grünem Dache Cercle abzuhalten.«

Muß mich natürlich, das Letzte wiederlesend, an der eigenen Nase auch packen, aus der ich schon genügend »Romane« gezogen habe, die leider immer noch weit davon entfernt waren, das verlernt zu haben, was unbedingt zu verlernen ist. Zum Beispiel nacherzählbar zu sein. Die »Räuber« dagegen: ein leuchtendes Beispiel nicht nacherzählbarer Romankunst. Und damit unverwechselbar.

Und die herrlichen neuen Zeitwörter, die Walser erfindet. »Seltsam, wie es nun in uns genügelt.« Was damit gemeint ist? »Auf meinem Betragen schimmert in letzter Zeit die Sonne der Selbstzufriedenheit.«

Ja, freilich, natürlich: immer schon frag ich mich, an wen nur erinnert mich unser Nachbarbub, der elfjährige. Jetzt, da ich in Hartmut Binders phänomenalem Buch blättere, fällt's mir wie Schuppen von den Augen: Der schaut aus wie der junge Franz Kafka. Aber genau! Und hat nix als wie Fußballspielen im Kopf. In diesem Kopf mit den Fledermausohren des Franz Kafka.

Ich kenne nur Mund offenhaltendes Staunen darüber, was Hartmut Binder in Bezug auf Franz Kafka geleistet hat. In seinem drei Kilo schweren, beinahe 700-Seiten-Buch scheint nichts zu fehlen, was irgendwie mit Kafkas Welt in Verbindung stand und was man noch – ich weiß nicht aus was für abseitigen

Quellen mitunter – recherchieren kann. Sofort sind natürlich die Kleingeister zur Stelle, die mäkeln, ob man denn wirklich alles so genau wissen und anschauen müsse auf über 1200 meist historischen Fotodokumenten, und wiederholt wurde jetzt schon in Kritiken als Beispiel die »Haarbürste Kafkas« angeführt, die auf Seite 661 zu sehen ist, mit dem Vermerk »Produkt der englischen Firma G. B. Kent & Sons«. Rein positivistischen, das große Ganze aus dem Blickfeld verlierenden Sammeleifer nennen sie das und machen sich überlegen lustig darüber. Tja, nur haben sie halt leider das falsche Beispiel erwischt, die Fuchtler mit den Einwänden (im Falle Kafkas sind alle Beispiele falsch!), denn ausgerechnet diese Bürste erzählt wiederum eine Geschiche, die so stecknadelspitz genau ins Zentrum des »großen Ganzen« trifft, daß es in der Tat undenkbar wäre, die Haarbürste Kafkas *nicht* zu erwähnen. Das ist ja das schier Unerklärliche an Kafka, daß uns noch das Abseitigste an seiner Lebenswelt und noch die beiläufigste seiner Äußerungen genau ins Zentrum jener Katastrophe zu führen scheinen, die da lautet: Menschsein. Oder vielleicht muß man doch einschränken: Mensch in der ersten Hälfte des 20. Jahrhunderts gewesen zu sein. Was das heißt, das erzählt eben auch Kafkas Haarbürste. Sie ist nämlich beinahe das einzige, was Dora Diamant geblieben ist, jener Frau, die Kafka während seiner letzten eineinhalb Jahre begleitete, in denen er so hundselend zugrunde ging an einer nicht mehr therapierbaren Lungen- und Kehlkopftuberkulose. Dora Diamant, Tochter einer ultraorthodoxen jüdischen Familie aus Polen, muß etliche Manuskripte Kafkas in Verwahrung genommen haben nach dessen Tod, darunter eine Kindergeschichte oder auch Art kleiner Briefroman, den Kafka für ein Mädchen schrieb, das er in einem Park in Berlin kennenlernte und das so unglücklich war über den Verlust seiner Puppe. All diese Aufzeichnungen gerieten der Gestapo in die Hände, die in Dora Diamants Berliner Wohnung eine Durchsuchung vornahm. Sie gelten seither als endgültig verschollen und vernichtet. Allein Kafkas Haarbürste, die nicht mit in jener Schublade lag, wo Dora Diamant die Manuskripte verwahrte, sondern auf einem Toilettentischchen, blieb ihr. Sie führte sie seitdem als eine Art Talisman stets bei sich. Erst in den 50er Jahren schenkte sie die Bürste ihrem Hebräischlehrer in Israel, wohin sie auswandern wollte. Ihrer kranken Tochter wegen blieb sie aber schließlich in England. Und so ist allein die Haarbürste nach Israel gekommen, in jenes Land, in das Kafka, ernstzunehmenden Plänen nach, Anfang der 20er Jahre emigrieren wollte ... er lernte bereits Hebräisch. Seine aufkommende Lungentuberkulose machte schließlich alles zunichte. – Versteht ihr jetzt endlich, warum Haarbürste?

Noch kein einziges Glühwürmchen diesen Sommer gesehen, und dabei ist heute schon der 16. Juli. Aber unterm blei-grau zugezogenen Regenhimmel ist es so naß-kalt, daß man sich kaum vorstellen kann, woher sie plötzlich auftauchen sollten. Wo eigentlich stecken die Glühwürmchen, wenn ihnen zu kalt ist? Fristen sie dann beleidigt ein Leben als graue, unscheinbare Käfer? Wahrscheinlich. Und wir fragen uns: Wozu hat man überhaupt einen Sommer erlebt, wenn sie nicht da waren, die alles erleuchtenden Glühwürmchen?

Träume zu deuten heißt, sie zu zerstören. Ihren Zauber, ihre Poesie. Ich kann nur raten: Finger weg von den Träumen! (Zumindest wenn es Psychologenfinger sind, diese unangenehm spitzen.)

»Alles von sich erzählen, und doch nichts von sich verraten« (Peter Handke) – das scheint mir auch der einzig wenn schon nicht gültige, so doch beherzigenswerte Grundsatz fürs Tagebuchschreiben zu sein.

Das Drehbuchschreiben, auf das ich mich mit dem Henkerstoff einzulassen beginne, stellt mich auf eine harte Probe. Man erwartet von der Filmfirma, die bezeichnenderweise den Namen »Schlicht und ergreifend« trägt, daß alles für mein Gefühl so abgezirkelt geschrieben sein soll, so auf Pointe, Umschwung, Aktschluß hin. Das Wichtigste ist das Gerüst, das wochenlang durchdachte und konstruierte, am unwichtigsten die Sprache. Bei allem, was ich bisher gemacht habe, war es genau umgekehrt. Weiß noch nicht, ob ich damit wirklich glücklich werden kann (ob ein Romanautor damit glücklich werden kann).

Der Schauspieler, der von seinen Kollegen als besonders intelligent gepriesen wird – normalerweise gingen Schauspielerei und Intelligenz nicht zusammen, erklären sie mit bedeutsamen Mienen –, dieser Schauspieler, selbst zu Wort kommend, also meint: Man könne heute doch keine Klassiker mehr spielen. Genau in dieser Ausschließlichkeit sagt er es. Und ich denke mir, das ist ungefähr so intelligent, wie wenn man behaupten würde, Stücke, in denen Brillenträger vorkommen, könne man heute unmöglich mehr aufführen. Oder Zigarrenraucher. Oder Bewohner von Wohnungen mit mehr als drei Meter lichter Höhe. Das alles besagt doch vorderhand einmal überhaupt nichts. Auch, daß ein Stück von einem sogenannten Klassiker ist, besagt erst einmal überhaupt nichts.

Die Engländerin, die auf der Karlsbrücke in Prag stehend aufs Wasser zeigt und fragt: »Ist das die Donau?« Wehe, man täte gleiches auf der Towerbridge in London mit der Themse, man wäre sofort als Banause abgestempelt, als ein an Weltreichen nicht interessierter Banause.

Der junge Venezulaner Ramon, ein Bekannter Lenas, erzählt in unserem Waldmünchner Garten von seiner Großmutter, die auf dem Land aufgewachsen ist und von daher völlig furchtlos und ziemlich robust mit jeglicher Tierwelt umgeht. Schlangen packe sie einfach mit der Hand hinter dem Kopf und trage sie aus dem Wohnhaus hinaus, Leguane, die immerhin zwei Meter und länger werden können, zupfe und zerre sie am Schwanz, wenn sie nicht dorthin steuern, wo sie die Oma hinhaben will. (Und ich erinnere mich der Beinahe-Todesstarre, in die ich verfiel, als ich vor wenigen Wochen in unsere Waschküche ging und aus dem Abflußgulli der Kopf einer Blindschleiche herausschaute, ihren Körper hatte sie zwei-, dreimal durch die Rippen des Gullideckels geflochten.)

Es ist blaue Stunde: Die dunkle Baumsilhouette vor dem langsam ins Dunkelblaue übergehenden Abendhimmel. Alles ist ruhig und starr. Nur ein einziger Zweig, der aber um so heftiger, wird von einem Windhauch bewegt. Wie das Winken eines Armes. Er winkt, daß wir folgen sollen … in die Nacht hinein.

Warum fragen immer alle, »und, schreiben Sie an einem neuen Roman«? Warum nie: »Schreiben Sie ein neues Gedicht?« Wahrscheinlich, weil sie glauben, daß das jeder kann, Gedichte schreiben. Aber dicke Romane! – Und mir sind sie momentan gerade so verhaßt, die dicken Romane! Übrigens könnte sich der wahre Leser mir gegenüber sehr leicht als ein solcher zu erkennen geben, indem er einfach jene Totfrag- und Totschlagfrage aus seinem Repertoire streicht und nur mehr eine Erkundigung kennt: Was machen die Sätze? Die Frage ist ungefähr so zu stellen wie an einen, der aus dem Wald kommt und man fragt: Und, wachsen sie, die Schwammerl? Ja, das ist es: Ich bin jeden Tag im Wald, um nachzuschauen, ob sie wachsen, die Satzschwammerl.

»Wir wissen doch: Geschichte ist das, was niemals hätte geschehen dürfen und trotzdem passiert ist.« (Jiří Gruša in einer Diskussionsrunde zum Thema »40 Jahre Prager Frühling«, auf das wiederholte Nachhaken der Moderatorin Franziska Augstein hin, eigentlich hätte doch im Ablauf der Geschehnisse »folgerichtig« erst dieses und dann jenes passieren müssen.)

Nostalgie: das Heimwehgefühl nach dem Vergangenen.

Zwei Tage nach Alexander Solschenizyns Tod in Moskau wird in einem für den Sender ARTE zusammengestellten Nachruf die Episode erzählt, daß es Anfang der siebziger Jahre, als der KGB schon wußte, daß Solschenizyn am »Archipel Gulag« schrieb, einen Attentats- beziehungsweise Mordversuch auf den Autor gab, der sich vorzugsweise auf irgendwelchen Datschen ihm wohlmeinender Freunde versteckte. Es geschah auf offener Straße und es geschah mit einem bulgarischen Regenschirm. Ein Agent rammte ihn Solschenizyn in den Oberarm oder Oberschenkel, im Vorbeigehen und wie aus Versehen. Die Regenschirmspitze war vergiftet. In den folgenden Tagen hatte Solschenizyn Schwellungen am ganzen Körper, die Ärzte konnten jedoch keine Ursache finden.

Eine Geschichte wie eine schlechte Bühnenklamotte. Man kennt das doch: Weil der Requisiteur den Degen vergessen hat, mit dem jetzt der alles entscheidende Zweikampf auf offener Bühne stattfinden soll, nimmt einer der Kontrahenten geistesgegenwärtig einen Schirm, sticht damit zu, der Bühnenpartner, genauso beschlagen in der Kunst des Extempores, repliziert: »Verdammt, die Spitze war vergiftet.«
Es ist so absurd lächerlich. Und damals doch blutiger Ernst. Kann mich noch sehr gut erinnern, wie ich als Fünfzehn-, Sechzehnjähriger »Archipel Gulag« und »Ein Tag im Leben des Iwan Denissowitsch« las, der Auslöser dafür waren die Fernsehbilder aus der Eifel, wo Solschenizyn nach seiner Abschiebung aus der Sowjetunion bei Heinrich Böll Aufnahme fand. Ich dachte mir, jetzt mußt du mal lesen, was der geschrieben hat. Ich war wie erschlagen davon. Und ab diesen Lektüre-Tagen war ich gefeit gegen jeglichen Romantizismus sogenannter linker Kreise in Bezug auf die Verhältnisse im Ostblock. Ansonsten würde ich mich durchaus zum links-alternativen Milieu rechnen (wie auch anders beim damaligen Zeitgeist): Anti-AKW, Friedensmarschierer, Stoppt-Strauß-Plakettenträger etc. Aber in *der* Frage war ich Kalter Krieger. Ein grüner Kalter Krieger. Machte dann ja auch mit bei ein paar Briefaktionen jener von Richard Löwenthal begründeten Initiative »Hilferuf von drüben«. Löwenthal, der war ja für jeden echten Linken der schlichtweg Unaussprechliche!

Die Grillen heute Nacht, das müssen Fremdarbeiter sein, illegal Eingeschleuste aus Portugal, so wie die zirpen! Und derweil wetterleuchtet es aus Richtung Cham, aber immer noch ist es absolut windstill, auch kein Donnergrollen, nur dieses geradezu ohrenbetäubende Grillenzirpen. (7. August, der heißeste Tag des Jahres)

Die Prediger des Faulseins sind ja nicht selten die allergrößten Workoholics. Siehe Hermann Hesse. 3000 Bücher hat er zum Beispiel für diverse Zeitungen und Zeitschriften rezensiert, aber uns etwas von der »Kunst des Müßiggangs« erzählen wollen. Der wahre Müßiggänger könnte sich niemals zu der Anstrengung aufschwingen, einen solchen Leitfaden, Ratgeber, überhaupt zu verfassen.

Traum: Bin mit zwei Helfern als verdeckter Ermittler in eine Neonazi-Gruppe eingeschleust worden. Wir sitzen in einem Wirtshausnebensaal beieinander. Ich fürchte um mein Leben und ob ich da wieder heil herauskomme, weil: eigentlich müßten mir doch alle an der Nasenspitze ansehen, daß ich nur da bin, um sie auszuhorchen. Schließlich löst sich die Gruppe auf. Mit meinen Mit-Ermittler stehe ich schon draußen vor dem Wirtshaus. Wir versichern uns gegenseitig flüsternd, wie erleichtert wir sind, es hinter uns zu haben. Wir wollen gerade gehen. Da kommt der Anführer der Neonazis heraus. Er deutet auf uns und verkündet, daß wir Spitzel seien. Schnell sind wir von den anderen umringt. Der Anführer kommt auf mich zu. Neben ihm steht einer seiner Kumpels und hält ihm ein Tablett hin. Der Anführer nimmt etwas in die Hand. Jetzt bemerke ich, daß es sehr weich gekochte, lapprige Spargelstangen sind. Er klebt sie mir an die Schläfen. Sie bleiben dort haften und ich trage jetzt wie die orthodoxen Juden Schläfenlocken ... Spargelschläfenlocken.

Beinahe unverzeihlich, daß ich, während ich mein Donau-Buch schrieb, noch nichts von Béla Hamvas wußte. Bei der Ortsmarke Szentendre hätte ich unbedingt einfügen müssen, daß hier in dem kleinen ungarischen Provinzstädtchen, ein paar Kilometer flußaufwärts vor Budapest, sich 1948 ein Mann niederließ, der nach der Machtergreifung der Kommunisten – und zwar unter tat- … nein hetzkräftiger Mitwirkung Georg Lukács' – zum verbotenen Autor wurde und bis an sein Lebensende Publikationsverbot erhielt. Er bewirtschaftete einen kleinen Obstgarten und fristete ein äußerst ärmliches Dasein als Landarbeiter. Und im Geheimen schrieb er ein mehrere 10.000 Seiten umfassendes Werk, das erst nach seinem Tod 1968 nach und nach bekannt wurde und dessen wundersamsten Teil das Buch »Karneval« darstellen soll, ein monumentaler Essayroman, in dem Hunderte von Personen auftreten, der sowohl im Dies- als auch Jenseits spielt, der Anklänge an Dantes Inferno- und Paradiso-Ausflüge hat. All das ist für uns deutsche Leser nach wie vor nur Gerücht, weil es eine deutsche Übersetzung nicht gibt und wohl auch so bald nicht geben wird – alle Verlage schrecken vor diesem 1500-Seiten-Monumentalwerk zurück. Über das Internet kann man sich in eine Subskriptionsgemeinschaft einreihen und portionsweise Übersetzungshappen abonnieren, Ziel der ganzen Aktion ist es, daß »Karneval« von Béla Hamvas irgendwann einmal komplett übersetzt in deutscher Sprache vorliegen wird und dann vielleicht doch noch als Buch erscheint.

Bis dahin müssen wir uns mit kleinen Auswahlbänden zufriedengeben, darunter Hamvas' außergewöhnliches Weinbuch, eine Kulturgeschichte en miniature des alten, untergegangenen Mitteleuropa, in dem zum Beispiel vom Schomlauer die Rede ist, der an den Hängen eines ganz bestimmten Vulkankegels wuchs, einer Cuvée, deren genaue Zusammensetzung heute nicht mehr rekonstruierbar ist. Geschrieben hat Hamvas das Buch, als er bettelarm war, 1947, an den Ufern des Balaton. Recht viel mehr als Wasser, Brot und Zwiebeln scheint er damals nicht gehabt zu haben für seine Ernährung. Seine Wohnung in Budapest war in den letzten Tagen des Krieges noch ausgebombt worden, seine gesamte Bibliothek und alle Manuskripte sind dabei verbrannt. Und so saß Hamvas also am Balaton und rief aus der Erinnerung heraus ein Leben noch einmal wach, in dem noch Grundsätze galten wie: »Richtig Wein trinken kann nur, wer musisch erzogen ist, ständig Dichter liest, Musik wenigstens hört, wenn er selbst keine macht, und sich an Bildern erfreut.« Undenkbar auch, schreibt Hamvas, daß man an einem Tisch Wein trinkt, auf dem keine Stofftischdecke liegt. Und über dieses Tischtuch müssen Chrysanthemen verstreut sein und ein paar Nüsse oder Kastanien (ich erinnere mich des herrlichen Kastanienkuchens in Elba ...). Erst nämlich ein paar Haselnüsse und Mandeln essen, denn deren ölhaltige Kerne entfalten den vollen Geschmack des Weines. »Kastanien, Chrysanthemen und Heuriger – merk dir das gut!«

»Nicht jeder, der trinkt, wird mit Trunkenheit belohnt. Manch einer ist irgendwann einfach nur besoffen.« Nicht übel, der Wondratschek. Und dazu passend, wie Béla Hamvas den Gang ... oder besser Tanz eines betrunkenen Weinliebhabers vergleicht mit dem tumben Getapse eines Schnapssäufers. »Der Weinbetrunkene kreist unablässig, was er macht, ist ein regelrechter Tanz, der Schnapstrinker bricht immer wieder aus, dann sinkt er in sich zusammen, bis er wie vor den Kopf geschlagen umfällt. Das eine ist ein parabolisch strudelnder Tanz, das andere eine kantige und abgehackte Bewegung.« Daß einem der Wein tänzerische Flügel verleiht, liegt unter anderem daran, daß er ein spirituelles Öl enthält. »In jedem Wein wohnt ein Engel, der, wenn man den Wein trinkt, nicht stirbt, sondern zu den unzählbar vielen kleinen Feen und Engeln gelangt, die dem Menschen innewohnen.« Und die machen eben trunken, während die Schnapsdämonen dafür sorgen, daß man einfach nur besoffen ist.

Alles Interessante, was ein Autor zu sagen hat, steht in seinen Büchern. Versuche, ihm darüber hinaus noch etwas entlocken zu wollen, in Interviews, Talkshows, Podiumsdiskussionen, führen lediglich dazu, ihn als kompletten Trottel zu demaskieren, der er ja in Wahrheit auch ist. (Zumindest dann, wenn er nicht schreibt.)

Ihr Bauernhäuser auf der Insel Rügen: Ständig ist man versucht, über die Meckifrisuren Eurer rohrgedeckten Walmdächer zu streicheln. (10. August)

Im Gerhart-Hauptmann-Haus auf Hiddensee: das junge, noch nicht einmal einjährige graue Kätzchen mit den vier wie in weiße Farbe getauchten Pfoten, wie es zwischen den allzuvielen Beinbaumstämmen der Besucher übermütig herumtollt, sein Anrecht verteidigend, hier als einziges neben seinen genauso viermal weißpfötigen Geschwistern zu Hause zu sein. Und dann nimmt Ursula es frech auf den Arm und trägt es auch noch in den ersten Stock hinauf, die hohen Stufen traut es sich nämlich nur zu beschnuppern, nicht hochzuklettern. Oben läßt sie das Kätzchen aus, und es tapst zwischen den immer noch allzuvielen Besucherbeinen schnurstracks ins Allerheiligste hinein, das für alle übrigen mit einem dicken Schiffstau vor dem Zutritt gesperrt ist: das Schlafzimmer des Meisters (in ihm steht lediglich 1 Bett, die Gattin schlief im Nebenzimmer, Verbindung bestand durch ein etwa schuhkarton-großes Guckloch in der Wand). In der Ecke des Schlafzimmers beginnt das Kätzchen zu scharren, so wie Katzen eben scharren, wenn sie ihre Hinterlassenschaften vergraben.
Plötzlich mich heiter stimmender Gedanke, es könnte der Geist Hauptmanns selbst sein, der in diese Katze gefahren ist,

gewissermaßen als ausgleichende Strafe für sein zu Lebzeiten stets allzu gravitätisches, verschmockt goetheanisches Auftreten. Immerhin aber: Er darf noch herumtollen, in seinem einstigen Amtssitz des Königs von Hiddensee, als der er sich ganz unangefochten fühlte.

Der Oberpfälzer Bub, der in dem kleinen Fischerdorf Vitte an der Haltestelle des Pendolino-Zuges, der die Touristenscharen zum Großraumparkplatz zurückbringt, zu seinem mit ihm dort wartenden Opa meint: »Irgendwie, mojn i ollawaal, bin i heid a Glückspilz.« Er hat von seinem Opa ein Miniatur-Autonummernschild geschenkt bekommen, auf dem, anstelle von Ziffern, sein Name steht. »Julian«.

Träumte letzte Nacht ein komplettes, gar nicht einmal übles Gedicht. Ich sah es Zeile für Zeile vor mir, und dachte mir noch, im Traum dies träumend, wie ungewöhnlich und gleichzeitig praktisch doch, daß man ganze Gedichte im Schlaf verfertigen kann. Und es erschien mir so einsichtig, schön und gelungen, das Gedicht. Leider war es nach dem Aufwachen sogleich wieder verschwunden. Nur die Anfangszeile weiß ich noch: Die Vögel übernehmen die Diakonie.

Der am häufigsten gehörte TV-Satz in diesen Tagen der Olympischen Spiele in Peking lautet: »Ich kann das noch gar nicht realisieren.« Jeder, der irgendwas gewinnt, muß, das scheint ein Mediengesetz zu sein, in das hingehaltene Mikrofon stammeln, daß er sicher noch Tage brauchen werde, um das alles zu realisieren. Da haben die Zuschauer dem Akteur entscheidendes voraus: Für sie war der 200-Meter-Freistil-Sieg oder der fehlerlose Parcoursritt zur Goldmedaille gerade eben Realität, dank der live mit dabei seienden, allgegenwärtigen Kameras. Das scheint die wahre Botschaft dieses unablässigen Geredes vom »Nicht realisieren können dessen was man da eben erlebt hat« zu sein: daß sich das Sekundäre endgültig an die Stelle des Primären setzt. Passiert ist es auf dem Bildschirm und nicht in den so furchtbar langsam begreifenden Herzen und Hirnen derer, die tatsächlich zum Sieg gelaufen, gesprungen, geschwommen, gerudert und geturnt sind. Es fehlte nur noch, daß die jeweiligen Reporter den Ich-kann-das-noch-gar-nicht-realisieren-Stammlern sagen würden: Schauen Sie sich unsere Bilder an, dann begreifen Sie, was Sie erlebt haben. (Und viele Sportler tun das ja auch: Sie staunen über und glauben an ihre Leistung erst, nachdem sie sie nochmals auf dem Monitorschirm kontrolliert haben.)

Bin mit Max Blaeulich in Salzburg verabredet, in seinem Antiquariat, das sich direkt an den Fuß des Kapuzinerberges anlehnt. Möchte ihn für einen Rundfunkbeitrag zum Abschluß seiner Romantrilogie interviewen. Ich stehe vor verschlossener Tür. Er habe den Termin anscheinend vergessen, sagt seine Tochter, die nach der Mittagspause das Antiquariat wieder aufsperrt. Sie sagt es in einer solchen Beiläufigkeit, als ob das bei ihrem Vater überhaupt nichts Besonderes wäre. Sie ruft ihn an, er kommt mit dem Fahrrad herbeigeeilt. Begrüßt mich einigermaßen herzlich, allerdings als »Harald«. Er verwechselt mich wohl mit Grill, der auch ein paar Mal bei den Drei-Ländern-Autorentreffen dabei war. Ich sage nichts und korrigiere ihn auch nicht. Das Interview dann, wenn man's genau nimmt, eine einzige Katastrophe. Max wirkt extrem fahrig, ja, er hat regelrechte Absencen. Seine Rede stockt, ihm fallen Wörter nicht mehr ein. Nichts da von dem sprudelnden Erzähler, als

den ich ihn schon so oft erlebt habe. Erschreckend geradezu sein Zustand. Erst als mein Aufnahmegerät ausgeschaltet ist, taut er etwas auf und erzählt schöne Anekdoten aus seiner Antiquariatsarbeit. Er ist ja mittlerweile spezialisiert auf Ankäufe kompletter Bibliotheksnachlässe. Er erzählt mir, wie er da oft in verschimmelten Kellern und taubenscheiße-übersäten Dachstühlen steht, in Dreck, Staub und Moder wühlt und relativ schnell abtaxieren muß, was in diesem Nachlaß verborgen sein könnte an wertvollen Erstausgaben, vorgeblich uninteressanter Spezialliteratur (medizinischer oder juristischer Art etwa) oder kompletten Sammlungen von Theaterprogrammheften zum Beispiel, die von einigem Wert sind, von den Erben aber oft für besseren Müll gehalten werden. Mittlerweile habe er soviel Erfahrung, sagt Max, daß er schon an der Adresse der zu besichtigenden Bibliothek ablesen kann, ob was zu erwarten ist oder nicht. Neulich kam er zu einer total versifften Wohnung, geöffnet wurde ihm von einer älteren Dame, die ungelogen einen kompletten Damenvollbart im Gesicht hatte. Er hat in der Wohnung dann eine Erstausgabe von Kafka gefunden.
Einer dieser oft nachkommenlosen Erblasser habe ihm einmal eine Riesenbibliothek vermacht. Er habe das Erbe ausschlagen müssen, so gewaltig sei es gewesen. Man hätte zum Ausräumen der Bibliothek mit einem Sattelschlepper anrollen müssen. Das Auseinandernehmen und Aussortieren solcher Nachlässe sei oft eine Drecksarbeit sondersgleichen, erzählt Max.
Beim Abschied fragt er mich, ob er mir noch etwas in mein Exemplar seines neuen Romans, den ich zum Interview dabei hatte, schreiben solle. Ja, gerne. Er signiert mir das Buch. Das heißt, er signiert es »Harald«. Ich schaue auf diese Widmung, klappe das Buch zu und verabschiede mich. Auf der Nachhausefahrt bin ich sehr, sehr niedergeschlagen.

Ich lebe hier am Ölberg ja in einer Nachbarschaft, für die mehrheitlich, vermute ich, Lesen eine besonders schändliche Form des Nichtstuns ist. Das stört mich aber nicht im geringsten. Im Gegenteil: Ich fühle mich gut verborgen in diesem finsteren Unterholz eines allgemeinen Nichtlesertums. (Obwohl: da fällt mir auch schon der Schwiegervater ein, der zwar von einem kinderreichen Bergbauernhof abstammte, aber ein großer Leser war, vorzugsweise der dickleibige Bücher schreibenden alten Russen, Gogol, Tolstoi, aber auch Solschenizyn. Als er ganz überraschend im Krankenhaus starb, ein junger Arzt hatte ihn wohl mit Entwässerungstabletten überdosiert, lag auf seinem Nachtkästchen die Lektüre der letzten Nächte, »Die Auferstehung« von Leo Tolstoi. Leider hatten wir nur ein einziges Wochenende Zeit, uns kennenzulernen. Dann kam der Montag und damit der Termin seiner Krankenhauseinweisung. Versteht man jetzt meinen Horror vor Krankenhäusern?)

Die Schlichtundergreifenden sekkieren mich mit Vorhaltungen, meinem mittlerweile dritten Exposé zum Henker-Drehbuch mangele es immer noch an Dramatik und »großen Gefühlen«. Wenn ich eins weiß und erfahren habe beim nunmehr bald 35 Jahre währenden Schreiben, dann dies: Hüte dich vor den großen Gefühlen. Damit sie im Leser entstehen, mußt du Schreibender kühl bleiben bis ans Herz hinan. Große Gefühle sind scheue Rehe, du darfst sie nicht einmal aus sicherer Entfernung aus den Augenwinkeln heraus anschauen, sonst sind sie sofort weg. Geschweige denn ansprechen: Große Gefühle niemals ansprechen!
Bin ratlos und verunsichert, was mit diesem vermaledeiten Drehbuchexposé zu tun sei. Jetzt gibt es nur noch eine Rettung: einen neuen Roman beginnen.

Mir tun noch heute, mit 40jähriger Verspätung, jene Schopftintlinge leid, die am Rande unseres Bolzplatzes wuchsen und die wir Buben und – zumindest in unserer Phantasie – angehenden Fußballstars übermütig geköpft haben, indem wir ihnen, den idealen Vollspannstoß imitierend, einen Tritt gaben, daß die Fetzen nur so durch die Luft flogen. Heute nämlich findest du sie nicht mehr, auf unseren durch und durch überdüngten Wiesen. Sie sind verschwunden, und mir kommt es grad so vor, als hätten wir sie damals aus dieser Welt gekickt.

Während sich einige Zeitgenossen ernsthaft mit der Frage beschäftigen, ob nicht vielleicht doch, nach der Inbetriebnahme des weltgrößten Teilchenbeschleunigers in der schweizerischen Unterwelt, der versuchsmodellhaft die Verhältnisse bei Inkrafttreten des Urknalles simulieren soll, winzigkleine schwarze Löcher entstehen könnten, die mit einem nanosekundenschnellen Schlurf ihre Umgebung aufsaugen und in ein Nichts verwandeln werden, wodurch diese winzigkleinen schwarzen Löcher schon nicht mehr ganz so winzigklein sein werden und weiter an der heidi-heilen Schweizer Bergwelt knabbern können, mit dem Effekt, daß schließlich im Handumdrehen die ganze Welt – schlupp – eingesaugt und weggeschluckt ist … während all dies also seine halb ironischen, halb sensationslüsternen Betrachtungen erhält, bis hinein in die Hauptnachrichten des Abendprogramms, tun sich in realiter ganz andere schwarze Löcher auf, die das internationale Finanzgeschehen produziert hat, als ganz besondere Geldverpulverungsbeschleuniger erweisen sich dabei amerikanische Investmentbanker. Und während noch alle Expertenwelt aufgeregt schnatternd die Frage erörtert, wie so etwas nur passieren konnte, gäbe eine kleine Zeitungsmeldung eine sehr plausible Teilantwort. Jetzt nicht direkt auf die Ursachen dieser Bankenkrise, aber doch darüber, wie unsere nachrichtenwirbelnden Medienbeschleuniger schwarze Löcher ganz eigener Art generieren. Da hat doch ein nicht ganz korrekt arbeitendes Computerprogramm bei einer US-Internet-Finanzzeitschrift aus den Tiefen des Archivs eine sechs Jahre alte Meldung ans Licht vermeintlicher Tagesaktualität geholt, die berichtete, daß eine der weltgrößten Fluglinien, United Airlines nämlich, demnächst Konkurs anmelden müsse. Innerhalb von Minuten brach der Börsenkurs um 75 Prozent ein, mit einem Schlurf hatte die schwarze Börsen-Maschinerie eine Milliarde Dollar Einlagevermögen wortlos staunender Aktionäre in ein nicht einmal mehr hallend nachrauschendes Nichts verwandelt. – G'spaßige Geschichte ... solange es nicht das eigene Anlagenkonto betrifft.

Walther von der Vogelweide soll ja aus dem Waldviertel stammen. Mein dritter Romanteil sollte dort spielen. Vielleicht daß ich den Lober am Straßenrand stehen lassen, als Eröffnungsszene, wie einen Kaspar Hauser, der nicht weiß, wer und wo er ist. Dann trifft er einen Landstreicher, den wiedergeborenen Walther. Auch sollte vielleicht noch Näheres von der Bacherin erzählt werden, wo sie herstammt (eben aus jenem Ort, in dem der dritte Teil spielen wird), wie überhaupt in diesem Abschlußband ein Großteil der Figuren aus der »Grünen Jungfer« und dem »Seltsamen Land« durch das nebelverhangene Waldviertel irrlichtern könnten. Diesmal soll Herbst sein.

Sehe dem Wald durch das Fenster meines Arbeitszimmers beim Buntwerden zu. Ich selber werde immer grauer und mürrischer. (2. Oktober)

Ach ja, die Mittelgebirgsheroen ... Jedenfalls sind sie mir lieber als alle Reinhold Messners dieser Welt.

Hans Jürgen von der Wense: Der hat so etwas wie eine zettelwirtschaftliche Google-Suchmaschine einzurichten versucht zu einer Zeit, da es noch überhaupt kein Internet gab (der wenn so ein PC-Kästlein in seiner Göttinger Klause stehen gehabt hätte, mit DSL-Anschluß, der wäre schier aus dem Häusl seines eh schon explodierenden Hirnkastl geraten!). 1956, bei einem seiner Spaziergänge »gleichmütig über die Flur gehend«, sei ihm plötzlich »blitzklar« geworden, schreibt er, daß er seine Zehntausende von Zetteln alle zur Seite schieben müsse und ein neues Werk anfangen, ein Buch in Stichworten, »Abend, Abendrot, Abtritt, Anger, Apfelsine und so durch bis Zwölf und Zylinder«. Er wollte buchstäblich die Schöpfung inventarisieren. Krautundrübenkraus und kurios, was er unter den einzelnen Stichwörtern aufzulisten gedachte. Eben nicht recht viel geordneter, als wenn du heute bei Google irgendeinen Suchbegriff eingibst und die Treffer munter durcheinanderpurzeln.

Lesung in der alten Mühle von Thurau, ehemals zum Besitz des Klosters Schönthal gehörend. Drei Wasserräder besaß sie, eins für den Mahlgang, eins für die Sägemühle und eines, um zusätzliche Transmissionsriemen anzutreiben. Die Lesung findet im ehemaligen Stall statt, wunderschöner Raum mit böhmischem Gewölbe, altem Gerümpel und einem ins Bruchstein-Mauerwerk eingepaßten Mühlstein. Habe ein Potpourri mit lauter Mühlentexten zusammengestellt, der schönste von Stefan Andres, der mir bis vor kurzem selbst keinerlei Begriff war. Dabei soll er in den fünfziger Jahren einer der meistgelesenen Autoren der Bundesrepublik gewesen sein. Aufgewachsen ist

er an einem kleinen Nebenfluß der Mosel als das jüngste von neun Kindern eines Müllers. Sehr schöne Beschreibung dieser Mühlenkindheit in seinem Roman »Der Knabe im Brunnen«, wo er zum Beispiel von den zaubergestalthaften Müllern als »Kobolde im silbernen Mehlstaub« schreibt.
Nach der Lesung Gespräch mit dem Besitzer-Ehepaar, junge Bauersleut'. Anscheinend wird ihnen langsam bewußt, was sie an diesem alten Gelump haben, jetzt, da sie ein Heimatpfleger darauf aufmerksam gemacht hat, was in diesem Gemäuer an Möglichkeiten schlummert. Eine Art Kulturtreff soll daraus werden. Sie erzählen, daß zuletzt schon ein Film-Team da war, junge Leut' aus München, wenn ich's recht verstanden hab, von der Filmhochschule. Die haben einen furchtbar blutrünstigen Splatterfilm gedreht und brauchten eine Kulisse, die sich glaubhaft als irgendeine rumänische Finsterhöhle verkaufen läßt, in der sich noch finsterere Kettensägenschlachtschüsselanrührer verstecken. Und da kamen sie eben auf die Thurauer Mühle. (Trotzdem wär's ganz schön, wenn nicht alles verloren ginge von dieser Rumänienpatina ...)

Laut Kommentatoren läutet bei dieser Buchmesse endgültig das Friedhofskapellenglöcklein für das gute alte Buch. Nachdem vor zehn Jahren ein entsprechender Versuch eher kläglich scheiterte, kommen nun entscheidend verbesserte Neuversionen des e-Books auf den Markt. Auf diese taschenbuchgroßen Dinger wird man ungefähr 150 Bücher laden können, Buchhandlungen brauchen wir in Zukunft dann überhaupt nicht mehr, das ganze Buchherstellergewerbe kann zusperren, Verlage werden eine Art von Tankstelle werden, die entsprechenden Service-Shop-Artikel haben sie ja jetzt schon im Programm, bei manchen Häusern weiß man gar nicht mehr, sind das Schokoladen- und Weinläden oder Verlage. Schloß-Besitzer, die stolz ihre Biblio-

thek vorführen, wird es auch nicht mehr geben, genauso wenig wie betäubt-euphorische Zehnjährige, die staunend vor den Regalwänden irgendeiner kleinen Stadt- oder gar Pfarrbücherei stehen und sich nichts sehnlicher wünschen in ihrem Leben, als »all das« einmal gelesen zu haben. (Wie soll dieser unvergleichliche Schauer einer himalayahaft aufragenden Wand des Wissens jemals von einem kleinen elektronischen Kasterl ausstrahlen, von dem wir vielleicht wissen, aber niemals spüren und sehen, daß es alle Bücher dieser Welt gespeichert hat?)
Was das alles für uns Autoren zu bedeuten hat, ist noch überhaupt nicht abzusehen. An sich würde die Technologie es ja möglich machen, sich voll und ganz von jeglicher Distribution via Verlage und Buchhandel unabhängig zu machen. Theoretisch müßte ich am Home-PC dann mein Werklein zusammenbasteln können, und Nutzer von e-Books würden es direkt bei mir – gegen Gebühr versteht sich – downloaden. Vielleicht ließe sich dann auch die bisherige Umsatzaufteilung, nämlich 90 Prozent Verlag und Buchhandel, zehn Prozent Autor, etwas mehr in Richtung Erhaltung der Urheberschaft und Urheberkraft verschieben. Erstes Problem allerdings: Wie mache ich diese Download-Möglichkeit überhaupt publik? Und zweitens werden die Hersteller solcher e-Books sicherlich Sperren einzubauen wissen, weil sie wollen ja ein Produkt kreieren, das die Nutzer noch stärker an sie bindet. Bezeichnenderweise ist es die Firma »amazon«, die bei dieser Buchmesse ein entsprechendes Pionier-Gerät anbieten wird. Aufladen können wird man es dann wahrscheinlich nur an ihrer Zapfsäule. Literaturzapfsäule …

Frage des Porträtmalers an seinen Modell sitzenden Auftraggeber: Wie hätten Sie's denn gerne? Ähnlich oder schön? Gilt selbstverständlich auch fürs Selbstporträt! Hier ist es besonders schwierig, vielleicht sogar unmöglich, ein »Ähnlich« zu erreichen.

In Abwandlung des hier schon zitierten Robert-Walser-Spruches, adressiert an Hugo von Hofmannsthal, ließe sich auch so manchem entgegenschleudern: Können Sie nicht einmal für einen Augenblick vergessen, daß Sie intelligent sind? Das fällt mir gerade ein, während im Radio ein ausführlicher »Talk« mit Roger Ohnepunktundkomma Willemsen läuft. Natürlich kann er's nicht. Und noch weniger kann er vergessen, einmal eine Sekunde lang schlagfertig zu sein. Ich glaube, den Mann könnte man um drei Uhr nachts aus dem tiefsten Tiefschlaf wachrütteln, der würde ansatzlos, Aperçus perlend, dort weiterschwadronieren, wo er Stunden zuvor aufgehört hat.
Lustig dann aber doch, was er aus seiner Kindheit erzählt, daß nämlich sein Vater ihm, seinen Geschwistern und seiner Mutter prophezeit habe, sie würden einmal alle scheitern und »in einer Tankstelle« landen, und daß der kleine Roger das für bare Münze genommen und sich schon in einem blauen Overall gesehen habe und zwar, jetzt kommt's, »Aral AUSSCHENKEN!« Er sagte tatsächlich »ausschenken«, weil der wahre Feingeist sogar den profansten Diesel zu einer Art Champagner adelt.

Durch Zufall gelange ich auf die Homepage einer Literaturdatenbank des Österreichischen Bibliothekswerks, auf der »Online-Buchrezensionen« angeboten werden. Zu meiner Überraschung stelle ich fest, daß dort nicht nur etwas zu »Nicht kalt genug« zu finden ist, sondern auch zu meinem »Buch der sieben Gerechten«. Derjenige, der 's besprochen hat, nennt es einen »ziemlich durchgeknallten Roman, nicht unbedingt gut für ernsthafte Menschen ohne Humor«. Einmal ganz abgesehen davon, daß ich mir wirklich nicht vorstellen kann, was für ernsthafte Menschen ohne Humor tatsächlich »gut« sein könnte, stimme ich dieser Lesermeinung vollauf zu. Das heißt, genaugenommen müßte man die Einschränkung machen, daß »ernsthafter Mensch« und »kein Humor« ein Widerspruch in sich ist. Das, was ich unter Ernsthaftigkeit verstehe, ist ohne Humor nicht zu haben. Es ist dann vielmehr nur Verbiestertheit beziehungsweise einfach nur ein lebenslanges Schlecht-gelaunt-Sein. Ein wirklich ernsthafter Mensch dagegen weiß doch um das ewig tragikomische Kippspiel allen menschlichen Tuns und Trachtens. Und also hat er zwangsläufig Humor. Andersherum: Hat er keinen, ist ihm zum Beispiel die stets auch seinem eigenen Tun und Wollen innewohnende Komik oder sagen wir lachhafte Seite komplett verborgen. Er kann dann vielleicht zum Gotteskrieger und Glaubensfanatiker überaus geeignet sein, eine Spezies ohne jeglichen Humor. Aber würde man einen solchen Menschen ernsthaft als »ernsthaft« bezeichnen? Wohl kaum.

Warum gibt es diese im wahrsten Sinne des Wortes todtraurigen Wunderkinder in so auffälliger Erscheinung und so überrepräsentativem Maße gerade in den osteuropäischen Literaturen? Ich denke an den jungen Jachým Topol (den der frühen Gedichte) oder an Juri Andruchowytsch, der ja seinerseits, Jahrgang 1960, Vater einer bereits schriftstellernden Tochter ist. Oder in Polen Dorota Masłowska, die mit 18 Jahren als Abiturientin ihren ersten Roman schrieb, der gleich in mehrere Sprachen übersetzt und verfilmt wurde. Oder Mirosław Nahacz, der seit einem Jahr tot ist und von dem jetzt ein erster Roman auf deutsch erscheint. »Bombel« sein Titel und geschrieben hat ihn Nahacz im Alter von siebzehn Jahren. Aber was heißt schon »hat geschrieben«? Kann ein 17jähriger einen solchen Roman

schreiben oder kann er sich vielmehr »nur« zur Verfügung stellen, damit etwas Unerklärliches, Magiehaftes durch ihn hindurch geschieht: eine literarische Epiphanie?
»Bombel«, das ist der Monolog eines Säufers und Sozialhilfeempfängers, dessen Unterstand und im Grunde einziges Daheim ein Bushäuschen ist, dort sitzt er und führt Selbstgespräche. Was er da vor sich hin brabbelt und bafelt, ist von einer solchen Todtraurigkeit, aber auch von einem Wissen ums Leben, wie es halt ist, daß einem das wirklich als absolute Unmöglichkeit vorkommen muß: ein 17jähriger soll das geschrieben haben.
Zuletzt hat Nahacz in einem kleinen Ort in den Beskiden gewohnt, irgendwo bei Dukla. Jedenfalls gleich in der Nachbarschaft von Andrzej Stasiuk. Der gilt als sein Mentor, Entdecker und Förderer, im Verlag »Czarne«, den er und seine Frau betreiben, ist das erste Buch von Nahacz erschienen, »Acht vier«. Über Nacht ist Nahacz zu einem Star geworden, Literatur-Jungstar. Sein Roman, hieß es, biete das authentische Bild einer postsozialistischen Jugend, die mit jeder Menge Drogen und psychedelischen Pilzen dem Sinn des Lebens auf die Spur zu kommen versucht. Nahacz selber scheint einschlägige Erfahrungen auf dem Gebiet gesammelt zu haben, gelebt haben soll er während seiner Studentenzeit in Warschau wie ein Messie. Es erschien noch ein dritter Roman, nebenbei schrieb Nahacz Drehbücher für eine Fernseh-Soap. Und warf das Geld, das er reichlich verdiente, mit beiden Händen zum Fenster hinaus. Beziehungsweise zu anderer Leute Fenster hinein. Zum Beispiel in das Seitenfenster eines Taxis, mit dem er sich zu seiner Freundin fahren und es dann unten auf der Straße die halbe Nacht warten ließ. Er soll gesagt haben, das sei schon immer sein Traum gewesen: einmal ein Taxi warten lassen.
Die Welt der Fernseh-Soaps und Drogen soll auch das Setting seines letzten Romans bestimmt haben, der unveröffentlicht

blieb. Stasiuk lehnte das 600-Seiten-Manuskript ab. Kurze Zeit später hat sich Mirosław Nahacz aufgehängt, im Keller des Hauses seiner Freundin. Er war noch nicht mal 23, genauso alt wie Ian Curtis, der Sänger von »Joy Division«, der sich ebenfalls aufgehängt hat. Man fand einen wild bekritzelten Zettel bei Nahacz, eine Art Einkaufszettel. Nicht einmal die Schriftsachverständigen der Polizei haben ihn entschlüsseln können. Freunde, die einen Blick darauf geworfen haben, sagen, da wäre gestanden: Die Welt kann auch ohne mich existieren.

Graffiti auf einer Bahnhofslagerhalle: *No Nation and Border / Fight Law & Order!* Und die Haltestelle zuvor hatte es noch geheißen: *Kartoffellagerhalle Pösing.* Soviel *Nation & Order* dann vielleicht doch. (Zu Beginn der Lesereise in die Eidgenossenschaft, 15. November)

Im Zug nach Zürich: Der gar so gespreizt tuenden, auf die spitzfingrigste Art fürnehm dauerquasselnden Dame im schon reichlich angereiften Alter – was sie indes nicht davon abhalten kann, kokette Stiefeletten über rote Söckchen zu stülpen und in einem absichtsvoll mit Zerrißlöchern und Blumenapplikationen versehenen Rock daherzustolzieren – würde ich nur zu gerne behilflich sein: Gnädige Frau, darf ich Ihnen in den Mantel des Schweigens helfen?

Schlimmste, unausgesprochene Erwartungshaltung, die man an jemanden richten kann: Du mußt aber doch glücklich sein. Manchmal direkt mit dem Zusatz versehen: Ich verlange es. (Trifft besonders auf Liebende zu …)

In der Kantonsschule Zürich-Birch die über das ganze Schulgebäude verteilten Schülerinnen und Schüler, alle mit einem Zeichenblock sowie der offensichtlich von einem Kunstlehrer ausgegebenen Aufgabe versehen, irgendein Stilleben, eine Natura morta eben dieses ihres Schulalltages zeichnend einzufangen, und dann beim Verlassen des Gebäudes als letztes Bild der auf einem Stuhl sitzende und auf seinen Knien den Zeichenblock haltende Schüler, wie er vom Gang aus durch die offenstehende Tür die Urinale der Schülertoilette abschätzt. Es fehlte nur noch die Geste der Landschaftsmaler, nämlich der senkrecht hochgehaltene, Abstände abmessende Bleistift. Gerade eben hatte ich in der Lesung noch davon gesprochen, die Schüler mögen doch einmal versuchen, das Alleralltäglichste ihrer Umgebung so zu erforschen, wie ein Livingstone seinerzeit den Schwarzen Kontinent erforscht hat, als Expediteur und Abenteurer nämlich. Das war mein Ratschlag auf die Frage hin, wie ich das anstelle mit diesem für die action-gewöhnten Schüler so seltsamen »Erzähltempo Null« (Doderer) und den phänomenologischen Detailbeschreibungen von Dingen, auf die sie nie kämen. Auch sage ich noch: Alles eine Frage des Trainings.

Im Café Odeon, das schnell zu meinem Lieblingsplatz in diesen drei Tagen Zürich wurde, komme ich mit einem Einheimischen ins Gespräch, der mich nach meinen Eindrücken von der Stadt fragt. Ich sage zu ihm, daß ich mir vorkomme wie im stillen Auge des Taifuns. Welches Taifuns? Was für eine Frage in diesen Tagen. Natürlich des Taifuns der Finanzkrise. Und wieso Auge? Naja, weil hier alle so scheinbar unbeeindruckt ihren Geschäften nachgehen. Völlige Ruhe. So jedenfalls mein Eindruck im Bankenviertel rund um den Paradeplatz. Der Eindruck trüge, sagt mein Gesprächspartner. Seit Wochen bestimme nur dieses eine Thema sämtliche Gespräche. Das wiederum kann ich nicht bestätigen. Beziehungsweise ich müßte gegenfragen: Welche Gespräche und mit wem? Ich bin jetzt den dritten Tag in der Stadt und habe davon überhaupt noch gar nichts bemerkt. Das heißt einmal doch! Einmal fragte eine Schülerin, ob ich als Autor schon irgendeine negative Auswirkung der Finanzkrise spüre. Es war jene Schülerin, die, was normalerweise nie vorkommt, sich in die erste Reihe direkt vor meinen Lesetisch setzte und sofort, ohne das geringste Zögern, eine … nein, DIE erste Frage stellte, die normal keiner zu stellen wagt, und dann auch noch die zweite, dritte, achte bis elfte. Ihre Freundinnen um sie herum fielen ihr schon regelrecht in den Arm: Es ist genug! Bloß jetzt keine Frage mehr! Du machst dich lächerlich mit deinem Fragen!

Doch zurück zum Odeon. Mein Züricher Gesprächspartner gibt mir zu verstehen, daß wir Deutsche die denkbar Unzuständigsten seien, um in dieser Frage – der der Finanzkrise nämlich – Zensuren zu verteilen. »Immerhin seid ihr die einzigen, odr?, die es geschafft haben, in nur einem Jahrhundert zweimal pleite zu gehen als Staat. Das hat keine andere Nation geschafft, odr?« Er betont, daß das keine Kritik sei, sondern lediglich die Feststellung reiner Faktizität. Um die Diskussion nicht vertiefen zu müssen, erkläre ich mich kurzerhand für in diesen Finanzfragen unzuständig. Was ja auch stimmt.

Publizisten in Amerika malen die schwärzesten Unheilsprophetien an die Wand. Außer in den unmittelbaren Vorkriegsphasen vor dem Ersten und Zweiten Weltkrieg habe noch nie eine solche weltweit apokalyptische Erwartung geherrscht wie momentan, schreibt Schirrmacher in der FAZ. (Naja, 1914 war es ja wohl mehr grenzenlos Euphorie.) Zu solchen Untergangsstimmungen gehören zwangsläufig Erwartungshaltungen an einen Messias, der momentan natürlich Obama zu sein hat. Ein New Yorker Kommentator habe geschrieben, vielleicht sei der fatale Umstand der, daß George W. Bush zwei entscheidende Monate zu lang im Amt bleiben werde, Obama werde zu spät kommen. Schirrmacher darauf: Vielleicht kommt Obama ja genau pünktlich … und kann doch nichts ausrichten.

Manche haben eine so unerschütterliche Erwartungshaltung in bezug auf die Ankunft des Rettenden oder auch des auf alle Fälle guten Endes, daß man in deren Fall nicht von *leiser Hoffnung* reden sollte, die sie hegen, sondern von laut trampelnder Hoffnung. Ich bin voll trampelnder Hoffnung!

Die Leserin, die selbst im größten Gedränge des S-Bahnhofes nicht aufhören kann weiterzulesen, die nicht einmal beim Michanrempeln aufschaut, sondern die weiter ihren Weg echopeilt (ich weiß nicht mit welchem ihrer Sinne), mit unmerklichen Pendelausschlägen im vorsichtigen, langsamen Gehen nach rechts und links, ähnlich einer Blinden, und die so sogar im größten Gegenfußgängerverkehr die Treppe in die Unterführung hinunterfindet. Ich muß ihr nachsehen, sie bewundern, für eine Sekunde glücklich sein, daß es solche Leserinnen gibt. Ich würde sie gerne an den Schultern packen und sanft schütteln und ihr ins Gesicht flüstern »du bist die Rettung«. Sie würde mich wahrscheinlich, wie aufgeschreckt aus einem Schlaf, nur unverständig anschauen und … weiterlesen.
Und gleich darauf dann der andere, der Jugendliche, der an der Bahnsteigkante steht und – wie mir scheint – völlig blöde in einen dieser so schrecklich in Mode gekommenen, scheußlichen Fernost-Comics stiert und plötzlich ist mir nichts widerlicher als solches in aller Öffentlichkeit betriebene Buch-vor-die-Au-

gen-Halten, ja, ich möchte ihn anschreien: »Du mieser, kleiner Buchhalter!«

Noch so eine gedankenlos gebrauchte Formulierung (wahrscheinlich auch von mir selbst, früher, denn erst jetzt fällt es mir auf): etwas sei »gnadenlos präzise« geschildert, beobachtet oder, wie ich es eben las, »in Szene gesetzt«. Was für ein Unsinn. Genauigkeit, um das freilich etwas scharfkantige Wort Präzision zu vermeiden, Genauigkeit also ist das gerade Gegenteil von »gnadenlos«. Sie ist Gnade gebend, Gnade empfangend, und vor allem: Gnade ermöglichend. Beschreib etwas genau und Gnade wird möglich. (Ja, davon bin ich überzeugt. Das wäre fast so etwas wie ein Credo meinerseits: Ich glaube an die Gnade der Genauigkeit.)

Der Verrückte in der S-Bahn: Er hadert lautstark mit Gott und beschimpft Jesus aufs unflätigste. Macht ihn verantwortlich für all sein persönliches Unglück. Jesus sei schuld, daß er so viel Miete zahlen müsse. Und vor allen Dingen, daß er keine Frau habe. »Der hat doch das Weib erschaffen! Warum hat er dann keins für mich?« Er brüllt seine Anklage durch den ganzen Waggon, ein moderner Hiob. Der HErr hätte sicher seine größte Freude an ihm. Wenigstens einer, der noch mit ihm hadert.

Heute Nacht mußte ich einen Delinquenten hinrichten. Ich war der Henker und sehr nervös. Es sollte mit Hilfe eines Galgens vonstatten gehen. Der Verurteilte war ein junger Mann, fast noch ein Jugendlicher. Er war sehr ruhig und gefaßt, ja geradezu zuvorkommend. Er erklärte mir jeden Handgriff, den ich zu tun hätte. Und als er schon hing, am Galgen, sprach er immer noch mit mir. Seine Stimme war nicht die gurgelnde eines Strangulierten, sondern eher so eine sachliche Gebrauchsanweisungsvorlesestimme. Sie sagte zum Beispiel: »So stimmt's noch nicht. Ich hänge nicht richtig.«

Thomas Kraft stellt in Regensburg das »Beat Stories«-Buch vor. Bei der Gelegenheit zitiert er den Erfahrungssatz und Erfahrungsschatz von Lilian Faschinger: »Rockmusik ist lebensrettend. Gäbe es sie nicht, würde ich augenblicklich Selbstmord begehen.« Ja, stimmt. Ohne Pink Floyd, Bob Dylan, Yes, Procol Harum, Janis Joplin, Neil Young undundund hätte ich mich wahrscheinlich mit siebzehn auch umgebracht. Lediglich im Schmerz der aufjaulenden E-Gitarren war ein Weiterleben möglich.

Was ich nicht wußte: Die immer wieder aufgetischte Geschichte, Kafka habe Max Brod darum gebeten, ihn vielleicht sogar angefleht, alle unveröffentlichten Manuskripte, die von ihm zurückbleiben würden, zu vernichten, hat so gar nie stattgefunden. Das erzählt Brod in einem Interview aus den 50er oder 60er Jahren, das gestern aus Anlaß des 40. Todestages von Brod noch einmal zu sehen war. Vielmehr sei er nach Kafkas Tod in dessen Wohnung gegangen und habe dort unter Manuskripten und anderen Schriftdokumenten einen entsprechenden Zettel gefunden. Er war zwar an ihn gerichtet, allerdings, so meinte Brod, der Schrift nach nicht allerjüngsten Datums. Denkbar also, daß dieser Wunsch irgendwann einmal als literarisches Gedankenspiel hingeworfen worden war ... und dann vergessen zwischen all den anderen Zetteln. Was wäre, wenn man vom Freund verlangen würde, er solle das literarische Werk auslöschen? (Man muß sich immer wieder klar machen, daß das, was von Kafka zu Lebzeiten erschienen ist, gerade einmal 200 Druckseiten ausmacht und eher von sekundärer Bedeutung ist. All das, was man heute mit Kafka verbindet, »Der Process«, »Das Schloss«, Tagebuch und Briefe, war nicht darunter.) Dieser »Schmierzettel« war also gewissermaßen ein Erzählanfang. Eine erzählerische Versuchsanordnung. Sicher hat Kafka gewünscht, daß die Erzählung so weitergeschrieben wird, wie sie Brod dann auch tatsächlich weitergeschrieben hat. Was wäre, wenn einer seinen Freund bittet, das literarische Werk posthum auszulöschen … und der tut es nicht?!

Harrgottzack, bin ich dir vielleicht in eine Midlife Kreissäg geraten! Die schneidet mir direkt ein Stück ab. Bin eh zu lang.

»Schon, daß er so lang ist, zum Mittenentzweibrechen lang …« (Robert Walser, »Jakob von Gunten«)

»Man sollte die Schulpflichtigen nicht in warm geheizte Schulzimmer führen, sondern zuerst in die Schlachthäuser.« Schreibt Thomas Bernhard. Und meint es natürlich wieder einmal als Übertreibung. Mir aber fällt ein, daß wir in Bad Dürkheim in der Grundschule tatsächlich einmal ins Schlachthaus marschiert sind, die ganze Klasse in Zweierreihen, sich an der Hand nehmend. Wir hatten damals einen alten, knorrigen Lehrer, der noch mit dem Rohrstock Tatzen verteilte, an schwätzende Schüler. Das war Ende der sechziger Jahre. (»Körperliche Züchtigungen« wurden erst in den Siebzigern durch Landesschulgesetze verboten, lese ich eben nach.) Gleichzeitig bastelte er mit aller Zartheit und Liebe in seiner Freizeit aus Pfeifenputzern kleine Figuren. Die waren in seinem Lehrerpult eingesperrt. Nach jedem Rechtschreibdiktat wurden die Schüler mit null Fehlern

mit einer solchen Pfeifenputzerfigur vor der ganzen Klasse ausgezeichnet. Ich habe als einziger niemals eine bekommen. Das war meiner unerkannten Rechtschreibschwäche geschuldet. Wahrscheinlich bin ich dieser Pfeifenputzerfigurenkränkung wegen einer geworden, der sein Leben lang schreibt.
Auf jeden Fall: Dieser Lehrer führte uns ins Schlachthaus. Der Gestank, der Lärm, die baumelnden Rinderhälften, die Anlieferrampe, an der die Tiere durch eng gestellte Metallgitter in Richtung jener Stelle getrieben und manövriert wurden, wo der Bolzenschußapparat auf sie wartete … das alles ist mir noch genauestens im Gedächtnis. Sieben oder acht Jahre werde ich damals gewesen sein. Ich habe von meiner gesamten Schulzeit nur die schlechteste Meinung. Aber ich muß sagen, mit diesem Schlachthausbesuch bewahrheitete sich ausnahmsweise einmal der Satz: Wir lernen nicht für die Schule, sondern fürs Leben. – Eine solche Schwarze Pädagogik wäre heute undenkbar. Was gäbe das für einen Aufstand unter der Müttern!

Wär auch ein patenter Grabsteinspruch dermaleinst, der Satz von Wolfgang Hildesheimer: »Aller Stoff ist erschöpft … Ich gehe.«

Und im übrigen bin ich der Trottel des Jahrtausends. Weil wenn schon, dann gleich richtig.

2009

»Mir ist die Lächerlichkeit, Gedichte zu schreiben, / lieber, als die Lächerlichkeit, keine zu schreiben.« Das stammt von Wisława Szymborska, diesem feinen, vogelhaft zerbrechlich wirkenden Persönchen, von dem ich mir vorstelle, ihr müßten bei einer Ungeschicklichkeit Gedichte aus der Handtasche purzeln, so wie anderen Damen Schlüsselbunde, Lippenstifte und angebissene Pralinen.
Wenn denn schon Vorsätze fürs neue Jahr, dann diese: lächerlich sein und Gedichte schreiben.

Man müßte den kleinen Frechdachsen einmal ihre Schwanzfedern in Tusche tauchen und sie dann wieder freilassen zu ihrem kurvenreichen Flug über das Weiß des zugeschneiten Gartens: ein Bild mit original Spatzensignatur.

Heiner Müller bringt es auf den Punkt: »Das Problem des Schriftstellers ist doch, daß er sein ganzes werktätiges Leben versucht, auf das poetische Niveau seiner Träume zu kommen. Das geht nur, wenn er nicht interpretiert, was er hervorbringt.« Und natürlich auch nicht interpretiert, was ihm träumt. (Gerade sind Müllers Gespräche und Interviews erschienen, drei Bände, 1000 Seiten. Wahrscheinlich ist das sein Werk. Er war der begnadetste Darsteller eines Interviewten. Alles andere von ihm, die Stücke, wird vergessen sein. Ist jetzt schon vergessen. Wird doch kaum mehr gespielt.)

Vorgestern Inauguration Barack Obamas. Und er ließ wieder die Tradition aufleben, zu diesem feierlichen Anlaß eine Dichterstimme zu Wort kommen zu lassen. Bush hatte das abgeschafft. Wobei es interessant gewesen wäre zu erleben, wer unter den derzeit lebenden Schreiberlingen Amerikas sich zu einer solchen, die Poesie aufs brutalste vergewaltigenden Schandtat hergegeben hätte. Bush hat vielleicht geahnt/gewußt, warum er besser niemand dazu aufforderte.

Und nun also Barack Obama. Den »Praise Song for the Day« zu singen, trat Elizabeth Alexander an, Autorin, Yale-Professorin und frühere Studienkollegin von Obama. Ihr Gedichtlein eigentlich sehr enttäuschend, sehr konventionell, uninspiriert und gegen Ende dann schon fast von paulo-coelho-haftem Esoterik-Kitsch umweht. Etwa wenn sie ihren Landsleuten, die sie eben so im Vorbeigehen kurz porträtiert hatte – wie halt eine Yale-Professorin arbeitende Bevölkerung meint porträtieren zu müssen, nur ja nicht konkret werden (»someone is [...] repairing the things in need of repair«) – ... wenn sie denen also zuruft: »What if the mightiest word is love? Love beyond marital, filial, national, love that casts a widening pool of light.« Jawohl, genau. Und Liebe für den Wallstreet-Banker, der dir deine ganze Alterssicherung verzockt hat.

Was will man erwarten? Selbst der große Robert Frost, einer der bedeutendsten Lyriker Amerikas im 20. Jahrhundert, ist kläglich gescheitert. Allerdings ist da höchst Erstaunliches passiert. Damals 1961, als er das »inaugural poem« für John F. Kennedy aufsagen hätte sollen. Durs Grünbein, heißester Kandidat für einen vergleichbaren Staatsgesang, sofern einmal bei uns die Sitte des Amtseinführungsgedichtes aufkommen sollte, schreibt heute in der »Frankfurter Rundschau«, im Vergleich zu dem »braven Stück Alltagslyrik« der Frau Alexander sei Frost aufgetreten wie ein zweiter Horaz, der ein neues, anbrechendes augusteisches Zeitalter besungen habe. Groteske Wertung! Man kann die gereimten Verslein nachlesen, ich neige eher dem Urteil amerikanischer Literaturwissenschaftler zu, die meinten, nie habe Frost in seinem Leben ein schlechteres Gedicht geschrieben.

Ja, und nun passierte eben das Erstaunliche. Auch damals, bei der Amtseinführung Kennedys, muß es ein klarer, kalter Januartag gewesen sein. Gleißender Sonnenschein jedenfalls. Und der damals schon 87jährige Robert Frost war plötzlich so geblendet, daß er sein eigenes Manuskript nicht mehr lesen konnte. Geistesgegenwärtig ließ er das Blatt Papier sinken und begann, aus dem Gedächtnis!, eines seiner besseren Gedichte zu rezitieren. Ein epiphanischer Augenblick, in der die Poesie triumphal über schäbigste In-Anspruchnahme obsiegte. Der Dichter war plötzlich geblendet von der sich offenbarenden totalen Mißratenheit seines bestellten Lobgesangs.

Die Zeit, die Monate und Jahre, während der man einen Roman schreibt, ist die quälendste und grauenvollste, und sie wird nur noch übertroffen von den Perioden, in denen man keinen Roman schreibt.

Wenn ich gar nicht mehr weiter weiß (literarisch), kehre ich zum Bleistift zurück und zu den Schulheften und fange wieder an wie vor über 40 Jahren, als jeder zu Ende gebrachte Satz ein Triumph war, wenn auch mit schmerzender Hand. Schriftsteller sind Menschen, denen das Schreiben schwerer fällt als allen anderen. (Weiß nicht mehr, wer ihn gesagt hat, diesen wahren Satz.)

Jetzt hat sich Henry doch noch ermannt und sich ins Zeug gelegt für eine Vaterschaft, die erste in seinem 111jährigen Leben überhaupt. Gleich beim ersten Mal ist er neunfacher Vater geworden. Henry lebt im Southland Museum von Invercargill/Neuseeland und ist eine Brückenechse. Brückenechsen sind Nachkommen einer Art, die noch gemeinsam mit den Dinosauriern gelebt hat.

Sie sind gewissermaßen schleichende, lebende Fossilien. Es ist nicht so, daß Henry besonders spät dran wäre mit seiner Vaterschaft. Brückenechsen können bis zu 250 Jahren alt werden. Ob sie wohl so heißen, weil sie eine Brücke schlagen zu uns völlig fernen Zeiten? Theoretisch wäre denkbar, daß so eine Brückenechse, die uns heute über den Weg zeitlupt, von James Cook in die Hand genommen worden ist. Ja, in die Hand: Brückenechsen werden nämlich nur ungefähr 80 Zentimeter groß.

Einen Raum beschreiten und beschreiben: das ist nicht nur lautlich eng verwandt. Im genauen Beschreiben durchschreite und beschreite ich einen Raum. Im Grimm'schen Wörterbuch heißt es, daß das Wort »schreiten« eine sehr bemerkenswerte Bedeutungsentwicklung hinter sich habe. Während wir es heute nur noch im Sinne eines gemessenen, feierlichen, beinahe schon geckenhaften … ja, eben Einherschreitens verwenden, betonte früher »schreiten« die gleichmäßige, fließende Bewegung. So wurde es zum Beispiel auch für den Lauf eines Schiffes gebraucht. Das Schiff schreitet durchs Wasser. Ebenso für die Bewegung der Wolken. Und all das soll doch auch ein beschreitendes Beschreiben im Idealfall sein: fließend, segelnd und sanft dahinziehend wie Wolken.

Mahnung an mich selber: Schreib nicht so oft vom Tod. Nichts ist lächerlicher als Prophetien der eigenen Sterblichkeit. Man könnte auch schlicht sagen: Nebbich!

Grabsteinspruch, den sich Charles Bukowski wünschte (ich weiß, ich wollt' nicht mehr … kann auch nichts dafür, daß ich gerade jetzt darüber stolpere):

Ach, naja, mir hats eh nicht gefallen

Ich weiß, das ist albern. Entschuldige mich auch sogleich für diese Unernsthaftigkeit. Vielleicht hätt' ich einfach nur gerne, daß auf Friedhöfen mehr gelacht wird.

Unterhaltungsschriftsteller? Ja, warum eigentlich nicht! Dem Leser Unterhalt geben. So wie man seinen leiblichen Kindern Unterhalt zahlt. Damit sie ihr Leben bestreiten können. Bücher als Unterhalt fürs Leben der leiblichen Leser.

Der Piper Verlag beginnt mit der vollständigen Edition der Tagebücher Sándor Márais, was eine Großtat ist. Die ersten beiden Bände sind erschienen, jedoch unerschwinglich für mich (knappe 100 DM pro Band … ich rechne immer noch in Mark!). Ich muß auf die Taschenbuchausgabe warten. Und lese derweil die schon vor Jahren erschienene Auswahl einiger Notizen Márais aus den letzten Lebensjahren 1984 bis '89. Gibt's für 0,01 Cent im Internet-Antiquariat. Soviel zur Werthaltigkeit eines Autors, den sie gerade wieder in allen Feuilletons zu einem der größten der europäischen Literatur nobilitieren.
Im Mai 1984 schreibt Marai angesichts der frühlingshaft erwachenden Natur: »Alles ist lautlos in Bewegung. So muß man arbeiten, still, ohne einen Laut, wie die Muttererde.« Wie recht er hat. So sollte man arbeiten. Der »Markt« aber verlangt anderes. Ein »Arbeiten« wie eine Fabrik für Feuerwerkskörper, in deren Lagerbestand man eine Lunte legt. Alles auf einmal hat loszugehen, knallig in prasselnden Explosionen, mit einem ungeheuren Radau. Das dauert kurze Zeit, bringt enorme Aufmerksamkeit, danach ist wieder Ruhe.

Gott hat Mundgeruch, ziemlichen sogar. Andere nennen diesen Pesthauch … Weltgeist.

Mallarmé soll einem angehenden jungen Dichter geraten haben, er solle in seinem Schreiben nie fragen, was eine bestimmte Sache sei, sondern immer nur, was sie bedeute. Ich halte das für grundfalsch. Das gerade Gegenteil ist beherzigenswert: Frage nie, was eine Sache bedeute, aber beschreibe, was und wie sie ist, so genau wie möglich. Alles weitere muß dem Leser überlassen bleiben. Mitgeteilte Bedeutung ist Gesinnungsdiktatur.

Was mich von jeher für die süd- und osteuropäischen Länder eingenommen hat: wie sie den Wert des Brotes hochhalten. Daß es bei jedem Essen mit dabei sein muß. Und gerade eben fiel mir, ich weiß nicht warum, Vilmos Ircsik ein, ungarischer Übersetzer und Autor aus Veszprém. Wir lernten ihn kennen anläßlich einer Begegnung am Plattensee, der »Passauer Pegasus« war zu Kulturtagen dort eingeladen, Karl Krieg und ich fuhren hin. Und wurden selbstverständlich eingeladen in eines der besseren Restaurants von Veszprém, das nur einen entscheidenden Nachteil hatte, nach Meinung von Willy, wie Vilmos von uns Bayern genannt werden wollte: Man vergaß, als erstes einmal Brot auf den Tisch zu stellen. Willy, der sofort beim Kellner reklamierte, hielt uns einen langen Vortrag darüber, daß eine Mahlzeit ohne Brot für ihn undenkbar sei. Und er schenierte sich auch nicht, beim Abtragen nach Beendigung des Essens dem Kellner einen blitzblanken Teller zurückzugeben, den hatte er nämlich ganz zum Schluß mit einer Scheibe Weißbrot sauber gewischt von jeglichen Soßenresten. Alles andere hätte er als zutiefst unfein der Heiligkeit des Essens gegenüber empfunden in diesem ach so feinen Restaurant.

Jetzt ziehe ich mich aber wirklich selber an den Ohren: Gerhard Meier immer noch nicht gelesen!

Schließe »meine« Oberpfälzer immer noch mehr ins Herz und expatriiere aus meinem früher einmal angenommenen Münchnertum, das mir bald gar nichts mehr bedeutet. Zu einem solchen Umschwung des Zugehörigkeitsgefühls tragen Erlebnisse wie das gestrige bei, als ich nach Neuhaus bei Windischeschenbach fuhr. Durfte im Kommunbrauhaus zuschauen, wie das Zoiglbier gebraut wird.
Die Hausbrauer, die sich da im von einem Holzofen völlig überheizten Stüberl des Brauhauses zusammenfanden, bei Unmengen von Leber- und Blutwürsten sowie Preßsackscheiben und Bauernseufzern, und die die Reste vom Vorjahresbier tranken, während daneben im Maischebottich schon der neue Sud kochte, waren ein so warmherziges Völkchen ... man wünscht sich, so möge es im Himmel auch einmal zugehen. Alle duzen sich, beim Zoigl, das sowieso. Und alle helfen zusammen, wenn es darum geht, das Manna der Bayern, ein untergäriges, unfiltriertes Bier, zu brauen. Seit über 600 Jahren macht man das in Neuhaus so. Seitdem existiert das sogenannte Kommunbraurecht. In Neuhaus besitzen es 24 Hausbrauer. Gebunden ist das Recht an Anwesen, nicht an konkrete Personen. Und so wird es auch von Generation zu Generation weitergegeben. Wer das Kommunbraurecht hat, ist befugt, im Kommunbrauhaus sein eigenes Bier zu brauen. Selbstverständlich gehört auch das Kommunbrauhaus allen. Wenn vom Zoigl die Rede ist, spricht man daher auch gerne von der Spielart des »Oberpfälzer Kommunismus«. Und so ist er vielleicht auch gemeint gewesen, ursprünglich einmal, der Kommunismus: Selbstversorgertum in Kooperation mit Nachbarschaftshilfe, kein Eigentum an Produktionsmitteln (höchstens geteiltes beziehungsweise allge-

meines Eigentum), kein Mehrwert, nur ein Haustrunk, zu dem auch jederzeit der Nachbar herzlich eingeladen ist.
So jedenfalls war es früher. Wer frisches Bier gebraut hatte, räumte sein Wohnzimmer aus, stellte ein paar Bänke und Tische auf, hängte den Zoiglstern beim Hausgiebel hinaus und eröffnet war die Zoiglstube. Mit diesem Zoiglstern, der dieselbe Funktion wie der Besen bei Besenwirtschaften übernimmt, hat es Interessantes auf sich. Er besteht aus zwei übereinandergelegten Dreiecken, gerade wie beim jüdischen Hexagramm. Ob allerdings von daher, also vom Judentum, eine Traditionslinie zum Zoiglstern führt, ist eher unwahrscheinlich. Das Hexagramm taucht ja auch von alters her noch in anderen Zusammenhängen auf. Zum Beispiel als alchemistisches Zeichen. Das ließe sich schon eher erklären, denn das Brauen von Bier hatte früher immer auch etwas von Zauberei und Alchemie an sich. Die Rolle von Hefebakterien während des Gärprozesses war noch unbekannt. Das Ergebnis fiel immer unterschiedlich aus, oft genug wird der Sud auch einfach umgekippt sein, ob das Bier also gelang oder nicht, mußte wie Hexerei erscheinen.
Das alles erzählt mir Reinhard Fütterer, auch er ein Neuhauser Hausbrauer. Er hat den Schafferhof wieder hergerichtet, einen 700 Jahre alten Wirtschaftshof der direkt angrenzenden Neuhauser Burg, und hier eine Zoiglstube eröffnet. Im normalen Leben ist er Kaminkehrer. Um zu verstehen, was die Oberpfälzer Zoiglbrauer für eine Rass' sind, erzählt er noch die Geschichte, daß es den Windischeschenbachern und Mitterteichern sogar gelang, die Nazis davon zu überzeugen, daß sie weiterhin ihren Zoigl hinaus auf die Straße hängen durften. Die Nazis sahen in ihm selbstverständlich nur den Judenstern. Aber schließlich erließen sie eine Sondergenehmigung.
Als ich vom Bahnhof Windischeschenbach aus mit der Vogtlandbahn nach Hause fahre, entlang dem herrlichen Waldnaabtal, überlege ich mir bereits, wie ich die Rundfunksendung über

den Oberpfälzer Kommunismus, dem diese Recherchereise galt, beginnen könnte. Wie wär's mit einer Paraphrase auf die Anfangssätze eines jeden Asterix-Heftes? »Wir befinden uns im Jahre 2009 nach Christus. Ganz Bayern ist besetzt von zwei, drei Brauereikonzernen. Ganz Bayern? Nein! Ein paar von unbeugsamen Oberpfälzern bewohnte Dörfer hören nicht auf, Beck's und Hasseröder, Löwenbräu und Heineken Widerstand zu leisten.«

Der gealterte Charles Bukowski soll noch einen Computerkurs besucht haben und ganz angetan gewesen sein von der neuen Technologie, speziell den Möglichkeiten, die sich einem Schriftsteller eröffnen. Nach den ersten Versuchen auf der neuen ›Teufelsmaschine‹ nannte er das Schreiben auf der Schreibmaschine ein Dahinstapfen im Schlamm, während Computerschreiben wie Eiskunstlauf sei. Allerdings: »Wenn man nichts in sich hat, ist es egal, auf was man schreibt.« Man hätte den Satz allerdings noch pointierter, aphoristischer, auch bösartiger bauen können. ›Für die meisten gilt: Schreibmaschine oder Computer, es ist egal, worauf man nichts zu schreiben hat.‹ Außerdem ist diese Entweder-Oder-Frage mittlerweile sowieso obsolet. Wenn man dagegen die Feuilletondebatten der letzten Tage beobachtet, wo ein erbitterter Streit über die Frage tobt, ob Google mit seiner Praxis, massenhaft Bücher digitalisiert im Netz anzubieten, das Urheberrecht unterwandere, kann man sagen: ›Netz oder Buch, es ist egal, in welchem Medium einer nichts zu sagen hat.‹ Ein erfrischend unorthodoxer Beitrag im »Perlentaucher« zum Thema. Da werden ganz andere unbequeme Fragen gestellt. Ob es nämlich wirklich notwendig sei, daß die Verlage jährlich 100.000 Neuerscheinungen auf den Markt werfen. Das ist ein Viertel mehr als noch vor 10 Jahren. Da hat auch noch nicht jeder Fernsehfuzzi und Fußballtorwart geglaubt, er müsse die Menschheit mit seinen zwischen Buchdeckel gepreßten Lebensweisheiten à la »der Erfolg kommt von innen« beglücken. Abschließender Kommentar von Blogger ›Buk‹: »Damals war das Terrain noch nicht so überlaufen. Nicht so viele Autoren und Möchtegernschreiber wie heute, nicht so viele Zeitschriften, Kritiker, Verleger, nicht so ein Riesenbetrieb, so eine Industrie. Wenn du heute den Klempner kommen lässt, erscheint er mit seiner Rohrzange in der einen Hand und dem Gummistampfer in der anderen, und in der Gesäßtasche hat er ein Bändchen mit seinen ausgewählten Madrigalen. Selbst das Känguruh im Zoo zwinkert dir zu und zieht aus der Bauchtasche einen Packen Gedichte, sauber getippt, einfacher Zeilenabstand, auf imprägniertem Papier, resistent gegen Wasser und Spucke, Format DIN A4.«

Das Dilemma des deutschen Kleinbürgers (der ich ja auch bin): Manchmal täte er sich ja durchaus gerne etwas weiter aus dem Fenster lehnen … wenn da nur nicht diese Barriere sich auftürmender Geranien wäre und es ihm unmöglich machte.

Anfang der 1980er Jahre in Lenzkirch im Schwarzwald: Da war ich einmal. Als blutjunger Teilnehmer einer »Poetentagung«, zu der der schwäbische Mundartdichter Wilhelm König eingeladen hatte, ein Grobian und Bauernbüffel sondersgleichen, wie sich herausstellte, der mir noch kurz vor Ende der Tagung am Wirtshaustisch nach etlichen geschlotzten Viertle Roten Schläge androhte, er, der 30 bis 40 Jahre ältere. Aus Rücksicht auf das gleich zu Berichtende verschweige ich die Gründe für diese Beinahe-Handgreiflichkeiten, ich muß uns westeuropäische Wohlstandswichte nicht noch lächerlicher machen, als wir eh schon sind. Jedenfalls: Es waren da zusammengekommen Dialektdichter, angereist vom Niederrhein und aus dem Ötztal, aus dem Saarland und aus dem Bayerischen Wald. Werkstatt-

gespräche sollten es sein, man las sich gegenseitig vor, es ging in den Texten um den Anti-AKW-Kampf in Brokdorf, um Faschisten im Gewand Tiroler Bergschützen und um die uns gestellte Hausaufgabe, nämlich ein Gedicht von Rainer Maria Rilke in den jeweiligen heimischen Dialekt zu übertragen. Man frage nicht, wie uns das gelang, sondern eher schon, wie wir auf derlei Verunstaltungsresultate auch noch einigermaßen stolz sein konnten. So waren wir halt damals, wir Graswurzelrevolutionäre!
Was wir nicht wußten und was uns nicht interessierte, auch ein Wilhelm König, der Unkrautrausreißer im schwäbischen Dichtergarten, sagte diesbezüglich kein Wort (er hätte es vielleicht wissen können), daß nämlich in Lenzkirch damals der aus der Bukowina stammende Dichter Moses Rosenkranz lebte. Kein Mensch und auch kein Fahrdienstleiter des bundesrepublikanischen Literaturbetriebsschnellzuges, der durch die Lande rauschte, daß es nur so zog, hatte davon die geringste Kenntnis. Der Dichter Moses Rosenkranz, letzter Zeuge des untergegangenen Landjudentums an den Ufern von Pruth und Czeremosch, existierte einfach nicht, jedenfalls nicht im Bewußtsein von uns Kohlkindern, die wir Meister im Sichdummstellen aus Deutschland waren. – Was gäbe ich heute darum, Moses Rosenkranz begegnen zu dürfen, ihn zu befragen, zumindest den Versuch zu unternehmen, mir von ihm erzählen zu lassen, gleichwohl diesem Unterfangen der Satz von ihm im Weg stünde: »Die Realität meines Lebens entzieht sich der Möglichkeit einer Schilderung.« Leider gibt es dazu keine Gelegenheit mehr: Rosenkranz verstarb 2003. In Lenzkirch.
Geboren wurde er 1904 in dem kleinen Dorf Berhometh in der Bukowina, als das sechste von neun Kindern jüdischer Eltern. Sein Vater war von dessen Eltern mit zehn Jahren mehr oder minder aus dem Haus geworfen worden, um sich sein eigenes Leben zu suchen, ein bißchen Polenta und ein Stück Käse gab man ihm mit auf den Weg. Auf einem Bauernhof nahm man

ihn als Stalljunge auf, er arbeitete sich nach und nach hoch bis zum Gutspächter. Insofern ist es nicht ganz korrekt, wenn man Moses Rosenkranz, neben Rose Ausländer und Paul Celan der bedeutendste Lyriker aus dem ehemaligen k.u.k.-Kronland Bukowina, einen Bauernsohn nennt. Da ging es schon etwas wohlhabender her, auf dem elterlichen Gut, wenn auch alle Räume, die man bewohnte, gestampfte Lehmböden hatten. Immerhin leistete man sich das Abonnement eines literarischen Almanachs und im Regal standen Schiller und Rilke. Außerdem hatte man private Hauslehrer. Der für Geigenspiel heimlich von der Mutter engagierte Lehrer wurde vom Vater allerdings vom Hof gejagt und die Violine auf dem Kopf des Sohnes zertrümmert.

Im Elternhaus von Moses Rosenkranz wurden fünf Sprachen gesprochen, je nach Situation und Gesprächspartner, und zwar Jiddisch, Deutsch, Ukrainisch, Polnisch und Rumänisch. Zur Sprache seiner Gedichte – die ersten schrieb er bereits als Jugendlicher – erwählte Rosenkranz das Deutsche. Es ist dies ein Deutsch, wie es nirgendwo mehr zu hören und zu lesen ist. Einzig und allein in Rosenkranz' fragmentarischer Autobiographie »Kindheit«. Ein ganz eigenartiges Deutsch, einerseits sehr gewunden im Satzbau, mit erlesenem Vokabular, andererseits ungemein bildkräftig, unverbraucht, so noch nie gehört. Jörg Drews hat in seinem Nachruf auf Rosenkranz eine Hoffnung ausgedrückt, die sich natürlich nie erfüllen wird. Er schrieb: »Vielleicht gibt es eines Tages eine ›Geschichte der deutschen Prosa‹, und darin wird Rosenkranz' Autobiographie figurieren müssen als ein wunderbarer Beleg für das, was in unserer Sprache möglich war oder gewesen wäre, wenn sie vom Deutsch der Nazizeit und der Nachkriegszeit verschont geblieben wäre.«

Schon als Kind wurde Rosenkranz mit dem Ungeheuerlichsten konfrontiert. Das alles ist nachzulesen in seiner Autobiographie, die mit dem Jahr 1919 endet, als der Autor fünfzehn Jahre alt war.

Bis dahin hatte er schon die Schrecken des Ersten Weltkrieges erlebt und zum Beispiel mitansehen müssen, daß der elterliche Gutshof bis auf die Fundamente abbrannte. Rosenkranz selber fiel zwei Kosakenreitern in die Hände, die ihn zu ihrem Vorgesetzten brachten. Der befragte den Elfjährigen in einer Art und Weise, als ob er der gefährlichste Geheimagent sei. Das alles liest sich, als stammte es aus Grimmelshausens »Simplicissimus«. Doch das war nur der Auftakt zu einer ganzen Reihe von Verhaftungen, Verhören, ja Folterungen, die Rosenkranz in einer solch aberwitzig absurden Abfolge erleben mußte, daß man seinen Satz, die Realität seines Lebens sei unmöglich nacherzählbar, sofort glauben möchte. In der Zeit vor dem Zweiten Weltkrieg arbeitete Rosenkranz in den unterschiedlichsten Berufen, angefangen vom Gepäckträger bis zum Fabrikarbeiter, aber auch als Druckerlehrling und Handschriftengutachter. Als letzteres beeindruckte er das rumänische Königshaus so sehr, daß ihm angetragen wurde, die Biographie der Königin als Ghostwriter zu verfassen. Sie erschien 1935 in Leipzig. Nach dem Einmarsch der Deutschen in die Bukowina wurde Rosenkranz von den rumänischen Faschisten in ein Arbeitslager gesteckt – in dasselbe übrigens wie Paul Celan. 1944 gelang ihm die Flucht aus dem Lager und nach Kriegsende konnte er für das Internationale Rote Kreuz in Bukarest arbeiten. Was er nicht hätte tun sollen. Der rumänische Geheimdienst legte ihm das nämlich so aus, daß er in Wahrheit unter der Tarnung des Roten-Kreuz-Helfers als Agent tätig sei. Er wurde von der Securitate entführt und verschleppt und fand sich schließlich im russischen Gulag wieder. In einem Arbeitslager auf der Halbinsel Taymir, einem der am nähesten der Arktis gelegenen, das die Russen überhaupt unterhielten. Rosenkranz mußte dort in einem Platinbergwerk schuften. Normalerweise starben Häftlinge dort nach wenigen Tagen. Rosenkranz verbrachte insgesamt 10 Jahre im Gulag.

Dieter Schlesak, der aus Schäßburg/Siebenbürgen stammende Autor, hat Moses Rosenkranz 1994 ausgiebigst zu seinem Leben befragt und ein umfangreiches Gespräch mit ihm geführt. Er fragte Rosenkranz, wie er diese Hölle überhaupt überleben konnte. Rosenkranz' Antwort: Ohne die Erfahrungen seiner Kindheit wäre dies wohl kaum möglich gewesen. Schon damals mußte er barfuß durch den Schnee zur Schule laufen oder tagelang Hunger ertragen. Und seine zweite Überlebensstrategie: Er trat seinen Peinigern absolut todesverachtend entgegen und antwortete beispielsweise auf die Frage der Verhörer des russischen Geheimdienstes, was er denn von Stalin halte, dem würde er in den Mund scheißen! Über diese Antwort und vor allem über die Tatsache, daß ihr nicht sofort die Hinrichtung folgte, war selbst Dieter Schlesak erstaunt und fragte nach, »die ließen Sie in Ruhe, weil sie genauso dachten?«, und Rosenkranz antwortete: »Selbstverständlich!«

Nach seiner Freilassung aus dem Gulag kehrte Rosenkranz nach Bukarest zurück. Dort wurde er weiterhin von der Securitate beschattet und bedrängt. 1961 schließlich verließ er Rumänien und übersiedelte in die BRD, wo er sich im Schwarzwald, eben in Lenzkirch, niederließ. Dort lebte er erst einmal zwanzig Jahre mehr oder weniger unerkannt, ehe er dann Mitte der achtziger Jahre zwei Bände seiner Gedichte herausgab, »Im Untergang I und II«. Das Echo darauf war gleich null. Stolz zog sich der Dichter aus der Bukowina nun noch mehr zurück, wollte überhaupt nichts mehr veröffentlichen. Schon in den 1930er Jahren hatte er an Manès Sperber geschrieben, er empfinde seine Gedichte als so gelungen, »daß ich ihr Verbleiben in unserem Alleinbesitz und stillen Privatgenuß mit Freude begrüßen würde«. Hätte es nicht Bernhard Albers vom kleinen Aachener Rimbaud Verlag gegeben, wäre die Autobiographie, die Rosenkranz mehrfach umschrieb und schließlich nach dem ersten Band »Kindheit« abbrach, nie erschienen. Und wir wüßten nicht vom Leben dieses Dichters aus Lenzkirch, in dem sich der nachtschwarze Wahnsinn des 20. Jahrhunderts parabolisiert wie in nur wenigen.

Die Vögel sind mir vielleicht Künstler: Gerade eben erst aufgewacht und schon sind sie bereit, das erste Konzert des Tages zu geben. (Denke an meinen Musikerfreund und Spätaufsteher Mike, dem man mit einer solchen Zumutung vor drei Uhr nachmittags unter keinen Umständen zu kommen braucht.)

Manche Herrschaften sind so unbeleckt von jeglichem Detailwissen, daß einem deren daherschwadronierenden Überzeugungen vorkommen wie die unbefleckte Erkenntnis.

Gestern (16. 4.) mit Ursula in Prag, weiter auf der Suche nach Material für meine Sendung zur Mitte Europas. Jindra Dubová von der Universität Pardubice hat zwei Interviewpartner vermittelt, die mir etwas über den Dylen-Berg und allgemein über die tschechische Sicht auf die Mitteproblematik erzählen können. Einer von ihnen ist Michal Urban, Journalist und Geologe, der seinen Militärdienst in Tachov Ende der Siebziger abgeleistet hat. Er selber galt als politisch zu unzuverlässig, aber Kameraden von ihm waren zum Dienst auf dem Dylen eingeteilt. Dort oben hatte es eine Abhörstation. Ziemlich genau auf dem Flecken, auf dem hundert Jahre zuvor von österreichischen Landvermessern jener Triangulierungspunkt mit einem Granitstein markiert worden war, der später volksmund-verschliffen zum Mittelpunkt Europas wurde. Michal Urban erzählt, daß sie damals als Soldaten zwar flüchtig davon gehört hätten, daß sie die Mitte Europas verteidigten, daß sie das aber nicht sonderlich interessiert hätte. Überhaupt scheint er – typisch tschechisch – die Frage nicht sehr ernst zu nehmen. Er berichtet mir, was ich nicht wußte, daß es in Tschechien ungefähr ein Dutzend Ortschaften gibt, die diese Mitte für sich reklamieren. Die kurioseste dürfte wahrscheinlich Havlíčkův Brod östlich von Tabor sein. Dort soll bereits vor über hundert Jahren Jára Cimrman die Mitte Europas entdeckt haben. Sie wird durch einen in das Dunkel der Erdmitte führenden Trichter markiert. Ob ich Cimrman kenne, fragt mich Urban und grinst dabei. Und ob!

Cimrman ist eine Mystifikation typisch tschechischer Provenienz. Um ihn wird ein Kult getrieben, wie er in anderen Ländern weder vorkommt noch verstehbar ist. Jára Cimrman bewegt sich nämlich auf der feinen Scheidelinie zwischen historischer Faktizität und literarischer Imagination, eine Scheidelinie, die überhaupt nur kleine Völker wahrnehmen können. (Sie müssen so klein sein, daß sie selber keinerlei weltgeschichtliche Wirkkraft entfalten; dann kommt diese Scheidelinie ins Spiel, aber auch nur dann.) Mit anderen Worten: Nüchternere Geister als die Tschechen würden behaupten, den Mann habe es überhaupt nie gegeben. Wie kann es aber dann die von ihm entdeckte Mitte Europas in Havlíčkův Brod geben? Sie ist eindeutig mit einer Hinweistafel gekennzeichnet. Oder: Das Divadlo Járy Cimrmana, das Jára-Cimrman-Theater im Prager Stadtteil Žižkov, wo seit 40 Jahren sogenannte Cimrmanologen das Leben und vor allem Wirken dieses Mannes wissenschaftlich erforschen und deuten?

Wer aber war Cimrman? In Wien geboren, irgendwann zwischen 1854 und 1872 als Sohn eines tschechischen Schneiders und einer österreichischen Schauspielerin, entwickelte er sich nach einer schwierigen Kindheit zum Weltreisenden, praktizierte aber auch auf den Gebieten der Psychologie, der Ingenieurskunst

– von ihm stammen diverse Erfindungen, unter anderem die Glühbirne, nur leider traf Jára Cimrman fünf Minuten nach Thomas Alva Edison auf dem Patentamt ein – sowie Kriminalistik, Geschichtsschreibung, Musikwissenschaft und dergleichen mehr. Er hätte auch den Nordpol als erster entdeckt, wenn er nicht etwa sechs Meter vor dessen Erreichen auf feindselige Eingeborene gestoßen wäre. Daß Tschechows Theaterstück den Titel »Die drei Schwestern« trägt und nicht wie vom Autor vorgesehen »Die zwei Schwestern« geht ebenfalls auf einen entscheidenden Ratschlag Cimrmans zurück. Er soll gesagt haben: »Sind zwei nicht ein bißchen wenig?« Man sieht, welches Genie Cimrman war, zumal wenn man in Betracht zieht, daß er nicht nur der Erfinder des Joghurts, sondern auch der CD ist, eine Abkürzung für »Cimrman's Disk«.

Und nun also auch der Entdecker der Mitte Europas. Mir scheint, dieses Havlíčkův Brod ist ultimativ das Gesuchte. Vielleicht gilt aber auch der Satz, der einem der beiden Herren zugeschrieben wird, die sich zuvörderst dem Weiterleben, ja vielleicht sogar dem Überhaupt-erst-ins-Leben-getreten-Sein Jára Cimrmans verpflichtet fühlen, ich rede von den beiden Humoristen und Bühnenkünstlern Zdeněk Svěrák und Ladislav Smoljak. Letzterer soll gesagt haben: »Die Mitte Europas ist dort, wo die Leute am angestrengtesten nach ihr suchen.«

So wie mit Ivo Andric' »Die Brücke über die Drina« ist es mir in meiner 35jährigen Leserbiographie noch mit keinem zweiten Buch ergangen: Ich war so entsetzt und angewidert von der Szene, die gleich zu Anfang des Romans beschrieben wird, daß ich das Buch nicht einmal mehr rasch zur Seite legen konnte, sondern es mir buchstäblich aus der Hand fiel. In jener Szene wird minuziös beschrieben, wie ein Mensch bei lebendigem Leib gepfählt wird – es ist dies der Aufständischen-Anführer

Radisaw, dessen Leute den Brückenbau über die Drina des Großwesirs Mechmad Pascha Sokoli sabotieren. Es war mir augenblicklich unmöglich geworden, auch nur eine Zeile weiter in diesem Buch zu lesen, das ja als unbedingt zur Weltliteratur gehörig eingestuft wird (Andric erhielt 1961 den Literatur-Nobelpreis). Ja, mehr noch als das: Ich konnte die Präsenz dieses Buches in meiner Bibliothek nicht mehr ertragen, jedesmal wenn mein Blick zufällig den Buchrücken streifte, überlief mich augenblicklich ein Brechreiz. Schließlich verbannte ich das Buch in die zweite Reihe, näher an der Wand, so daß die davorstehenden Bücher es verdeckten. Aber auch das half nichts. Ich spürte, so lange dieses Buch in meinem Zimmer sein würde, würde es mir nicht mehr möglich sein, zur Ruhe zu kommen. Ich gab es schließlich weg. Das ist das erste und einzige Buch, das ich aus Gründen des Schutzes meiner Psyche aus meiner Bibliothek entfernen mußte.

Die Frage ist, ob einem Autor solch ungeheuere Beschreibungsmacht recht sein kann beziehungsweise ob er gar noch stolz darauf sein will. (Das alles aus Anlaß eines Zeitungsberichts über die Lesung eines Krimiautoren in Regensburg, der unter anderem beschreibt, wie ein Mörder sein weibliches Opfer mit einem 40 Zentimeter langen Stahlstift bei lebendigem Leib an die Wand nagelt. Jener Autor gestand in der anschließenden Fragerunde ein, daß ein kleiner Teufel in ihm drin sich diebisch freue zu hören, daß Leserinnen nach der Lektüre seines Buches nächtelang nur mehr bei eingeschaltetem Licht einschlafen konnten. So abstoßend mir eine solche Einstellung und Freude ist, so unverständlich ist mir, wie sich Leserinnen freiwillig einem dermaßen widerwärtigen Autor ausliefern wollen. Beziehungsweise warum ihnen nicht auch das Buch aus der Hand fällt und sie es nie mehr anfassen wollen.)

George Steiner sagt: Lektüre heißt Zusammenarbeit. Und dann spricht er noch vom »heilenden Lesen«. Vor dem Hintergrund dessen: Was bedeutet da der gepfählte Radisaw bei Ivo Andric?

Die schwarz-weiß gefleckte Katze, wie sie völlig regungslos vor der in den hellsten und zärtlichsten Grün- und Gelbtönen gehaltenen Frühlingsgartenkulisse sitzt, und sie macht dieses Bild dadurch »irreal«, so als ob da ein Stückchen Schwarzweiß- in einen Farbfilm geraten oder ein Flecken auf einer Buntstiftzeichnung noch ausgespart, nicht ausgemalt geblieben wäre. Dann entdeckt sie plötzlich etwas Jagbares, springt davon und läßt nichts als langweilige Farbigkeit zurück.

Glücklicherweise schnappe ich durch Zufall in der Fernsehprogrammzeitschrift den Hinweis auf, daß heute – wie üblich weit nach Mitternacht – auf ARTE ein Dokumentarfilm aus Rumänien gezeigt wird, der die Ereignisse des Umsturzes im Dezember 1989 nachzeichnet, und zwar ausschließlich zusammengeschnitten aus Material von Amateurfilmern beziehungsweise zufällig aufgenommenen Szenen der staatlichen Fernsehkameras, die allerdings damals nie ausgestrahlt wurden. Natürlich muß ich mir das anschauen, als Vorbereitung auf meine in drei Wochen beginnende Rumänienreise mit Eugen Popin. Er wird mich, wie er schon jetzt ankündigt, mit Augenzeugen zusammenbringen, die die Tage in Temeswar erlebten, als alles Spitz auf Knopf stand.
Die Chronologie der Ereignisse und die Bilder, wie sie der Film dazu präsentiert, sind atemberaubend. Einerseits. Andererseits wirkt das ganze mitunter dermaßen burlesk, ja geradezu operettenhaft, daß man nur mehr lachen möchte. Etwa als die Aufständischen das Fernsehgebäude in Bukarest stürmen und sich als zwanzigköpfige Kampftruppe hinter dem Tisch

des Nachrichtensprechers aufbauen ... hindrapieren. Lauter Schnauzbartträger in Anoraks, teilweise mit diesen typischen hochaufragenden Rumänen-Wintermützen, deren Textur wie mit kleinen Noppen besetzt aussieht. An vorderster und zentraler Stelle der Lyriker Mircea Dinescu, im selbstgestrickten dicken Winterpullover. Gleich wird man auf Sendung gehen. Ein Aufstandsregisseur schwört noch einmal alle ein auf ihren Auftritt. Und der Mann neben Dinescu sagt: »Du mußt so tun, als ob du arbeitest.« Dinescu nimmt das vor ihm liegende völlig zerfledderte Notizheft, ganz offensichtlich das seinige, erstaunlich, daß er das nicht zu Hause gelassen hat, als er aufbrach zu dieser Revolution. (Nachbarn sagten dem unter Hausarrest Stehenden, daß die Autos seiner Bewacher verschwunden seien.) Man ist schon auf Sendung, der Mann neben Dinescu hat bereits das Wort ergriffen, er wendet sich an das rumänische Volk und stellt den Dichter Dinescu vor, »der gerade bei der Arbeit ist« (Dinescu, der unglaublich aufgeregt ist, blättert hektisch in dem Buch und schaut dabei starr in die Kamera, sieht gar nicht, wohin er blättert), dann übergibt er das Wort und Dinescu sagt: »Wir haben es geschafft!« Dieser Satz war offensichtlich das Ergebnis der Arbeit des Lyrikers Mircea Dinescu! Tumultartiges Losbrüllen aller neben und hinter ihm. Man versteht gar nichts mehr. Man sieht nur mehr Finger, die Victory-Zeichen machen. – Wenn man das so sieht, könnte man meinen, das sei eine total schräge Satire der Marx Brothers auf ost-europäische Revolutionäre. Oder daß jetzt gleich einer den Schnauzbart abnimmt und Hape Kerkeling kommt zum Vorschein. Und doch war es ein Moment der Weltgeschichte!

Es ist auffällig, daß bei den ganz großen Autoren kaum Wortneuschöpfungen zu finden sind. Kafka ist hier als allererstes zu nennen. Und jetzt dämmert mir auch, speziell an seinem

Beispiel, warum. Immanuel Kant liefert den Schlüssel. Bei ihm heißt es: »Neue Wörter zu schmieden ist eine Anmaßung zum Gesetzgeben in Sprachen, die selten gelingt.« Daß einer wie Kafka als allerletztes Gesetzgeber sein wollte, ist leicht zu verstehen. Arno Schmidt dagegen hätte genauso gut auch Oberstaatsanwalt werden können. Lediglich Jean Paul bringt die schöne Kategorisierung wieder durcheinander. Er hat so viele Wörter erfunden wie sonst keiner. Seltsamerweise wirkt es bei ihm gar nicht wie Gesetzgebung. Eher wie das unbeobachtete und vor allem unbelauschte Spiel eines dauerplappernden Kindes, das die Erotik des Mundhöhlenblubberns und ständigen Hervorbringens neuer Silbenkombinationen ausprobiert. Indes: Gelingen tut's bei ihm auch nicht immer. (Nehme mir vor, selber etwas achtsamer zu sein mit Wortneuschöpfungen, zu denen es mich immer wieder hinreißt. Nun ja, niemand ist ganz gefeit gegen Gesetzgebungsgelüste. Ist das nicht auch schon wieder eine Wortneuschöpfung?)

In der ZEIT will uns wieder einer erklären, daß mit der schrankenlosen und vor allem kostenlosen Verbreitung aller nur erdenklichen Texte im Internet ein wahrhaft goldenes und alle glücklich machendes Zeitalter anbrechen wird. Das Undenkbare wird endlich möglich, schreibt er. Alle bisher Verkannten und Übersehenen werden problemlos ihre Werke veröffentlichen können. Dem Leser wird alles überall zu jeder Zeit erreichbar und verfügbar sein. Gutenberg kann ins Museum gehen.
Wie so oft habe ich auch zu dieser Frage keine abschließende Meinung. Allenfalls eine Beobachtung. Nein, nicht einmal das. Beobachten tun Spitzel. Eine Wahrnehmung vielleicht. Mir ist etwas aufgefallen (auffallen: etwas fällt so, daß es anschließend offen daliegt): Der glücklichste Mensch, der mir unter all den Autoren, Verlegern, Kritikern, Berufslesern, Buchhändlern je

untergekommen ist, ist der bibliophile Buchdrucker und Holzschneider Christian Thanhäuser. Wenn irgendwo ein Haufen von Wörtermenschen beieinander ist, dann leuchtet sein Glück inmitten von Verzagtheit, Tristesse, Verbitterung. Wenn er davon erzählt, daß er einmal eine Husarengeschichte von H. C. Artmann über Hunderte von Stunden hinweg Buchstabe für Buchstabe in einen Holzdruckstock geschnitten hat – die von Artmann gewünschte Schrift, ich glaube, die Schwabacher war's, war nämlich nirgends aufzutreiben – oder davon, wie er ein Buch Bogen für Bogen in einer 50er Auflage an seiner Handpresse gedruckt hat, wenn er in seinem oberösterreichischen Dialekt über die »japanische Oart« des Buchbindens berichtet und stundenlang davon schwärmen kann, wo er welche besonderen Papierfunde gemacht hat (einmal eine Art Butterbrotpapier in der ehemaligen DDR) und welche erstaunlichen Druckergebnisse dieses Papier bringt, wenn er seine Hunderte von Setzkästen aufzieht und die Namen der Schriften nennt, die Fette Deutschland, die Candida, die Gill grotesk leicht, und all dies mit einer so strahlenden Ruhe und überzeugenden Zufriedenheit, dann denke ich mir: Erzählt ihr mir von glücklichem Zeitalter, was ihr wollt, ihr kennt Christian Thanhäuser nicht! Und ihr kennt seine Art des Literaturlebens und -erlebens nicht. Denn es ist ja nicht nur das Technische, was er so begeisternd vermitteln kann. Wie er erzählt von seinen Autorenbekanntschaften, seinen Reisen nach Slowenien, jüngst Albanien, nach Böhmen und in den Karst, wie er wieder neue Texte entdeckt, wie sich sein Beziehungsnetz weiter und weiter knüpft, da könnt ihr mir gehen mit eurem Internetz! Nein, ihr geht ja nie, ihr surft ja nur. Ihr könnt mir davonsurfen mit eurem Internet. Dort wird es nie ein Bücherglück geben. Das sage ich, der ich selbst schon dort, im Internet, manch lange gesuchtes vergriffenes Buch fand. Und dennoch! Und wenn ihr hundertmal anderes behauptet. So wie es der Christian Thanhäuser macht, ist es ein Glück mit den Büchern! Und wenn ihr fragt, woher ich das so genau wissen will, dann schmettere ich euch den Beweissatz von Heimito von Doderer entgegen. Es gibt dieses Glück, weil ich es erlebt habe. Bei Christian Thanhäuser habe ich es erlebt. Basta!

Ein weiteres Beispiel von glücklich-machender Arbeit erlebten wir an der Westküste von Irland: Es war dies der Fahrer, der die Buslinie von Galway zur Endstation in Doolin steuerte. Unterwegs hielt er – offenkundig außerhalb seines Dienstplanes – an gar nicht als Haltepunkte vorgesehenen Stellen, nahm einmal von einer alten Frau Post entgegen, die er an anderer Stelle wieder weitergab, dasselbe auch mit einer Tüte voller Lebensmitteleinkäufe. Einmal hielt er vor einer Telefonzelle und verschwand darin für ein kurzes Gespräch. Das andere Mal stieg er aus und vertrieb Schafe von der Fahrbahn. All dies geschah mit der größten Selbstverständlichkeit, keiner der Fahrgäste störte sich im geringsten daran. (Neulich stand in der Zeitung, daß in der Oberpfalz einer Busfahrerin fristlos gekündigt worden war, nachdem sie ihr Fahrzeug angehalten und einer Kröte über die Straße geholfen hatte; zu der Kündigung kam es deshalb, weil einer der Fahrgäste sie anzeigte.)
In Doolin angekommen, stellte er den Bus am Wendehammer beim Ortseingang ab, verschloß ihn und verschwand in einem der Pubs. Sein Arbeitstag endete hier. Wo er über Nacht blieb, konnten wir nicht feststellen. Allerdings am nächsten Morgen, als wir mit dem »ersten« Bus Doolin wieder verlassen wollten, stand er schon im Heck seines Fahrzeuges, schabte sich mit einem Messer den Rasierschaum vom Gesicht, zog ein neues Diensthemd mit dem Wappen der Staatlichen Bus-Companie auf dem Oberarm an, band sich die Krawatte. Und zu alldem pfiff er fröhlich ein Lied. (Seltenes Bild von einem glücklichen

Arbeiter; will weiter solche Bilder sammeln. Das heißt: erst einmal Ausschau nach ihnen halten.)

»Ein Kind und Kauz, Bindfädensammler, Mückenseiher, Schachtelfanatiker – und zwischendurch ein Riese, der aufsteht, Tisch umwirft, Welt entlarvt, Abgrund vermißt, felsig, furchtlos, durchdringend auf den Kern der Dinge.« Genauso verhält es sich mit Jean Paul, wie es Robert Minder, der Germanist aus dem Elsaß, hier auf den Punkt bringt. Sehr beherzigenswert auch sein Ratschlag, gerade bei diesem Autor das »Geheimrezept aller Literaturwissenschaft« nicht zu vergessen, nämlich »das Darüberhinweglesenkönnen, nobler gesagt: die Geschwindigkeitsregulierung. So rasch als möglich den Teufelskreis der wildgewordenen Lesefrüchte hinter sich bringen, bis der Satellit die Bahn gefunden hat und Luft von anderem Planeten weht. Dann aber ganz langsam diese hohe Prosa durchbuchstabieren, auskosten, einschlürfen – eine ähnlich substanzspeichernde und zugleich phantasie-durchquollene gibt es in dieser Form sonst nicht.« Ob es daran liegt, daß Minder dies vor 1968 in Frankreich geschrieben hat oder daran, daß er ein die elsässische Mundart durchaus beherrschender Provinzler war, jedenfalls solche emphatischen und ihrerseits poetischen Töne wären in der deutschen Germanistik undenkbar. Da hat man staubtrocken und sachlich zu bleiben. Und auch so biographische Hinweise sind zu unterlassen, wie Minder sie anführt, um die besondere Verfallenheit Jean Pauls an das Todesmotiv und an die immer wieder durch seine Romane geisternden Scheintoten zu erklären: daß er nämlich als zarte Kinderseele von seinem Vater, dem Landpastor in Joditz, mehrfach nachts alleine in die Kirche gejagt wurde, wenn dort eine Leiche aufgebahrt lag, und zwar um ihm mittels dieser sadistischen Erziehungsmethode den Gespensterglauben auszutreiben ... genau das Gegenteil war natürlich der Fall. Als Autor blieb Jean Paul ein Leben lang Gespensterseher, sehr zum Vorteil von uns Lesern. »Aus solchen Erlebnissen«, schreibt Minder, »sind die Hieronymus-Bosch-Gestalten hervorgegangen, die immer wieder in Jean Pauls Werk um die Ecke lauern, unter den Steinen hervorkriechen. Eine beklemmende Lemurenwelt.« Wie wahr!

Ulrich Weinzierl in der »Literarischen Welt», na, der macht mir vielleicht Spaß! Schreibt: »Noch unpopulärer beim Publikum als Gedichte sind Tagebücher. Dagegen ist wenig auszurichten.« Zweifelsohne hat er recht. Soll ich das Hubert sagen? Oder weiß er es eh? Die lächerlich winzige Hoffnung, die wir haben können, sieht und formuliert Weinzierl ebenfalls: »Wer sich mit dem Genre etwas ausgiebiger beschäftigt, der verfällt ihm sofort.« Allerdings: »Tagebuchschreiber im besten Sinn sind sogar seltener als ebensolche Lyriker.«

Mathias und Brigitta Conrad zeigen uns das bemerkenswerte Frauenschuh-Vorkommen nahe der Ortschaft und Burg Lichtenegg. Ganze Teppiche der gelbblühenden Orchideen stehen da mitten im Wald, aber auch andere Arten gibt es noch. Mathias hat immer sein Pflanzenbestimmungsbuch dabei. Er ist einer von denjenigen, die nie ohne Buch in den Wald gehen, scheint mir. Mir gefällt das: der Pflanzenbestimmungsbuchleser, wie er da im frühlingshaft hellgrün austreibenden Buchen- beziehungsweise Mischwald steht. Wie von Carl Spitzweg gemalt. Damit es aber nicht zu biedermeierlich wird, führt uns Mathias anschließend noch ins Hirschbachtal nach Oberklausen. Hier kann man die Reste jener Versuchstribüne an einem steilen Berghang finden, die die Nazis zwischen 1937 und '39 errichtet haben. 400 Arbeiter aus der Umgebung wurden dazu herangezogen, Mathias meint, man müßte eigentlich noch Zeitzeugen sprechen können. Das Ganze stellte im Maßstab 1:1 ein Segment jenes hufeisenförmigen Monsterstadions dar, das Albert Speer in Nürnberg plante, und sollte dazu dienen, verschiedene Neigungswinkel der Zuschauerränge auszutesten. 400.000 sollten immerhin in diesem größten Sportstadion der Welt alles sehen und mitbekommen können. Während wir den zugewachsenen Hang hinaufklettern, stelle ich mir deren Schuh- und Stiefelgetrampel vor: 800.000 Füße. Da sind mir die kleinen gelben Frauenschuhe weitaus lieber.

Nach elf Stunden Fahrt quer durch Europa landen wir in Timişoara. Eugen Popin, der unbeirrbar und unablösbar hinter dem Lenkrad die 1000 Kilometer heruntergerissen hat, ist selbst jetzt noch so munter, daß er sofort Verleger Lucian Alexiu anruft, daß wir angekommen seien. Der eilt auch gleich in unser Quartier, das Hotel Central. Und bringt, noch druckfeucht, Eugens neuestes Buch mit, den Gedichtband »Geometria focului«. Wir haben also etwas zu feiern, heute abend. Tun dies im »Lloyd«, dem alten, grand-hotel-mäßigen Restaurant am Siegessplatz. Hier sind wir richtig. Woran ich das so schnell erkennen kann? Ganz einfach. Hier steht »Ciorba de burtă« auf der Speisekarte, Kuttelflecksuppe! Sicheres Anzeichen, endlich wieder daheim in meinem Mitteleuropa zu sein. Und das gleich beim ersten Ankommen! Wo gibt's denn so etwas? In Temeswar!

Überlandfahrt hinaus auf das Dorf Belinţ, in der Nähe von Lugoj. Pferdefuhrwerke, Zigeuner vor ihrer winzigen, windschiefen Bauernhütte, ein angepflockter alter Klepper, der die jetzt noch, Mitte Mai, saftig grünen Grasbüschel in sich hineinmampft. Immer wieder rastend hingestreckte, dösende Zufußgeher, hingestreckt in

die Schatten der zahlreichen Alleebäume gleich neben dem Fahrbahnasphalt. Herrenlose Straßenhunde. Wie ich beim Zwischenstopp und Aussteigen in Lugoj bemerke, sind sie gar nicht wie unsere Hunde, aufdringlich nämlich, einen anspringend, das was unsere Hundehalter gerne »verspielt« nennen. Nein, die trollen sich sofort, wenn ihnen ein Mensch näherkommt. Wahrscheinlich haben sie von dieser Spezies nur Schlechtes erfahren. Sie kommen mir sehr, sehr traurig vor, altersgebeugt und voller Gram, die Straßenhunde von Lugoj. (Muß an Max Blaeulichs Erzählung »Die Hunde von Bukarest« denken. Darin heißt es, der Kenner der Straßenhunde wähle für ihre Existenz das Synonym »Erschrecken, weil sie nicht existieren: sie erschrecken in Permanenz«. Er hat recht, natürlich hat er wieder einmal recht, der Max.)
Wir sind auf dem Weg, Simion Dănilă zu besuchen. Er ist der wahrscheinlich profundeste Nietzsche-Kenner Rumäniens. Und wohnt in dem Bauerndorf Belinţ. Wir verfahren uns mehrmals, suchen nach seiner Adresse. Das heißt, eine Straßenadresse gibt es keine. Die Häuser sind einfach nur durchnumeriert. Stehen alle entlang der elendslangen Hauptstraße. Zwischen der Fahrbahn der Straße und der Häuserzeile erstrecken sich auf beiden Seiten Wiesenstreifen, auf denen in Dreierreihen Obstbäume stehen, Weichseln vor allem, für den Kirschstrudel, den es hier überall gibt. Die Häuser stehen mit der Giebelseite zur Straße, im Giebelfeld sind oft noch die deutschen Namen der ursprünglichen Erbauer und Besitzer zu lesen. Zu einem Gehöft gehören in der Regel zwei langgestreckte Gebäudeflügel links und rechts, die den Innenhof begrenzen. Mit einem hohen Tor ist er von außen für Blicke verborgen. »Heraußen«, zur Straße hin, steht lediglich eine wackelige Holzbank, im Schatten der Weichselbäume. Immer wieder sehen wir die Dorfälteren, wie sie dort die Zeit verhocken. Und mitten unten ihnen dann Simion Dănilă. Aufgeregt winkt er uns. Beinahe wären wir wieder an seinem Haus vorbeigefahren. Vor dem Tor zu seinem Hof

steht er mit seiner Frau und begrüßt uns. Bittet uns herein. Der Innenhof ist weinreben-überrankt. Mehrere Katzen schleichen herum. War Nietzsche eigentlich Katzen- oder Hundefreund? (Daheim nachschauen!) Herr Dănilă bittet uns ins Haus.
In der guten Stube mit dem weiß gekachelten Ofen und dem wuchtigen Büffet hängt brav Banater Volkskunst. Zum Beispiel das Wappen der Region als Holzintarsie. Gleich daneben das Arbeitszimmer, vollgepfropft mit Nietzsche-Literatur bis unter die Decke. Hier brütet alle Tage der Herr Dănilă und sinnt darüber nach, wie er solche Sätze wie »so wenig als möglich *sitzen*; keinem Gedanken Glauben schenken, der nicht im Freien geboren ist und bei freier Bewegung – in dem nicht auch die Muskeln ein Fest feiern« in ein adäquates Rumänisch bringen kann. Ja, er ist tatsächlich gerade über dem »Ecce homo«, erzählt er und zeigt voller Stolz sein besonderes Lesepult: Es ist groß wie ein Nudelbrett und erlaubt es, zwei Reihen Bücher übereinander zu stellen, aufgeschlagen an einer bestimmten Seite, vor ungewolltem Umblättern geschützt durch einen Hosengummi. Er vergleicht Satz für Satz die verschiedenen Nietzscheausgaben, um so zu seinem eigenen, rumänischen Urteil zu kommen. Auf dem Lesepult stehen: »Ecce homo« in italienischer und französischer Übersetzung (hilfreich für den Rumänischübersetzer, da diese Sprache ebenfalls romanischen Ursprungs ist, erklärt Dănilă), sodann die Ausgabe nach Karl Schlechta und vor allem die Kritische Studienausgabe von Giorgio Colli und Mazzino Montinari. Sie ist der Leitfaden, an dem sich Herr Dănilă und sein Verleger, Lucian Alexiu, orientieren. Sie wollen die erste vollständige Werkausgabe Friedrich Nietzsches für Rumänien herausbringen. Erstaunlich, daß es die nicht längst schon gibt. Unter den Kommunisten jedenfalls galt Nietzsche als dekadent und war mehr oder weniger unerwünscht. Herr Dănilă erzählt, wie er in den achtziger Jahren in einem Antiquariat ein kleines, unscheinbares Heftchen mit Nietzsches Lyrik fand, in rumä-

nischer Übersetzung, lange Zeit die einzige Veröffentlichung des Philosophen im Land Ceauşescus.
Und dennoch und noch einmal: Wie soll »so wenig als möglich *sitzen*; keinem Gedanken Glauben schenken, der nicht im Freien geboren ist und bei freier Bewegung – in dem nicht auch die Muskeln ein Fest feiern« auf rumänisch klingen? Ich vergesse, Herrn Dănilă danach zu fragen. Und denke bei der Heimfahrt nach Timişoara, wieder die Landlebenbilder im Vorbeirauschen: einfach ist das sicher nicht. Nicht in einem Land, in dem das Festefeiern der Muskeln immer noch zum bitteren Alltag gehört und es Alleebäume braucht, in deren Schatten man Bauern ihre Sensen an den Stamm lehnen sieht. Sie lassen sich ins Gras fallen und denken, wer weiß es denn, vielleicht darüber nach, was dieser deutsche Professor mit Namen Nietzsche für eigenartige Probleme hatte.

Wir sitzen schon wieder auf der Terrasse des »Lloyd«. Hier haben wir unabgesprochen unser Hauptquartier aufgeschlagen. Dieser Prachtbau mit den hohen Räumen im Inneren, deutlich beeinflußt vom Stil der großen Kaffeehäuser Wiens, ist aber auch zu schön. Obwohl gesagt werden muß: Die besten Krautwickerl mit Polenta haben wir woanders gegessen. Und einen Mohnstrudel gibt es hier leider auch nicht. Einen solchen haben wir in einem kleinen Café ein paar Straßen weiter verzehrt. Das alte, hölzerne Mobiliar im Verkaufsraum dort, die Thekenvitrine mit den Kirschstrudelstücken, Nußstrudelstücken … ich hätt' eine Bestellung zu machen: Im Paradies, bitt'schön, wenn's möglich wäre, daß es dort in einem Eckerl vielleicht so aussehen könnt' wie in diesem Café in Temeswar. Da komm' ich dann auch, versprochen!
Der Vorteil der »Lloyd«-Terrasse ist: Man sieht alle Vorbeigehenden, die zwischen Oper und der Metropoliten-Kathedrale

der Orthodoxen den Siegesplatz auf und abflanieren … und die sehen einen. Eugen hält mir gerade einen Vortrag über die multikulturelle und multilinguale Vergangenheit von Temeswar und daß es gang und gäbe gewesen sei, daß früher die Bewohner der Stadt vier Sprachen konnten – rumänisch, deutsch, ungarisch und serbisch –, da kommt auch schon wie bestellt zur Unterstreichung dieser Tatsache einer vorbei und begrüßt überschwenglich den Heimkehrer aus Deutschland und zwar in Serbisch. Der Mann im T-Shirt sieht aus wie ein Bauer, gedrungene Gestalt, rundes Gesicht, er setzt sich ein paar Minuten zu uns. Eugen spricht mit ihm serbisch, der ebenfalls am Tisch sitzende Verleger Alexiu rumänisch. Ich kann nur ein paar englische Brocken beisteuern und verstehe gerade soviel, daß mir im Moment irgendeine Zusage abgenommen worden ist. Der Mann muß wieder weiter und verabschiedet sich wort- und sprachenreich. Nachdem er in der Menge verschwunden ist, werde ich aufgeklärt: Das war Slavomir Gvozdenovici, Präsident der Vereinigung der serbischen Minderheit in Rumänien, in dieser Eigenschaft 15 Jahre lang Mitglied des rumänischen Parlaments und überdies ein bekannter Lyriker. Er habe Eugen und mich soeben für den Herbst nach Serbien eingeladen, wo alljährlich an der Donau ein großes Poesiefestival stattfindet. Zugesagt hätte ich ja gleich, sagen die beiden und lachen. Ah ja, sage ich, reichlich kleinlaut und monolingual.

Eugen erklärt mir, daß ich es die nächsten Tage klaglos über mich ergehen lassen müsse, daß mich meine rumänischen Gesprächspartner »Herr Professor« nennen werden. Wegen meines kurzen Gastspiels als Poetikprofessor an der Uni Bamberg. Ich erkläre Eugen im Gegenzug, daß das Führen falscher Titel in Deutschland unter Strafe stehe. Macht nichts, sagt Eugen. In Rumänien sei das alles anders. Ich versuche einzuwenden, daß ich doch nur vier Wochen lang Professor gewesen sei. Eugen sagt, in Rumänien gelte: einmal Professor, immer Professor. Schließlich gebe ich mich geschlagen. Und sabotiere doch sogleich am nächsten Morgen alle weiteren Förmlichkeiten, indem ich etwa »Herrn Verleger Alexiu« nur mehr beim Vornamen Lucian nenne. Das erlaube ich mir einfach. Außerdem habe ich mir schon bald abgelauscht, daß man sich auch in Rumänien – oder vielleicht gilt das auch nur für den Banat? – bairisch mit »Servus!« begrüßt. Ich sage »Servus Lucian!« und Lucian lächelt. Da hat es sich dann mit dem »Herr Professor«.

Die Kopfhörer, mit denen sich diejenigen, die das wollen, im »Deutschen Staatstheater Timişoara« eine rumänische Simultanübersetzung des gerade auf der Bühne Dargebotenen über die Ohren stülpen können, stammen – zumindest als Idee – noch aus der Ceauşescu-Ära. Diesen kuriosen Umstand erzählt uns der erst 34jährige Direktor des Theaters, Lucian M. Vărşăndan. Weil die Kommunisten auf Nummer sicher gehen wollten, begnügten sie sich nicht mit mehr oder minder kurzgefaßten Zusammenfassungen der Stückinhalte in rumänischer Sprache, nein, die Herren Genossen bestanden in ihrer Sonderloge auf einer gedolmetschten Einflüsterung eines jeden auf der Bühne gesprochenen Wortes. Dafür wurden die Kopfhörer und entsprechende Dolmetschereinrichtungen installiert.
Heute nutzt man sie für jenen Teil des Publikums, der sich nicht zutraut, der Aufführung ausschließlich in deutsch folgen zu können. Denn im »Deutschen Staatstheater Timişoara« spielt man – selbstredend – ausnahmslos in deutsch. Und zwar die allerneuesten europäischen Stücke. Dea Lohers »Das letzte Feuer«, erst 2008 in Hamburg uraufgeführt, steht diese Saison bereits auf dem Spielplan in Temeswar. Uns lädt Direktor Vărşăndan ein, heute Abend die, wie er sagt, »durchaus

kontroverse Inszenierung« von Mark Ravenhills »Pool. No water« anzusehen. Dann werden wir uns selbst überzeugen können: Das Publikum bestehe mittlerweile größtenteils aus jungen Rumänen, zum Beispiel vom deutschen Gymnasium in Timişoara, oder auch aus Leuten, die aus anderen Gründen recht gut deutsch verstünden bzw. sprächen. Nur zirka zwanzig Prozent nützten das Angebot der Kopfhörer. Anders als seinerzeit die Spitzel verstünden sie, auch ohne jedes einzelne Wort ohrgerecht vorgelegt zu bekommen, die Botschaft des Bühnengeschehens sehr wohl.

Um eines zu kapieren, braucht es nicht lange, da kommt schnell und eindeutig die Sprache darauf, daß nämlich aus der großen, völkerumarmenden Attitüde der ach so multikulturellen Banater eine Gruppe gnaden- und diskussionslos ausgeklammert ist: die Roma. Einer erzählt über ihre Praktiken, ganze Straßenzüge in Timişoara unter ihre Kontrolle zu bringen. Erst mieten sie sich in eine Wohnung einer dieser Gründerzeitvillen ein, die bei aller Verfallenheit noch die Wohlsituiertheit jener ersten Bewohner erahnen lassen, die längst von hier verschwunden sind. Dann sorgen sie für Familiennachzug. Dann ekeln sie die letzten noch verbliebenen Nicht-Roma-Familien aus dem Haus heraus. So machen sie es Haus für Haus. Bald wohnen in der Straße nur mehr Roma. Der das erzählt, hat selber in einer solchen Villa auszuhalten versucht. Es war unmöglich.
Bei unseren Überlandfahrten sehen wir immer wieder unverputzte Rohbauten protzig-klotziger Mehrfamilienhäuser. Eingänge und Fenster sind sämtlich zugemauert. Hinter diesen Bauruinen steckten im Ausland lebende Roma, die über entsprechende Geldmittel verfügten. Sie spekulierten mit den ständig steigenden Grundstücks- und Immobilienpreisen des Landes, wird mir erklärt.

Immer wieder werden mir die Roma als absolut integrationsunwillig beschrieben. Für Roma gebe es nur den eigenen Clan, Staat und Gemeinwesen seien ihnen völlig fremde Begriffe. So hätten sie zum Beispiel auch ihre eigene Gerichtsbarkeit, Streitfälle kämen vor Romarichter und sonst niemanden. Meine schüchterne Frage, ob es denn so etwas wie eine Roma-Kultur oder gar -Literatur gebe, wird von meinem Gesprächspartner, Intellektueller und Anwalt des Wortes, mit einem höhnischen Lachen beantwortet: Der superreiche Romakönig in Rumänien habe zwei, drei Töchter, die unglaublichen Kitsch dichteten, das sei aber auch alles.
Ich kann nicht glauben, daß das die ganze Wahrheit der Roma-Problematik ist. Vor Antritt dieser Reise las ich in dem jüngst erschienenen Sachbuch »In Rumänien. Auf den Spuren einer europäischen Verwandtschaft« von Markus Bauer, die Diskriminierung der Roma habe sich seit der Wende nur verschlimmert, mancherorts hätte es in Dörfern schon Hetzjagden auf sie gegeben, sogar mit Toten. Hier wird mir natürlich das genaue Gegenteil erzählt. Daß Roma-Banden in ländlichen Gebieten rumänische Häuser überfallen hätten. Schwer zu entscheiden, welchen Stimmen man mehr glauben kann. Wahrscheinlich stimmt beides. Vollstes Vertrauen und vor allem große Bewunderung hat bei mir vor allem einer: der Salzburger Publizist Karl-Markus Gauß, der für sein Buch »Die Hundeesser von Svinia« mehrfach in die Elendsviertel slowakischer Roma gereist ist. Er schreibt nur über das, was er gesehen hat. Und hier reden viele, habe ich das Gefühl, über das, was man so hört. Ich ja auch.

Wir sind eingeladen bei Eugen Popins Tante. Sie wohnt in einem ziemlich verwahrlosten Mietshaus. Offene Mauerschlitze an der Außenfassade, immerhin sind schon neue Leitungen verlegt. (Überall in der Stadt noch diese abenteuerlichen Verteilerkästen und wirren Spinnennetze aus Elektrokabeln, die sich von einer bröckelnden Hausfassade zur nächsten spannen.) Es öffnet sich die Wohnungstür, wir treten ein und befinden uns augenblicklich … in Altösterreich. Vor allem die Stimme und Sprache der Tante und die schweren, fast schwarzen Möbelstücke sorgen für diese Rückversetzung in einen Raum, den man eigentlich nur mit »in der Kapuzinergruft« treffend übertiteln kann. Und ein Kapuziner wird uns auch kredenzt (hier muß unbedingt das Wort »kredenzt« stehen), zu den herrlichen Süßspeisen, deren Namen ich mir unverzeihlicherweise nicht haben sagen lassen. Eine Art Prinzregententorte ist darunter und eine Schnitte, die nach Marzipan schmeckt, aber aus Maroni gemacht ist. Ach, wie süß es doch in einer Gruft sein kann!

Timişoara … diese Stadt ist so freundlich, so arglos, jedenfalls kommt sie mir so vor, ich kann gar nicht glauben, was hier passiert sein soll, vor gerade einmal zwanzig Jahren. Es wird mir aber immer wieder erzählt. Die Ereignisse aus dem Dezember '89, als hier auf den Straßen und Plätzen geschossen wurde. Nie hätten die Kommunisten dieser Vielvölkerstadt zugetraut, daß sich deren Bürger solidarisieren und gemeinsam auf die Straße gehen würden, gegen Ceauşescu. Der ließ auch gleich das Militär anrücken. Und eben schießen. Eugen erzählt mir, Verwundeten seien ins Krankenhaus gebracht, dort aber dann in einem unbeobachteten Augenblick von bis heute unbekannt gebliebenen Meuchelmördern in ihren Krankenbetten exekutiert worden. Wahrscheinlich Angehörige der Securitate. Die Leichen habe man in einem Kühltransporter für Schweinefleisch nach Bukarest gebracht und dort in Windeseile verbrannt. Keiner weiß, was mit der Asche geschah. Es war Winter …
Auf dem Freiheitsplatz, wo es auch Tote gab, stehen zwei Haubitzen. Die stammen allerdings aus noch früheren Zeiten, nicht denen des blutigen Umsturzes. Als noch der Warschauer

Pakt zu feiern war. Heute stehen sie nutzlos herum. Sprayer haben auf eine der beide ein gelbes Emblem gespritzt. Eine das Victory-Zeichen machende Hand und die Aufschrift: »Respect '89«. Meinen Respekt haben sie. Auf ewig und immer.

Zum Abschluß unserer Reise sind wir noch Gast bei den Deutschen Literaturtagen in Reşiţa. Die Stadt am Rand der Karpaten gilt als bedeutendes Eisen- und Stahlrevier, seit den 1920er Jahren wurden hier Lokomotiven gebaut. Unansehnliche Betonblöcke und ein wirres Geflecht oberirdisch verlegter Stahlrohre, die die Stadt im Würgegriff halten wie einst die Meerschlangen Laokoon, empfangen uns. In einem für das frühere sozialistische Delegationswesen typischen Tagungshotel treffen sich die Literatengäste aus Rumänien, Ungarn, Slowenien, Deutschland. Beim Mittagessen sitzt an unserem Tisch Nora Iuga, Grande Dame der rumänischen Lyrik. Sie wird die Tagung eröffnen mit einem Vortrag über Rolf Bossert, einen Sohn der Stadt. Bossert, Lyriker und Journalist, war Gründungsmitglied der »Aktionsgruppe Banat«, zu der auch Richard Wagner, William Totok und Ernst Wichner gehörten. (Es gibt ein interessantes Suhrkamp Taschenbuch zum Wirken dieser Literaten- und vielleicht wichtigsten Dissidentengruppe im Rumänien der 1970er Jahre, die sich eine kurze Zeit lang neben dem von Geheimdienst und Kulturapparatschiks kontrollierten offiziellen Literaturleben halten konnte.) 1985 emigrierte Bossert aus Rumänien, nachdem er zuvor von Unbekannten krankenhausreif geprügelt worden war und die Securitate mehrmals seine Wohnung durchsucht hatte. Zwei Monate nach seiner Ankunft in der Bundesrepublik fand man ihn leblos auf dem Pflaster liegen, unterhalb des geöffneten Fensters seiner Wohnung in Frankfurt.
Nora Iuga ist sichtlich nervös vor ihrem Vortrag. Sie geht noch einmal ihr Manuskript durch. Obwohl sie mit dem Deutschen

bestens vertraut ist – sie ist die Übersetzerin unter anderem von E. T. A. Hoffmann, Günter Grass und Elfriede Jelinek ins Rumänische –, ist sie sich bei manchen Wörtern unsicher. Ob es im Deutschen auch Zwangshemd heiße? Nein, Zwangsjacke, sagen wir ihr. Dieses typische Beispiel einer Interferenz gefällt mir. Ich spinne weiter. Warum nicht Zwangsbluse? Zwangsseidenbluse. Das ist es, was ich Eugen schon die Tage zuvor zu erklären versuchte, als er sich gar so zerknirscht darüber zeigte, im Deutschen immer noch Fehler zu machen. Ich sagte ihm, er solle sich nichts denken, Fehler seien poetisch. Ich sehe es schon vor mir, das Gedicht, in dem einmal das Wort »Zwangsbluse« vorkommen wird. (Die Zwangsbluse des Bösen …)

Wieder zu Hause habe ich nachgeschaut. Und wurde bestätigt in dem, was ich mir eh schon dachte. Er mag sie nicht. Nietzsche. Friedrich Nietzsche! Er mag die Katzen nicht. Im »Zarathustra« heißt es: »Jedes Redlichen Schritt redet; die Katze aber stiehlt sich über den Boden hinweg.« Eines aber weiß ich sicher: Poesie ist alles andere als redlich aufstampfende Rede. Poesie stiehlt sich leise davon. Ein Windhauch, ein Zittern. Wie das der Katzenschnurrbarthaare.

Was ist der Schriftsteller anderes als ein Schatzsucher … Wortschatzsucher.
»Und … was machen Sie so?«
»Ich suche.«
»Interessant. Und was?«
»Den sagenumwobenen Wortschatz.«
»Ach! Und an den glauben Sie wirklich?«

Das größte Erstaunen, ja manchmal sogar Erschrecken, wenn einem plötzlich etwas auf den Kopf zugesagt wird, was ganz evident ist, was man aber dennoch bisher strikt übersehen oder unbewußt sich geweigert hat anzuerkennen. Zum Beispiel vor Jahren, als mich ein Lehrer seiner Klasse bei einer Schullesung mit den Worten vorstellte, ich sei einer der ganz wenigen Gegenwartsautoren, die sich noch mit religiösen Themen beschäftigten. Ich fiel damals schier vom Schemel. Wie kommt er denn auf so etwas? Und mußte nach kurzem Nachdenken einräumen: Der Mann hat recht. Oder letzthin die Redakteurin vom deutschsprachigen Temeswarer Radio, die mich einen »Globetrotter« nennt. Bin noch nie auf die Idee gekommen, mich als solchen zu sehen und auszugeben. Hielt es eher mit dem Doderer'schen Verdikt, Reisen sei nur phantasielosen Menschen verziehen. Aber wahrscheinlich hat sie recht. Ich bin ein Globetrotter. Nur daß mein Globe relativ klein und übersichtlich ist. Mitteleuropa halt.

In Havlíčkův Brod führt mich die Bürgermeisterin Frau Fischerová zur definitiven Mitte Europas: Sie liegt unweit der ehemaligen Furt über den Fluß Sazava auf dem Privatgrundstück des Notars Ladislav Vondrák. Im Keller seines Hauses hat er ein kleines Künstlercafé eingerichtet, »U notáře«, den Garten ziert ein Labyrinth aus kleinen Buchsbüschen, und im Zentrum des Labyrinths steht ein überdimensionaler Trichter, ungefähr vier Meter hoch. Exakt unter der Öffnung des Richtung Erde zeigenden Trichterhalses befindet sich der Mittelpunkt Europas. Hinter einer großen Thujenhecke lärmt eine der Ausfallstraßen der Stadt, und es grenzt direkt der teer-versiegelte Platz einer Tankstelle an.
Man erzählt mir mit verschmitztem Ernst, daß Jára Cimrman einige Jahre in Havlíčkův Brod gelebt und bei dieser Gelegenheit die Mitte Europas entdeckt habe. Die Tatsache, daß man von

Havlíčkův Brod aus so wunderbar einfach in alle vier Himmelsrichtungen nach Europa ausschwärmen könne, habe ihm dabei geholfen. Außerdem hatte er hier eine Liebschaft, die Dame stammte aus begütertem Hause und Jára Cimrman hoffte, er würde so zu der Finanzierung jenes Turmes kommen, den er in Havlíčkův Brod errichtet wollte, um den perfekten Überblick über Europa zu haben. Wie so manches, das Cimrman anpackte, mißlang auch dieses Vorhaben. Jedenfalls ist der Trichtergarten heute eine Art kulturelle Geheimloge der Stadt, der Hausherr lädt zu Konzerten und Dichterlesungen ein. Nachdem ich eine Weile das ironische Spiel um Jára Cimrman mitgemacht habe, frage ich ihn dann doch noch ernsthaft, was für Ladislav Vondrák die Mitte Europas bedeute. Und er sagt den schönen Satz: Dort, wo die richtigen Leute zusammenkommen, dort ist auf jeden Fall eine Mitte.

Manchmal habe ich den Eindruck, alles, was ich für den Rundfunk schreibe, bleibt völlig ohne Resonanz. Das versendet sich alles. Der Äther ist aber auch groß. Da hat noch viel Platz.

Der Georg-Büchner-Preis geht dieses Jahr an Walter Kappacher, diese selten schöne Pflanze aus dem Salzburger Land. Von den sechzehn Büchern, die er veröffentlicht hat, in vier oder fünf verschiedenen Verlagen, sind derzeit drei lieferbar. Das Wort »Werkpflege« hat in diesen Tagen anscheinend nur eine Bedeutung: Es muß sich schon um ein Autowerk handeln, damit ihm Fürsorge widerfährt.

Sitze in der letzten Abendsonne unterm Zwetschgenbaum und lese Thomas Kapielskis sau-komische »Sämtliche Gottesbeweise«. Plötzlich fallen zwei große Waldameisen vom Himmel in das aufgeschlagene Buch. Ich glaube, sie sind genau auf jene Stelle gefallen, wo geschrieben steht: »Und da war jetzt wieder die Ungesichertheit des nächsten Augenblicks, die der Nichtglaubende als Daseinmüssen und der Glaubende als Daseindürfen erfährt.«

Lena, die die letzten zwei, drei Jahre ihre tanzpädagogischen Erfahrungen mit Behinderten gemacht hat, gibt in der Wiedersehens-Abendrunde anläßlich der allgemeinen Jereminaden über Mobbing und überall anzutreffendes Intrigantentum zu bedenken, sie habe an Behinderten noch nie beobachtet, daß die sich gegenseitig hintergehen. Wenn ihnen etwas nicht paßt, gibt's klare, frontale Ansagen und damit basta. Ich denke an meine Zeit im Zivildienst in Gaißach und kann diese Beobachtung eigentlich nur bestätigen. Lena meint dann noch, wahrscheinlich fehle den Behinderten eine gewisse Form der Intelligenz, die für Intrigantentum unabdingbar ist. (Und für den hinter Intrigantentum stehenden Drang nach Karrieremachen ...)

Mit Ursula Wanderung entlang dem unteren Inn. Drei herrliche Tage mit abendlichem Einzug ins Städtchen, Übernachten in knarzenden Marktplatzgasthöfen (Schärding), und dann am Morgen wieder Auszug aus dem Städtchen ... ach, wie kommen wir uns so eichendorffhaft vor und müssen einmal, zumindest für kurze Zeit, absolut nichts taugen.

Die Kuckucke in den Auwäldern kukk-kuuken uns zu, übermütig, kommt uns vor ... man möchte direkt zurückkukkkuuken. Was wir gar nicht wußten und erst jetzt mitbekommen:

was für ein ausgewiesenes Vogelparadies diese Flußlandschaft am unteren Inn doch ist. Europaweit einzigartig. Der Uferwanderweg wartet immer wieder mit Infotafeln auf, an einer Stelle steht eine hölzerne Plattform mit Beobachtungsfernrohr, von wo aus man eine riesige Lachmöwenkolonie bestaunen kann. Die Viecher lachen, kichern und kreischen, daß es nur so eine Art hat. Das wird bald unangenehm. Sie kommen mir vor wie irgendso ein schenkelklopfendes Publikum in irgendeiner dämlichen Comedy-Show, man fragt sich, was gibt es da so hysterisch zu lachen. Es keimen schließlich Gelüste auf, ein paar dieser Vögel den Hals umzudrehen. Wir gehen weiter und kommen an den Ortsrand von Obernberg. Wie an allen Rändern sämtlicher Ortschaften empfangen einen als erstes Areale der Stadtwerke, meist Kläranlagen oder Wertstoffhöfe. Was dann aber doch irritiert, ist der so noch nie gesehene blitzblanke Aluminiumbehälter, über dem ein großes Schild hängt: Tierkörper-Sammelstelle. Es gibt drei geruchsdicht verschließbare Klappen, ich weiß nicht, ob auch die Tierkadaver müllsortiert werden sollen, nach Farbe beispielsweise wie's Altglas. (= Bild vom österreichischen Landleben)

Und dann noch der Weg nach Suben, ganz nah der Autobahn Passau–Linz, wie wir uns durstig und matt einen Feldweg hochquälen und plötzlich stehen wir vor einem »Gasthaus zur tausendjährigen Linde«. Natürlich kehren wir ein. Außer ein paar älteren Männern, einer davon auf einem klapprigen Mofa daherkommend, ist hier niemand – 500 Meter Luftlinie entfernt von der Autobahn, dem ehemaligen Zollabfertigungsterminal und der dortigen Raststätte. Wir stärken uns, ich mit Bier, Frankfurter Würschteln und Kren, Ursula mit einem großen Braunen und Apfelstrudel. Dann gehen wir weiter und finden nach wenigen Metern auch noch die uralte mächtige Linde,

davor eine kleine Wegkapelle. Ursula zündet eine Kerze an. Das Ganze zwanzig Meter von der Rückseite irgendwelcher Lagerhallen und geparkter LKW-Container entfernt.
Ich liebe das Gehen und Wandern durch solche Parallelwelten, durch Areale, in die normal kein Zufußgeher kommt.

Rosa Luxemburgs Wunsch war es, daß auf ihrem Grabstein nur zwei Worte stehen sollten: »zwi – zwi«. Das ist der Ruf der Kohlmeise. Ihr Kommentar dazu: »Trotz Schnee und Frost und Einsamkeit glauben wir – die Kohlmeisen und ich – an den kommenden Frühling.« (Jüngsten Meldungen nach gibt es Indizien, daß die Leiche Rosa Luxemburgs nie beerdigt worden ist, sondern kopf-, hand- und fußlos seit Jahrzehnten unbemerkt als anonyme Wasserleiche in einer Vitrine im Keller der Berliner Charité liegt …) Wäre jedenfalls ein schönes Bild, so ein Grabstein, zwischen all den wichtigtuend mit Namen und Daten versehenen, und auf ihm stünde nur »zwi – zwi«, sonst nichts.

Und im übrigen bin ich fest davon überzeugt, daß Grabsteine bald schon anders aussehen werden. Laßt erst einmal die Generation der SMS-Verschicker und Twitterer soweit sein, daß sie sich Gedanken darüber machen, welche allerletzte 140-Zeichen-Botschaft sie der Nachwelt hinterlassen wollen.

Mit Jörg Bernig und Jens Wonneberger unterwegs rund um Großschönau. Haben uns zu diesem Wanderwochenende in der Oberlausitz verabredet, um im Gehen – wie auch sonst? – unsere ganz persönliche Bilanz »20 Jahre deutsche Wiedervereinigung« zu ziehen. Natürlich werden die Nächte lang und

die Erinnerungen purzeln kunterbunt. Am zweiten Abend im Garten jenes Umgebindehauses, in dem wir unsere Ferienwohnung haben, erzählt Jörg von seiner Zeit als Lehrling in einem thüringischen Bergbauinternat. Sein persönliches Wochenendabschlußritual sei es gewesen, am Sonntagabend um 22 Uhr, alle mußten schon in ihren Internatsbetten liegen, das Ohr an sein kleines Transistorradio zu pressen, um einer Sendung aus dem Westen, genauer vom Bayerischen Rundfunk zu lauschen, die ihm so besonders gefiel, und zwar vor allem der schrägen Musik wegen, »Pop Sunday« nämlich. Ich sage zu ihm: »Na, da hast du mich ja schon damals, um 1980 herum, hören können, über den Eisernen Vorhang hinweg, denn in Pop Sunday hab ich meine allerersten bayerischen Mundartgedichte vorgelesen.« Ich erzähle den beiden dann noch, daß diese Sendung wahrscheinlich die einzige sämtlicher ARD-Sendeanstalten war, deren Inhalt absolut basisdemokratisch zustande kam. Es gab nämlich dazu eine öffentliche Redaktionssitzung, geleitet vom damaligen Chef des Jugendfunks, Christoph Lindenmeyer, in die konnte kommen, wer wollte. Jeder hatte die Möglichkeit, eigene Texte vorzustellen, das Plenum aller Anwesenden stimmte anschließend darüber ab, mit welchem Autor eine Sendung gemacht werden würde und mit wem nicht. Lindenmeyer moderierte nur, hatte aber keineswegs die abschließende Entscheidungsgewalt. Was sie denn zu dieser Form des Runden Tisches in dem immer nur als Schwarzfunk verschrieenen BR sagen?
Es mußte überhaupt manches Bild korrigiert werden, während dieser zweieinhalb Tage im schönen, etwas weberhaushaft verschlafen an der Mandau gelegenen Großschönau, oder auch in Oybin, wo wir die hoch auf einem Felsen liegende Klosterburg besuchten, sehr imposanter Anblick der Ruinenreste mit der einst hallenhoch aufragenden Klosterkirche. Um mich spaßhaft zu provozieren, fragten die beiden immer wieder einmal, was ich persönlich denn dafür getan hätte, sie zu befreien, sie,

die doch nationale Brüder von mir gewesen seien. Ich erzähle schließlich die Geschichte von meinem Engagement beim »Hilferuf von drüben« des Richard Löwenthal, woraufhin Jens nur trocken meint: »Von dem hätten wir uns nie im Leben befreien lassen.«

Wir schwelgen in Reminiszenzen an unser deutsch-deutsch getrenntes Aufwachsen. Gar nicht mehr losreißen können sich die beiden vom Thema ihrer als völlig stumpfsinnig empfundenen Militärzeit. Wie zwei alte Veteranen des Ersten Weltkrieges kommen sie mir da vor. Sie sich selber auch. Von Drangsalierungen während des Studiums erzählen sie, von der Willkür des Parteiapparats. Plötzlich hält Jens inne in diesem Erinnerungsstrom und fragt Jörg, ob es ihm auch so gehe, daß er all das nur mit größter Mühe seinen beiden nach der Wende geborenen Töchtern vermitteln könne. Seine Tochter jedenfalls meinte erst jüngst, nachdem Papa mal wieder von den alten Zeiten erzählt hatte, nur lapidar: »Und das habt ihr euch alles gefallen lassen?« Wir schauen uns an. So einfach wäre die entscheidende Frage gewesen.

Zum Schluß, am Sonntag, machen wir noch einen Abstecher nach Görlitz, unter anderem zu der Replik des Heiligen Grabes dort. Ein Pilger aus Görlitz soll in der zweiten Hälfte des 15. Jahrhunderts mit dem Plan aus Jerusalem heimgekommen sein, das, was er dort gesehen hatte, nämlich das Heilige Grab Jesu, maßstabsgetreu in seiner Heimatstadt nachzubauen. Ja, mehr noch als das: Er formte im Grunde die ganze Stadt zu einer Bühne um, auf der der Leidensweg Christi nachgestellt werden konnte … und auch wieder nachgestellt wird, alljährlich an Karfreitag. So symbolisiert der Weg von der Krypta der Stadtpfarrkirche Peter und Paul hinaus zum Heiligen Grab vor der ehemaligen Stadtmauer den Kreuzweg … knapp tausend Schritte zählt er, genau wie der in Jerusalem. An der Station, an der Jesus unter dem Kreuz zusammenbrach, steht die kleine, liebenswert altmodische »Jesus Bäckerei« und preist auf einer schwarzen Schiefertafel schlesischen Mohnkuchen an.

Und dann der idyllische alte Friedhof von Görlitz. Wir lehnen uns auf den Grabstein von Jakob Böhme und machen mit Selbstauslöser ein Foto von uns dreien. Gerade im rechten Augenblick fällt ein Sonnenstrahl von werweißwoher schräg ins Bild: statt Morgenröte im Aufgang Mittagsgleißen im Abgang, von links oben auf uns arme mehr Schreiber als Sünder herab …

Der Appalachian Trail an der Ostküste der Vereinigten Staaten ist der längste Fernwanderweg der Welt, 3400 Kilometer lang. Irgend etwas gefällt mir nicht an denjenigen, die sich vornehmen, ihn zu »bezwingen«. Diese Etappenfresser mit ihren stolz vorgerechneten 40 Kilometern pro Tag, manche 50 Kilometern. Eigentlich benehmen sie sich nicht anders als die auf der Autobahn. Und heute lese ich bei Philippe Jaccottet, dem großartigen, die Bezeichnung, die es trifft, was mir mißfällt: »Stars des Vagabundentums«. Genau so geben sich diese Trail-Wanderer und sind damit unausstehlich wie alle Stars.

Philippe Jaccottet, der großartige, schrieb ich eben. Und wieder wird keiner etwas anfangen können mit dem Namen. Na, dann vielleicht wenigstens mit diesem Bild, eine der vielen Perlen aus seinen »Notizen aus der Tiefe«: »Das junge helle Eichenlaub über dem Geröll, auf zerbrechlichen, von silbrigen Flechten überzogenen Ästen, was gibt es Schöneres? Doch ist es nicht das Bild für den gebrechlichen alten Dichter mit seinen allerletzten Wortknospen.«

Jaccottet lebt, mittlerweile 84jährig, völlig zurückgezogen in einem kleinen südfranzösischen Dorf. Wenn er Besuch erwartet von einem seiner Übersetzer oder Freunde, hängt er einen kleinen handgeschriebenen Zettel mit seinem Namen an die Tür, damit man ihn finde. Sind die Erwarteten eingetroffen, verschwindet der Zettel sofort wieder. Auch ich nehme den Zettel hier wieder weg und hoffe, wenigstens ein paar haben den Namen gelesen, »ganz einfach nur Menschen, ohne ausdrückliche Verbindung untereinander, denen es jedoch gemeinsam wäre, in den schlimmsten Niederlagen weiterzumachen«.

Was einen unbedingt für Robert Walser einnehmen muß: daß er seine 25, manchmal 30 Kilometer langen Wanderungen immer im Dreiteiler, also in Anzugweste und Anzugjacke, vornahm. Wie heißt es doch im »Herrn Karl« von Helmut Qualtinger … ja, früher, da gab es halt noch Herren und Formen! Genau daran krankt es: keine Herren und keine Formen mehr. (Schließe mich da ausdrücklich mit ein.)

Ebenfalls eine leider verlorengegangene Tugend ist es, auf Gebieten, auf denen man absolut keine Ahnung hat, dann aber immerhin soviel Ahnung doch noch zu haben, daß man weiß, man hat keine. Man ist besser still. Den Satz »davon verstehe ich nichts« versteht aber heute keiner mehr. Was soll denn das heißen, »davon verstehe ich nichts«? Die Unzuständigsten äußern sich über das ihnen Fernststehende, alle Zeit Verschlossenbleibende und das obendrein, wo immer es geht – und es geht eigentlich immer –, auf die denkbar roheste Art und Weise. Wer mir nicht glaubt, sehe sich irgendein x-beliebiges Meinungsforum im Internet an. Oder auch zum Beispiel bestimmte Leserstimmen auf amazon.de zu Büchern, von denen nun einmal zweifelsfrei feststeht, daß sie nicht für jedermann geschrieben worden sind. Früher haben die Unkundigen das noch eingesehen, instinktiv gespürt. Vielleicht ist ihnen sogar der entschuldigend gemeinte Satz ausgekommen, »das sind geistige Dinge, davon versteh ich nix«. Heutzutage dagegen? Da wird das Nichtverstandene runtergeputzt, aufs übelste verleumdet und angeprangert. Ja, gerne wird ihm auch die Existenzberechtigung abgesprochen. Und diese vielen Bonsai-Ayatollahs mit ihren Fatwa-Sprüchen sind sich jedes Mal so was von sicher: Jawohl, davon verstehe ich was!

Wie kommt es eigentlich, daß es gerade die vorgeblichen Winkelexistenzen sind, die oft Blicke von ungeheurer Sehschärfe ins Zukünftige werfen? Daß das so bei Jean Paul war, wurde mittlerweile schon des öfteren festgestellt. Bei Adalbert Stifter hat es sich noch nicht so herumgesprochen. Er gilt immer noch als der drögeste Biedermeier-Autor von unüberbietbarer Weltentrücktheit. Gern wird der Roman »Nachsommer« dann als Exempel angeführt. Aber ausgerechnet in ihm findet sich eine Diagnose der Jetztzeit, wie sie treffender kaum sein kann. Über die »neue Zeit« heißt es dort: »Wir stehen noch zu sehr im Brausen dieses Anfanges, um die Ergebnisse beurteilen zu können, ja wir stehen erst ganz am Anfange des Anfanges. Wie wird es sein, wenn wir mit der Schnelligkeit des Blitzes Nachrichten über die ganze Erde werden verbreiten können, wenn wir selber mit großer Geschwindigkeit und in kurzer Zeit an die verschiedensten Stellen der Erde werden gelangen, und wenn wir mit gleicher Schnelligkeit große Lasten werden befördern können? Werden die Güter der Erde da nicht durch die Möglichkeit des leichten Austausches gemeinsam werden, daß allen alles zugänglich ist? Jetzt kann sich eine kleine Landschaft und ihre Umgebung mit dem, was sie hat, was sie ist und was sie weiß, absperren: bald aber wird es nicht mehr so sein, sie wird in den allgemeinen Verkehr gerissen werden.« Da ist alles gesagt.

Vielleicht treten wir tatsächlich in ein Zeitalter ein, in dem eine bestimmte Spezies – ähnlich den Dinosauriern – einfach wieder verschwinden wird. Ich meine die Spezies des freischaffenden und von seinem freischaffenden Tun einigermaßen – mehr schlecht als auch nur halbwegs recht – lebenden Autors. Noch genauer: des von Buchhonoraren lebenden Autors. Wenn sich jedenfalls die immer massiver auftretenden Piraten im Netz und anderswo durchsetzen, dann kann es gut sein, daß in bereits … sagen wir 50 Jahren junge Menschen es als Irrsinn betrachten, daß man für die wie auch immer geartete Inanspruchnahme geistigen Eigentums irgend etwas bezahlen soll. Schon der Begriff »geistiges Eigentum« wird ihnen völlig fremd sein. Kulturpessimisten jedenfalls sehen schon jetzt Wissenschaft und Kunst völlig zum Erliegen kommen, weil deren Erzeuger nämlich werden einsehen müssen, daß man damit kein Auskommen haben kann.

Das glaube ich nicht! Die Perioden in der Kulturgeschichte, in denen beispielsweise Autoren ohne adäquaten Gegenwert ihr Schreiben betrieben haben, sind zusammengerechnet so sehr viel länger als jene kurze, in der sie, gestützt auf Urheberrecht und Verlagsverträge, ein wenig Geld verdienen. Mammon ist es bestimmt nicht, was Autoren antreibt zum Schreiben. Und auch heute ist es doch noch so: Welcher Autor kann schon wirklich von der Produktion und dementsprechenden Bezahlung seiner Ware leben? Bestenfalls erwirbt er mit Publikationen, die ihm de facto durch ihren einzelstückweisen Verkauf einen Verhungerlohn einbringen, lediglich das Eintrittbillett, um an einer Tombola großen Stils teilzunehmen, bei der Stipendien,

Preise, Poetikdozenturen, Stadtschreiberstellen etc. pp. verlost werden. Auch beweisen die vorzuzeigenden Veröffentlichungen auf eine für potentielle Veranstalter leicht verständliche Art, daß der Betreffende ein Autor ist, der zu Lesungen eingeladen werden kann (ob er tatsächlich auch lesen, also *vorlesen* kann, scheint für die allermeisten eine tertiäre Frage zu sein; davor kommt noch die sekundäre Frage, ob er – beziehungsweise bevorzugt sie – auch hübsch auszuschauen ist). Einen Nichtveröffentlicher lädt niemand ein ... und mag er noch so ein glänzender Vortragskünstler sein.
Wir werden in ein Zeitalter eintreten, das vielleicht wieder gewisse Parallelen zum fahrenden Sängertum des Mittelalters aufweist (der gewiefte »Jungliterat« Mitte, Ende vierzig, ist doch heute schon nichts anderes als ständig auf Reisen von Lesung zu Stipendiatswohnung, von Lyrikfestival zu Literaturtagen, abgehalten auf irgendwelchen Schweizer oder österreichischen Bergbauernhöfen). Mir erschien schon immer der Typus eines Autors, wie ihn H. C. Artmann in grandioser Weise verkörpert hat, der eigentlich zukunftsweisende. Er hat es ja selber ganz offen in Interviews kundgetan: seine ihm vom Urheberrecht zugesicherten Buchhonorarseinkünfte waren von einer grotesken Lächerlichkeit, »richtiges« Geld dagegen hat er mit seinen Vortragsreisen verdient. Auch geht ja das Gerücht um, daß er immer wieder ganze Buchmanuskripte – und zwar ohne Durchschlag oder Kopie – einfach irgendwo liegengelassen oder auch verschenkt hätte, wer weiß, vielleicht an besonders liebenswürdige Obdachgeberinnen, an besonders spendable Mäzene. Das meine ich: Vielleicht geht es ja so in Zukunft, daß die Poesie tatsächlich wieder walthervondervogelweidefrei sein wird, unterstützt, gesponsert und mäzenatisch umhegt von den »happy few«, denen ein Gedicht noch etwas bedeuten wird. Eines bin ich mir sicher: Je kloakenhafter dieser ganze Netzmüll anschwellen wird, ob unentgeltlich oder nicht, desto wertvoller

wird wieder das vielleicht sogar handgeschriebene Originalmanuskript werden, das unreproduzierte und unreproduzierbare, allein offline existierende Einzelstück. Es wird eine neue Kultur des Mäzenatentums geben, vielleicht mit anderem Namen und in anderer Ausformung. Von Urheberrecht wird man in nicht allzu ferner Zukunft, wer weiß, tatsächlich nicht mehr reden. Aber es wird geschrieben werden, und das Geschriebene wird ausgetauscht werden, vielleicht in ganz anderen, neuen Formen, als das heute vorstellbar ist. Eines wird sicher nicht eintreten: daß Dichtung und Poesie einfach verschwinden. Das ist meine feste Überzeugung.

Weil es immer wieder so passieren wird, wie Paul Wühr das auf die herrlichste Weise in dem von Lucas Cejpek herausgegebenen O-Ton-Selbstgesprächsband »Was ich noch vergessen habe« erzählt: wie er nämlich zum Dichter geworden ist, als 12- oder 13jähriger. Ihm ist ein Gedicht passiert. »An die Freiheit« hieß es. Weil ein Schulkamerad vom Wittelsbachergymnasium ihm gegenüber geprahlt hatte, er schreibe Verse. Da ist er nach Hause gegangen, der Wühr, hat sich gesagt, das kann ich auch und hat diese Hymne geschrieben. Danach ist er zum Onkel nach Schwabing gelaufen und hat es ihm vorgelesen, feierlich. Und dann ist folgendes passiert. Der Onkel hat gesagt: »Paß auf, jetzt wartest!, und ist in den Gang raus und hat im ganzen Haus alle rausgeläutet – die hat er alle gekannt, vom Kartenspielen und so: Kommts einmal zu mir rauf, ich habe eine Entdeckung! Und da haben sich alle hingesetzt, und er hat gesagt: Paul, jetzt lies noch einmal dieses Gedicht vor! Ich lese, die klatschen, und ich war ein Dichter. Ich war ein Dichter! Ab dem Tag hab ich geschrieben und nicht mehr aufgehört.« Soviel zur Frage, ob das Aufweichen oder gar Verschwinden des Urheberrechts je die Ursache dafür sein kann, daß es irgendwann einmal keine Dichter mehr geben wird.

Rhapsoden wird es vielleicht wieder geben, und überhaupt wird der mündliche Vortrag wieder viel stärker an Aufmerksamkeit gewinnen, beziehungsweise dem ist ja längst so. Christoph Ransmayr kennt anscheinend auch diese gelegentlichen kulturoptimistischen Regungen, wenn nämlich Phänomene auftauchen, die auf überraschende Weise Alt und Neu miteinander verbinden und zum Beispiel »Literatur« wieder in ihrer ursprünglichsten Form zur Geltung bringen: »Durch perfekt schallgedämpfte Autos, in denen auf langen Fahrten selbst bei hoher Geschwindigkeit Hörbücher abgespielt werden können, ist die archaische Form des Erzählens ja auch in einer hypertechnisierten Gesellschaft aus scheinbar bereits vergessenen Tiefen wieder aufgetaucht.«

Karl ist es, der mich darauf aufmerksam macht, wofür ich bislang blind und begriffsstutzig war: daß nämlich der Titel »Das blaue Tagwerk« natürlich auch das freche Statement eines freien Autors mitmeint, der den lieben langen Tag immer nur blau oder zumindest doch lediglich Blaues macht. (Poesie trägt die Farbe blau … siehe Paul Wührs »Luftstreiche«.)

Ein silbern lackierter Stillsteher in den Altstadtgassen von Landshut. Ich schätze ihn auf Ende fünfzig, Anfang sechzig, was mir sehr ungewöhnlich erscheint. Meist sind es doch junge, drahtig-agile Frauen und Männer (wirklich auch Frauen?), die solchergestalt den Maschinenmenschen spielen. Der hier trägt eine »Batschkapp'«, eine sehr alte verbeulte Motorradlederjacke und stützt sich auf einen Gehstock. Plötzlich taucht offensichtlich ein Spezl auf. Der aber ist nun wirklich im Rentenalter. Der Stillsteher beugt sich von seinem kleinen Podest, auf dem er eben noch regungslos erstarrt war, zu seinem Freund hinunter.

Wild gestikulierend spricht er mit ihm. Immer wieder leuchtet kurz das Rote der Mundhöhle dieser ansonsten von Scheitel bis zur Schuhspitze silbrigen Gestalt auf.

Heute feiert Paul Wühr seinen 82. Geburtstag. Das bedeutet, er schreibt, mehr oder weniger ununterbrochen, seit 70 Jahren. Ihm begegnet zu sein als junger Student gehört zu den Glücksfällen meines Lebens. Ein halbes Jahr bevor er München verlassen hat, 1986, hat er uns noch einmal zusammen mit Inge Poppe in der Pasinger Bäckerstraße besucht, in unserer kleinen Mansardenwohnung. Lena war damals gerade einmal drei, vier Monate alt. Wir saßen in der Küche, Lena war mit dabei, auf dem Schoß der Mutter, gehalten von diesem besonderen Muttergriff zwischen den Beinen, damit auch ein ungehindertes Strampeln von Armen und Füßen möglich ist. Paul war ganz aus dem Häuschen vor Faszination für diese Bewegungen. Das sei doch eine Art von Tanz, sagte er immer wieder. Ein Solo-Ballett. Wir lachten. Und heute ist auch der Tag, an dem Lena, 23 Jahre nach dieser »Weissagung«, mit der Überreichung des Diploms ihre Ausbildung an der Iwanson Tanzschule abgeschlossen hat. In wenigen Tagen wird sie nach Wien ziehen. (10. Juli)

»Man nützt mit Unnützsein vielleicht sehr.« (Robert Walser)